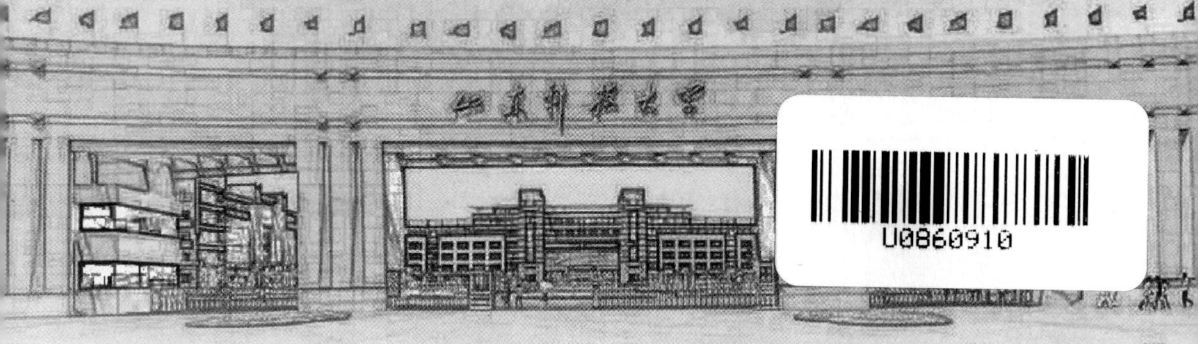

山东科技大学基层团干部培训实用教材

王　震　主编

中国海洋大学出版社
·青岛·

图书在版编目(CIP)数据

山东科技大学基层团干部培训实用教材 / 王震主编
.—青岛：中国海洋大学出版社，2015.1

ISBN 978-7-5670-0372-9

Ⅰ.①山… Ⅱ.①王… Ⅲ.①中国共产主义青年团—高等学校—共青团干部—干部培训—教材 Ⅳ.①D297.6

中国版本图书馆 CIP 数据核字(2015)第 029005 号

出版发行　中国海洋大学出版社
社　　址　青岛市香港东路 23 号
邮政编码　266071
出 版 人　杨立敏
网　　址　http://www.ouc-press.com
电子信箱　book@ouc.edu.cn
订购电话　0532－82032573（传真）
责任编辑　冯广明　　　电　话　0532－85902469
印　　制　日照报业印刷有限公司
版　　次　2015 年 1 月第 1 版
印　　次　2015 年 1 月第 1 次印刷
成品尺寸　170 mm × 230 mm
印　　张　14.75
字　　数　250 千
定　　价　35.00 元

《山东科技大学基层团干部培训实用教材》
编　委　会

Preface 前言

中国共产主义青年团是中国共产党领导的先进青年的群众组织，是广大青年在实践中学习中国特色社会主义和共产主义的学校，是中国共产党的助手和后备军，肩负着为党输送新鲜血液、为国家培养青年建设人才的重任。而团干部是共青团的骨干与核心，是团组织实现各种职能的保证，是团组织完成党赋予的艰巨任务的关键，也是团组织自身建设的主体力量。尤其是基层团干部，工作奋战在共青团工作“一线”，直接与团员青年亲密接触，是做好青年学生思想引领工作的主力，是落实好团的各项工作的基础，是团的事业蓬勃发展的动力和源泉，可以说，基层团干部骨干与核心作用的发挥直接影响着共青团事业的发展。因此，建设一支信念坚定、作风扎实、本领过硬的基层团干部队伍十分重要。

随着时代的进步和青年学生的成长，团员青年的思想方式和行为方式都发生着新的变化，团干部们也面临着新形势、新挑战、新任务。为更好地履行团的职能，更好地服务青年学生成长成才，基层团干部必须要与时俱进，抓住工作重点、改进工作方法、提高素质素养。

为将基层团干部的工作条理化、规范化，使团干部更好更快地了解、熟知并融入到共青团工作中去，进而使团的基层组织建设进一步加强，山东科技大学团委对团的工作进行了梳理，对团干部应该具备的能力和技能进行了调研和总结，对共青团工作的方法和艺术进行了深入研究，并在此基础上，结合山东科技大学团校的课程安排，组建了“团干部讲师团”，开办了团支部书记培训班，编写了《山东科技大学基层团干部培训实用教材》。

《山东科技大学基层团干部培训实用教材》共包括十二章。首先梳理了不同时期中国共青团的发展和成就，阐述了团的性质、职能和任务，并结合山东科技大学团的工作实际，介绍了团的工作中新媒体的运用和对学生组织的指导情况。其次，在对山东科技大学共青团工作进行全面总结、梳理的基础上，对团支部的组织建设、工作方法与艺术、活动策划与实施、推优入党工作、团员意识教育进行了深入探讨。最后，对如何写好共青团应用文等基层团干部应具备的素质修养进行了总结阐述。

本书是山东科技大学基层团干部学习培训的重要资料，也是各级团干部开展工作的参考书。希望本书的出版和使用，能够对山东科技大学共青团事业的科学化发展和基层团干部能力素养的逐步提升，乃至每一位团员青年的成长成才有所助益。

由于水平所限，书中难免存有缺点及不当之处，恳请广大读者批评指正。

编　者

2015 年 1 月

Contents 目录

中国共青团的光辉历程

中国共产主义青年团（简称中国共青团）是中国共产党领导的先进青年的群众组织，是广大青年在实践中学习中国特色社会主义和共产主义的学校，是中国共产党的助手和后备军。在中国共产党的领导下，中国共青团自诞生以来，始终站在革命和建设的前列，团结和带领全国各族青年，在建立新中国，确立和巩固社会主义制度，发展社会主义的经济、政治、文化的进程中发挥了先锋队和生力军的作用，为党和国家培养、输送了大批工作骨干和新生力量。90多年来，中国共青团在实践中不断发展壮大，走过了曲折而光辉的历程。

第一节　青年团组织的成立

一、历史背景

1840年，欧洲资本主义强国——英国发动了侵略中国的鸦片战争，用炮舰轰开了中国的大门，用武力迫使中国清朝政府屈服，订立了中国近代历史上第一个丧权辱国的不平等条约——中英《南京条约》。从此，西方和东方侵略者纷至沓来，从1840年到1905年的66年中，中国一直笼罩在东西方列强侵略的战火与硝烟之中。

严重的民族危机和尖锐的阶级矛盾迫使中国的一批志士仁人和各界、各阶级及阶层的民众为了改变祖国的境遇和命运，同外国侵略势力和本国封建势力进行了长期英勇顽强的斗争。辛亥革命后，特别是第一次世界大战期间，随着中国资本主义经济的发展，社会结构开始出现新的变化，教育也相应地得到了发展。旧的封建主义教育得到了某些改革，资产阶级的教育思想和教育制度在逐步确立，具有爱国思想和西方民主意识的知识分子队伍在进一步扩大。1915年9月，《青年杂志》（后改名《新青年》）创刊，吹响了中国青年向社会进军的号角。随之而来，一批青年会同当时进步的知识分子以《新青年》为阵地，高举“民主”和“科学”的旗帜，发动了一场反封建的新文化运动。新文化运动的发动和兴起，是中国青年作为新生的社会力量诞生的标志，是这支新生的社会力量走上社会历史舞台的前奏。

正当新文化运动蓬勃发展，中国青年作为社会群体正在集结、形成之际，俄国十月革命胜利的消息传到了中国，并且把一个崭新的社会现实摆在中国人民面前。这就有力地推动了一些思想先进的中国人倾向于社会主义，去认真了解指导十月革命胜利的马克思主义学说。从此以后，新文化运动逐步由一个资产阶级文化启蒙运动转变为宣传社会主义、宣传马克思主义的革命文化运动。一批苦苦寻求中国振兴之路的青年人由此在思想深处受到震动、受到鼓舞，产生了新的觉醒，日益成为一支不容忽视的政治力量。

1915年袁世凯政府同日本签订了卖国的“二十一条”条约，使中国处于亡国的边缘。1918年第一次世界大战结束，西方列强把持的巴黎和会决定把战败国德国在我国山东的各种权利转让给日本，而北洋军阀政府的代表准备在合约上签字，这激起了全国人民的强烈愤怒。1919年，中国青年学生率先在北京点燃了反帝爱国斗争的火焰，发动了中国革命史上和中国青年运动史上影响巨大和深远的五四运动。五四运动鲜明地贯彻着反帝反封建的爱国主题，是一场空前的促进思想解放的新文化运动，是中国近代史上一次彻底的反帝反封建的革命运动。中国青年在五四运动中占主导地位，发挥了先锋队作用，标志着中国青年运动的伟大开端。由此，中国青年开始成为一支有目标、有组织的重要的社会力量，中国青年运动也逐步走上由自发运动到自觉运动的道路。

二、青年团的早期组织

青年团的早期组织的建立是与中国共产党的创建活动密切相连的，创建中国青年团的早期组织是中国共产党早期组织成立后的重要活动和工作之一。

1920年8月，在共产国际的帮助和指导下，第一个共产主义小组在上海建立。党的创始人李大钊、陈独秀等人在上海共产主义小组筹建过程中，就对中国青年运动发展、在青年中培养和挑选预备党员、成立中国共青团的早期组织的工作给予了极大的关注。上海共产主义小组刚一成立，组内最年轻的成员俞秀松便立刻被陈独秀指派组建社会主义青年团。8月22日，俞秀松、施存统等8人正式发起建立了上海社会主义青年团，有20多位各地来沪到《新青年》编辑部寻求救国出路的青年参加了这个青年团组织，成为中国青年团组织的第一批团员。中国第一个青年团早期组织诞生后，为了团结、培养进步青年，1920年9月，上海共产主义小组和青年团组织在这里开办了第一所培养青年革命者的学校——外国语学社，并且在这个学社的学员中发展青年团员。1920年11月至1921年1月，北京、天津、广州、武汉和长沙相继成立了社会主义青年团。但是这些团的早期组织还不够成熟，到了1921年5月前后，大部分刚刚建立起来的青年团组织，都相继出现了组织活动暂时停顿的现象。

三、青年团组织的正式建立

1921年7月，中国共产党在上海正式成立。为了帮助青年团尽快完成恢复和整顿组织的工作，建立起全国统一的青年团组织，中共中央局要求各地党的组织帮助青年团，并且决定由张太雷、施存统等人负责整顿和恢复中国社会主义青年团的工作。在开展恢复和整顿社会主义青年团的工作中，吸取了1920年建团以来团在组织建设方面的经验教训，在团的思想建设、组织建设等方面，做了许多深入细致的工作，在上海建立了团临时中央局，施存统为临时中央局代理书记。这样使得全国的青年团组织形成了一个统一的整体，各地开展青年团工作也有了可依据的基本原则，从而有力地促进了青年团组织的建设和发展。1922年1月15日，青年团北京地方组织创办了《先驱》，并从第四期开始成为中国社会主义青年团机关刊物。在党组织的指导和帮助下，青年团各方面的工作得以恢复，思想建设和组织建设得到了加强，从而使青年团的组织和活动都发展到一个新的阶段。从1921年11月到1922年5月，全国许多地方有了恢复和新建的社会主义青年团组织。据历史资料记载，当时已经建立了团组织的有上海、北京、武昌、长沙、广州、南京、天津、保定、唐山、塘沽、安庆、杭州、潮州、佛山、梧州、新会、肇庆等17个城市，全国的团员达到5 000人。这种情况说明，一个具有共同信仰和目标的全国性的青年团组织初具雏形，召开团的全国代表大会，正式建立中国社会主义青年团的条件已经成熟。

1922年5月5日至10日，中国社会主义青年团第一次全国代表大会在广州召开。大会讨论通过了中国社会主义青年团的《纲领》和《章程》，选举产生了中央执行委员会，高尚德（君宇）、方国昌（施存统）、张椿年（太雷）、蔡和森、俞秀松为委员，方国昌（施存统）为书记。这次大会使中国社会主义青年团实现了思想上、组织上的完全统一，中国青年团组织正式诞生，中国青年运动从此有了自己的核心。

第二节　新民主主义革命时期

1923 年 6 月，中共三大确定了国共合作的方针。为了贯彻中国共产党的决定和要求，1923 年 8 月 20 日，中国社会主义青年团第二次全国代表大会在南京召开。大会着重讨论了如何贯彻党的统一战线方针问题，决定青年团员可以和共产党员一样，以个人身份加入国民党。大会对党团关系问题作了明确的规定。青年团在政治上要完全服从共产党的主张，同时要在工作和组织上保持一个独立的团体，有完全自主权。这次会议首次用“决议案”的形式确定了共产党领导青年团的原则规定。

中共三大确定的统一战线方针的施行，促使“二七惨案”后低落的群众革命运动迅速走向高涨。根据革命斗争的需要，1923 年 10 月，青年团中央创办了机关刊物《中国青年》周刊，并逐渐成为党、团组织在大革命时期同各种错误思潮展开斗争、广泛宣传马克思主义思想的主要阵地。

1925 年 1 月 11 日至 22 日，中国共产党第四次全国代表大会在上海召开。大会总结了国共合作一年来的经验教训，提出了无产阶级在民主革命中的领导权和工农联盟问题。大会通过了《对于青年运动的决议案》。为贯彻中共四大精神，1 月 26 日至 30 日，中国社会主义青年团第三次全国代表大会在上海召开。大会发表了《宣言》，在《宣言》中，将“中国社会主义青年团”正式更名为“中国共产主义青年团”。

共青团三大闭幕不久，帝国主义制造了震惊中外的“五卅惨案”。由此为开端，中国人民同帝国主义及封建军阀的斗争拉开了序幕，大革命高潮迅速形成。共青团在中国共产党的领导下，带领团员和青年始终站在反帝斗争的第一线，成为大革命中的先锋力量。

1926 年 3 月，英国、日本等帝国主义和反动军阀势力相勾结，不断发动武装挑衅向人民革命力量进攻。为抗议其暴行，3 月 18 日，在中共北方区委的领导下，北京 80 多所学校的团员、青年及北京各界人士共 5 000 多人举行集会和游行，遭到了反动军警的武装镇压，死亡 47 人，伤 200 多人，刘和珍、杨德群、范士融等 32 位青年当场殉难，《泰晤士报》称这次事件是“兽性”的“惊人惨案”。鲁迅称这一天为“民国以来最黑暗的一天”。

“五卅惨案”和“三一八惨案”中的烈士鲜血，唤醒了民众用革命武装反对反革命武装的意识。1925 年 1 月，在广东肇庆成立了以共产党员和共青团员为骨干的叶挺独立团。1926 年 1 月，叶挺独立团更名为国民革命军第四军独立团。1926 年 5 月，叶挺独立团作为先锋出师北伐，各地团员、青年积极参加北伐军、支持北伐军，不畏强暴、英勇斗争，为中国青年运动史留下了光辉的一页。

1927年4月12日，以蒋介石为首的国民党右派在上海悍然发动反革命政变，大肆屠杀包括共产党员、国民党左派在内的革命民众，中国大地被“白色恐怖”笼罩，大革命遭到严重破坏，国共两党第一次合作失败。在这种危急的革命形势下，1927 年 5 月 10 日，中国共产主义青年团第四次全国代表大会在武汉召开。大会总结了大革命高潮中团的斗争经验，明确了共青团和青年运动今后的方针和任务：领导工农青年参加争取革命领导权的斗争，反对背叛民族利益的大资产阶级，努力促成工农及小资产阶级的亲密联合，实现民主政权；发展农村土地革命，扩大无产阶级在军队中的影响，夺取军阀武装，建立工农自卫武装；领导青年进行改良生活待遇以及反抗压迫的经济和政治斗争。大会庄严宣布：“目前革命运动已转入一极严重的时期，我们需要与敌人决最后之死战了！……大会特严重地训令全体团员勇敢地偕同全国被压迫的青年群众，在工会、农会与学生会的旗帜之下，进行更系统的、更勇猛的战斗！我们高擎列宁主义的红旗，为中国革命而踏着死者的血路前进！”这次大会表明了共青团在革命的危急关头，坚定做党的忠实助手，不怕反动派屠杀，坚决跟党走的革命意志。

为反抗国民党的大屠杀，唤醒民众将革命进行到底，1927 年 8 月 1 日，在江西南昌，中国共产党发动和领导了武装起义。南昌起义打响了武装反抗国民党反动派的第一枪，揭开了我党独立领导武装斗争和创建革命军队的序幕。8 月 7 日，中共中央在汉口召开紧急会议（即“八七会议”），总结了大革命失败的教训，纠正了右倾投降主义错误，确定了进行土地革命和开展武装斗争为党在新时期的总方针。由此，党的工作重心由城市转向农村，“八七会议”成为我党历史上的一个转折点，实现了由大革命失败到土地革命战争兴起的历史性转变。为贯彻“八七会议”精神，8 月 12 日，共青团中央在武汉召开了全体中央委员会议。会议研究确定了团今后的工作方针和青年运动的中心任务：全团协助党搞好秋收起义；积极参加土地革命和武装暴动；严密团的组织；加强团的宣传鼓动工作等，为共青团紧跟中国共产党实现革命的转变确定了正确方向。

1928年7月12日至16日，中国共产主义青年团第五次全国代表大会在莫斯科召开。会议贯彻了中共六大的精神，确定了共青团的基本任务：争取团结更广大的劳动青年在中共周围，为进一步发动青年参加工农革命斗争、帮助中共准备群众武装起义、推翻国民党政府、建立工农民主政权而斗争。会议通过了新团章，通过了团在革命根据地的《工作大纲》，自此，团组织逐渐实现了工作方针的根本转变。

自共青团五大后，共青团组织得到了较快的恢复和发展，全国的青年运动日益活跃。到1930年10月，全国革命根据地的团员达到了10万人，少先队员最多时达到了80万人。

1931年日本帝国主义制造了震惊中外的“九一八事变”，标志着日本侵华战争的开端，揭开了第二次世界大战东方战场的序幕。在此民族危急时刻，以蒋介石为首的国民党政权奉行“攘外必先安内”的妥协卖国政策，先后发动五次“围剿”斗争，疯狂、残酷镇压中国革命。在革命根据地前四次反“围剿”斗争中，共青团积极组织团员、青年参军、参战，发展生产、支持前线，成为各项工作的先锋突击队。1931年，以拥军优属为主要内容的“共产主义青年团礼拜六”活动蓬勃开展，为以后的青少年共产主义义务劳动创造了宝贵经验，给共青团留下了光荣传统。1933年8月5日，中国工农红军少共国际师正式成立。全师共1万余人，平均年龄约18岁，最小的年仅14岁，历任师长都是20多岁，师政委肖华上任时年仅17岁，在世界军事史上都极为罕见。少共国际师成立后立刻投入到第五次反“围剿”斗争中，在随后的几十场战斗中，用光荣的战绩让共青团彪炳青史。一大批从少共国际师走出来的“红小鬼”经过血与火的洗礼，成长为共和国的开国将领。

由于以王明为代表的“左”倾冒险主义在党中央逐渐取得统治地位，导致了第五次反“围剿”斗争失败，中国工农红军被迫二万五千里长征。长征途中，广大共青团员和共产党员一起不畏艰难险阻、勇于承担艰巨任务。长征中每打一仗，党团员伤亡都在25%～50%，聂荣臻元帅有一句名言：长征“打的是干部，打的是党团员”，党团员干部身先士卒、冲锋在前，留下了无数可歌可泣的事迹。

长征初期，“左”倾教条主义者从进攻中的冒险主义变成退却中的逃跑主义，把战略转移变成搬家式的行动，致使红军在敌人的围追堵截中损失惨重。在革命的危急时刻，1935年1月15日至17日，中共中央政治局在贵州遵义召开扩大会议，会议结束了王明“左”倾冒险主义在党中央的统治，使红军在极端危险的处境下得以保存，挽救了红军、挽救了党、挽救了中国革命，标志着中国共产党从幼年走向成熟。广大共青团员坚决拥护党中央的决定，拥护遵义会议的决议，以大无畏的革命精神踏上新的革命征途。工农红军于1935年10月到达陕北革命根据地，胜利地完成长征。不久后，在党中央的关怀下，共青团中央局于11月恢复了工作。

根据世界反法西斯斗争的要求，1935年7月，共产国际提出建立世界反法西斯统一战线的任务。青年共产国际按照共产国际的要求决定建立世界青年反法西斯统一战线，并作出了改造各国共青团组织的决定。1935年8月1日，中共驻共产国际代表团发表了《为抗日救国告全体同胞书》，即著名的《八一宣言》，标志着实行抗日民族统一战线策略的开始。1935年12月9日，在中国共产党的领导下，北平共青团组织通过北平学联发动北平大中学生数千人，举行了抗日救国示威游行，掀起了全国抗日救国新高潮。1936年2月，由先进青年组成的抗日救国组织——中华民族解放先锋队在北平成立。

1935年12月17日至25日中共中央召开的瓦窑堡会议通过了《关于目前政治形势与党的任务决议》，确定了建立抗日民族统一战线的政策。会后日益高涨的抗日救亡运动使得国内的形势发生了重大变化，停止内战、一致抗日的呼声日益高涨。为了适应新形势的发展要求，1936年11月1日，中共中央政治局在保安县城召开扩大会议，讨论共青团的改造问题。会议形成了《中共中央关于青年工作的决定》，要求把共青团改造成为民族解放性质的广大青年的群众组织，白区团组织取消，建立青年抗日会，苏区的团组织改造为青年救国会，红军中的团组织改造为青年队。根据中共中央的决定，共青团中央于1936年11月上旬首先在西北根据地开展自下而上建立青年救国会的工作。

在全国抗战开始后，全国各地的青年救国组织广泛团结各界青年，扩大抗日民族统一战线的影响，承担起带领这些地区青年开展抗日工作的任务，成为夺取抗日战争最后胜利的一支重要的生力军。

经过8年艰苦卓绝的斗争，1945年8月15日，日本天皇向公众宣布无条件投降。9月2日，日本代表在投降书上签字。至此，中国的抗日战争胜利结束。随后，国共两党签订了旨在结束国共分裂局面，和平建国、建立民主政权的《双十协定》。然而《协定》公布不久，就被蒋介石公开撕毁。1946年6月下旬，国民党军队向中原解放区大举进攻，悍然发动了内战。

新的历史使命再一次向中国青年发出了召唤。1946年8月26日，中共中央书记处开会，讨论是否要建立一个青年积极分子组织的问题。9月13日，中共中央书记处再次召开会议讨论建立青年团的问题。会议着重就如何建团，特别是在农村建团问题进行了研究。11 月 5 日，中共中央发出了《关于建立民主青年团的提议》，指出应建立一个比过去的共产主义青年团更群众化、青年化，统一的先进青年的积极分子组织。

在《建团提议》向各解放区发出之前，从 1946 年 9 月下旬开始，中共中央青委便根据中央书记处工作会议的精神，在延安地区选点开展试验建团工作。1946 年 10 月以后，在延安的冯庄诞生了全国重建青年团的第一个农村团支部；在延安丰足火柴厂诞生了全国重建青年团的第一个工厂团支部；在延安的行知中学诞生了全国重建青年团的第一个学校团支部，这也是人民解放军中的第一个团支部。随着《建团提议》的正式下发，在各解放区都开始了择地试建青年团的工作。于 1946 年 12 月 24 日正式建立的山东省莒南县金沟官庄团支部是山东省重建青年团的第一个团支部，同时也是解放区试建青年团工作中产生较早的团支部。

1947 年 6 月 30 日，人民解放军中原野战军主力强渡黄河，千里跃进大别山，揭开了战略进攻的序幕。1947 年 7 月 17 日至 9 月 13 日，中共中央工作委员会在河北平山县西柏坡村召开全国土地会议，会议主要讨论了土地改革和整党的问题，并通过了《中国土地法大纲》。9 月 15 日至 20 日，中央青委召开“全解放区的青年工作代表会议”，着重研究了建团工作，刘少奇代表党中央对建团工作作了重要指示。他强调：“必须坚持团的先进性，不要求数目字，首先要求质量。”“要农村最好的人，最好的青年，特别开始时，要高些，要纯洁。”刘少奇还强调要培养一个好作风。他说：“除纲领外，特别重要的问题是作风问题。……特别是青年团体，作风不好要害很多人，作风好有很大益处。”“一切坏样子不要学，要学好样子。”“一切坏作风要去掉，一切好作风要接受过来。”此后，随着土地改革运动的深入开展，试建青年团工作在各解放区广泛开展起来，基层团组织得到较快发展，同时在土地改革中发挥了重要作用。

1948 年 9 月，中央团校在河北省平山县两河村正式开学，第一期学员 488 人在小山村的树林中，席地而坐，以膝盖当书桌，开始了从事青年团工作前的理论学习生活，从他们当中走出了新中国第一批经过专门培训的青年团干部。在开办中央团校的同时，为适应青年团思想教育工作的需要，中共中央还决定开始《中国青年》杂志的复刊筹备工作。1948 年 12 月 20 日，复刊后的第一期《中国青年》出版发行。在这一期上，不仅有中共中央主席毛泽东亲自题写的刊名，而且还发表了毛泽东为《中国青年》复刊专门书写的题词：“军队向前进，生产长一寸。加

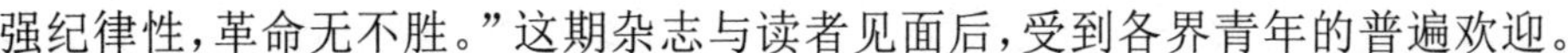

强纪律性，革命无不胜。”这期杂志与读者见面后，受到各界青年的普遍欢迎。

1949年1月1日，中共中央公布了《关于建立中国新民主主义青年团的决议》和团章草案。4月11日至18日，中国新民主主义青年团第一次全国代表大会在北平召开。朱德、任弼时出席开幕式，毛泽东亲笔为大会题词：“同各界青年一起，领导他们，加强学习，发展生产。”周恩来于4月22日接见了大会代表，并围绕青年团作风问题作了重要报告。中国新民主主义青年团一大的召开标志着中国新民主主义青年团的正式建立和青年团重建工作的完成，中国青年运动又有了领导核心。

1949年10月1日，中华人民共和国诞生，中国青年团组织在党的领导下进入了一个新的历史发展时期。

第三节　从新民主主义革命向社会主义制度构建和社会主义建设转变时期

新中国成立后，美帝国主义不甘心失败，于1950年9月悍然发动了侵略朝鲜的战争，妄图把战火烧向中国，把新中国扼杀在摇篮中。中共中央发出了“抗美援朝，保家卫国”的号召，轰轰烈烈的抗美援朝运动迅速在全国展开。10月，中国人民志愿军赴朝参战。在朝鲜战场上，志愿军中的广大青年指战员战斗在最前线，涌现出了黄继光、邱少云、罗盛教等一大批优秀代表，他们用生命谱写了辉煌壮丽的青春之歌。1953年7月27日，美军代表被迫签订停战协定，抗美援朝战争取得胜利。

刚刚成立的新中国不仅面临着如何保卫胜利果实、巩固新生政权的考验，同时还面临着如何战胜严重的经济困难，如何进行繁重的社会改革的考验。党对青年团组织在社会改革中的作用寄予了很高的期望。中共中央在1950年4月16日发出的一份文件中指出：“为了使工会、农会、青年团成为新区社会改革可以依靠的组织，各级党委必须十分注意加强这些团体的工作，特别是青年团应该成为党的最亲密的、最可靠的助手，应该加强它的工作。”实践证明，在党的领导下，在随后开展的土地改革、“三反”、“五反”等一系列社会改革运动中，各级青年团组织充分发挥了先锋带头作用，有力地配合了各项工作的开展。

经过三年的努力，新生的人民政权展现出了勃勃生机，共和国开始走上有计划的经济建设时期。为了适应新形势，1953年6月23日至7月2日，中国新民主主义青年团第二次全国代表大会在北京召开，刘少奇代表中共中央向大会致词，胡耀邦作了题为《团结全国青年在建设祖国伟大行列中奋勇前进》的报告。会议确定了青年团在未来一个时期的任务："在党的领导下，在毛主席的教诲下，继承和发扬中国青年运动的优良传统，团结全国各族青年为建设祖国而忘我地劳动，为建设祖国而奋发地学习。在建设祖国的伟大斗争中，协助党以共产主义精神教育团员和青年，使他们成为热爱祖国、忠于人民、有知识、守纪律、勇敢勤劳、朝气蓬勃、不怕任何困难的年轻一代，遵循我们伟大领袖毛主席指引的方向，为逐步实现国家工业化和逐步过渡到社会主义而奋斗。"

青年团二大以后，各级团组织带领广大团员青年，以饱满的热情、青春的活力，积极参加社会政治生活、经济生活和文化生活，青年团工作进入了一个十分活跃的时期。

随着农业、手工业和资本主义工商业的社会主义改造的完成，实现了把生产资料私有制转变为社会主义公有制，我国初步建立起社会主义的基本制度，进入社会主义的初级阶段。中共八大作出了党和国家的工作重点必须转移到社会主义建设上来的重大战略决策。为了适应新形势，号召全国各族青年团结起来，为建设社会主义新中国而奋斗，1957 年 5 月 15 日至 25 日，中国新民主主义青年团第三次全国代表大会在北京召开。胡耀邦作了题为《团结全国青年建设社会主义新中国》的工作报告，通过了《关于将中国新民主主义青年团改名为中国共产主义青年团的决议》，修改了团的章程。大会还决定把解放前后的中国社会主义青年团、共产主义青年团和新民主主义青年团的历次代表大会衔接起来。

青年团三大以后，共青团带领广大团员和青年积极地投入到经济建设的各项事业中，做社会主义建设的生力军，做战胜艰难险阻的突击队，留下了共青团员的青春足迹。

1964 年 6 月 11 日至 29 日，中国共产主义青年团第九次全国代表大会在北京举行。出席大会的正式代表 2 396 名，是历届代表大会中人数最多的。大会提出全国青年在社会主义时期面临的历史任务是"要把我国建设成为具有现代农业、现代工业、现代国防和科学技术的社会主义强国"，号召全国青年"一定要发扬我们革命前辈愚公移山的伟大精神，贡献出一切力量，充当社会主义的突击队"。但是，这次大会受到了当时的"左倾"错误思想的影响，提出所谓"青年工作上两条根本对立的路线"，提出"阶级教育为纲"，劳动化是"知识青年革命化的根本道路"等不符合实际情况的观点，对后来的青年工作产生了不良的影响。

1966 年 5 月开始的"文化大革命"让全国人民遭受了一场浩劫。共青团组织在这场浩劫中遭到了严重的破坏，各级组织完全停止了活动，在长达12年的时间里没有了系统领导。虽然在党的九届一中全会上，毛泽东曾提出要开展整团建团工作，但始终受到“左”的干扰和破坏，直到“文化大革命”的结束，这项工作也没有完成。

1976年10月，“四人帮”垮台，“文化大革命”结束，青年团组织开始了恢复重建工作。1978年8月10日，停办了12年的中央团校举行开学典礼。10月7日团中央机关报《中国青年报》复刊。与此同时，共青团十大的筹备工作也基本完成。

1978年10月16日，中国共产主义青年团第十次全国代表大会在北京人民大会堂胜利召开。李先念代表中共中央向大会致词，韩英作了题为《为伟大的新长征贡献青春》的工作报告，大会讨论了胡启立所作的关于修改团的章程的报告，通过了《中国共产主义青年团章程》。大会正确评价了经过“文化大革命”磨炼的中国青年一代，提出并阐述了新时期青年一代的光荣使命。共青团十大是动员全团和各族青年参加社会主义现代化建设的誓师大会，标志着全面恢复共青团工作的任务基本完成。

第四节　改革开放和社会主义现代化建设的新时期

一、投身改革开放事业

1978年5月11日，《光明日报》发表了题为《实践是检验真理的唯一标准》的特约评论员文章，引发了关于真理标准的大讨论，为召开党的十一届三中全会准备了思想条件。12月18日至22日，党的十一届三中全会在北京举行。会议否定了“两个凡是”的错误方针，确立了解放思想、实事求是的思想路线，作出了把全党工作的着重点转移到社会主义现代化建设上、全面实行改革开放的战略决策，形成了以邓小平为核心的新一代中央领导集体。这次全会是新中国成立以来党的历史上具有深远意义的伟大转折，开创了我国社会主义事业发展的新时期。这次全会的方针受到了全国人民和共青团组织的坚决拥护。为了全面贯彻和落实全会精神，1979年2月19日至2月24日，团中央在北京召开了团省、自治区、直辖市委书记会议。会议决定，要进一步解放思想，切实把共青团的工作重心转移到社会主义现代化建设上来。3月1日，团中央发出了《关于在全国青年中开展争当新长征突击手活动的决定》，新长征突击手活动迅速在全国各行各业展开，广大团员青年积极参加活动，在各自岗位上为国家各项事业争作贡献。

为了消除十年动乱和极“左”思潮对青少年一代的影响，帮助青少年树立健康向上的人生观、价值观和良好的道德品质，团中央先后组织召开了三次道德教育座谈会，在全国青少年中开展“学雷锋，树新风”活动，在全团开展争创先进团支部、争做合格团员教育活动，《中国青年》杂志发起了“人生的意义究竟是什么”的大讨论。邓小平也专门为《中国少年报》、《辅导员》杂志社题词：“希望全国小朋友立志做有理想、有道德、有知识、有体力的人，立志为人民做贡献、为祖国做贡献、为人类做贡献。”

伴随着党和国家工作重心的转移和新长征突击手、学雷锋等活动的开展，努力学习、掌握科技知识的观念逐渐在青年一代心中扎根，精神文明之火也被重新点燃。广大团员青年中掀起了深入学习和了解党的路线和方针，学习团的基本知识，努力发挥模范作用的高潮。

经过4年的努力，共青团的各方面工作重新恢复和逐步健全起来。到1982年底，全国团员达到4 800万名，其中2 600万名团员是在共青团十大闭幕以后加入团组织的。这种情况表明，在党的关怀和领导下，具有光荣历史和传统的共青团组织正在重新成为团结教育全国青年的核心。

1982年9月1日至11日，中国共产党第十二次全国代表大会在北京召开。会上，邓小平致开幕词，首次提出了“建设有中国特色的社会主义”这一崭新的命题。大会提出了党在新的历史时期的总任务和我国经济建设的总的奋斗目标。通过了新的《中国共产党章程》。为了贯彻落实党的十二大精神，1982年12月20日至30日，共青团第十一次全国代表大会召开。大会提出：为四化建设英勇劳动、依据四化需要而勤奋学习、适应四化要求而开创新风是中国青年的主要任务。大会号召广大团员青年积极投身改革开放事业、投身社会主义现代化建设的伟大实践。

蓬勃发展的改革开放事业给青年人的成长、成才提供了良好的时机和有利的环境，大批的青年企业管理人才脱颖而出。为了培养青年企业管理人才，团中央创办了中国青年企业管理者协会。在培养、扶持青年企业人才的同时，也为共青团工作拓展了新的领域。

为了贯彻党中央大力发展国民经济全面实行改革开放的同时，仍要十分重视社会主义精神文明建设的方针，共青团先后开展了在青少年中推广礼貌用语，推广商业、服务业的“综合包户”，广泛宣传张海迪事迹，带领青少年开展“学史建碑”等一系列活动，扎实地推进青少年的社会主义精神文明建设，有效地把社会主义精神文明建设与日常社会生活和工作结合起来，重视对青少年进行爱国主义和革命传统教育，充分发挥了共青团“倡风气之先”的光荣传统，收到了良好的效果。

1985 年 9 月召开的党的全国代表会议，通过了《中共中央关于制定国民经济和社会发展第七个五年计划的建议》，描绘了未来五年经济和社会发展的蓝图。随后，共青团的全国代表会议于 11 月底召开，会议通过了《关于动员和带动全国各族青年在“七五”期间建功立业、做四有新人的决定》，号召全国各族青年积极投身改革，做四有新人，为全面完成“七五”计划任务建功立业。

1987 年 10 月中共十三大召开，会议的中心议题是进一步加快和深化改革。为了全面贯彻落实党的十三大精神，1988 年 5 月 4 日至 8 日，中国共青团第十二次全国代表大会召开。会上，宋德福作了题为《在建设有中国特色社会主义的伟大实践中继往开来艰苦奋斗》的工作报告，通过了《中国共产主义青年团章程部分条文修正案》和《关于实行团员证的决议》，确定《光荣啊，中国共青团》为中国共青团代团歌。

共青团在改革开放事业中作出了重大的贡献，党中央给予了共青团热情的关怀。1989 年 7 月 16 日，刚刚担任党中央总书记职务 22 天的江泽民同志，就出席了团中央的常委扩大会。同年 12 月 21 日，党中央又发出《关于加强和改善党对工会、共青团、妇联工作领导的通知》，明确了共青团的任务和职能，解决了加强和改善共青团工作的一系列重大问题，切实有效地推进了共青团工作的改革与发展。

团的体制改革探索从 20 世纪 80 年代中期就开始了，1988 年 8 月团中央印发了《关于共青团体制改革的基本设想》，文件中明确提出：“共青团体制改革的目标是：把共青团建设成为社会职能和法律地位明确，民主生活健全，基层充满活力，能够代表青年利益，真正赢得青年信任的先进青年的群众组织。通过改革，使共青团在中国共产党的领导下独立自主地开展工作，在社会主义物质文明、精神文明和民主政治建设中更好地发挥积极作用。”文件使全团明确了团的体制改革是为了更好地体现团的性质，不是改变团的性质；是为了进一步明确团的社会职能，不是改变团的任务；是为了理顺党团关系，不是摆脱党的领导。1992 年 1 月团中央又印发了《中国共产主义青年团基层建设纲要（试行）》，文件中指出：“加强基层建设，活跃基层工作，是共青团完成各项任务的根本保证。共青团基层建设必须贯彻党在社会主义初级阶段的基本路线和新时期团的工作指导思想，坚持‘团要管团’的原则，按照团的基层整体化建设要求，全面建设基层，推进基层改革，把基层组织建设成为政治坚定、组织健全、职责明确、作用显著的坚强集体。”

在党的领导下，团的体制改革推动了共青团的各项事业的快速发展，为团的建设和团的事业发展开辟了广阔的空间，带来了良好的机遇。

改革加强了团的组织建设，各级团组织明确了基层团组织建设的指导思想、任务和目标，团支部建设得到了加强，基层团委的作用得到了强化，同时团组织加强了团员发展工作，并积极协助党组织做好优秀团员的推优入党工作。改革促进了团的文化事业的发展，一大批丰富的文化、精神产品涌现出来，团的青少年报刊、书籍、音像出版等事业得到飞速发展。1985 年 12 月团中央开办了全国第一所培养共青团工作人才的高等学校“中国青年政治学院”，全面提高共青团干部的素质。1987 年开始编辑出版了一大批适用于各级团校使用的教材和音像制品，共青团干部的培训开始走上系统化和规范化的轨道。改革开放进一步优化了团的外部环境，拓展了新的工作领域。从 1989 年开始，通过组建中国青少年发展基金会，启动了“希望工程”，邓小平亲笔为“希望工程”题词，还两次向“希望工程”捐款，活动对改善贫困地区基础教育、救助贫困地区失学少年发挥了巨大作用。在团的领导机构中设置了维护青少年权益的办事机构，加强了青少年权益的代表和维护工作，1992 年 1 月 1 日在全国实施了《中华人民共和国未成年人保护法》，使共青团的一些工作走上了法制的轨道。青联、学联工作日趋活跃，各界青年的交往，尤其是同港、澳、台各界青年的交流进入了崭新的时期，全国各族青年的团结得到了加强。改革开放推进和活跃了全团带队工作。团中央建立了中国少年先锋队全国工作委员会（简称“全国少工委”），通过开展“创造杯”竞赛活动、“达标创优”等加强少先队的基层工作，通过树立以赖宁、“全国十佳少先队员”等少年儿童的学习榜样，促进少年儿童身心素质的综合提高。新时代的少年儿童工作呈现出全面发展的新局面。

二、走进新世纪

20 世纪 80 年代末 90 年代初，受国际风云急剧变幻的影响，国内的改革发展也在党内和社会上引起一些疑虑。在这关键时刻，1992 年初，邓小平视察南方，发表重要谈话，回答了我国改革开放中“什么是社会主义，怎样建设社会主义”等一系列束缚人们思想的重大问题，扫除了国内对于改革开放的种种疑虑，极大地解放了人民的思想和坚定人民走社会主义道路的坚强信念。1992 年 10 月 12 日至 18 日，中国共产党第十四次全国代表大会在北京召开。大会确立了建设有中国特色社会主义理论的指导地位，认真总结了十一届三中全会以来14年的实践经验，科学地分析了国内外形势，确定了20世纪90年代加快改革开放，推动经济发展和社会全面进步的主要任务，第一次明确提出了建立社会主义市场经济体制的目标模式。

为了贯彻党的十四大精神，使共青团更好地肩负起历史赋予的重任，同全国人民一道，把建设有中国特色社会主义的伟大事业不断推向前进，1993年5月3日至10日，中国共产主义青年团第十三次全国代表大会在北京隆重召开。党和国家领导人江泽民、乔石、李瑞环、朱镕基、刘华清、胡锦涛等出席了大会开幕式。胡锦涛代表中共中央作了题为《肩负起历史的重任》的祝词，充分肯定了十一届三中全会以来中国青年和共青团在改革开放和现代化建设中作出的积极贡献，总结了中国青年运动最重要、最根本的宝贵经验，深刻阐明了中国青年和共青团在未来历史发展阶段的崇高使命和光荣任务，殷切地希望广大青年要认清形势，把握机遇，努力成为有远大理想的一代、勤奋学习的一代、艰苦创业的一代和道德高尚的一代。大会审议通过了李克强代表团十二届中央委员会所作的题为《高举建设有中国特色社会主义的伟大旗帜，团结带领各族青年为加快改革开放和现代化建设而奋斗》的工作报告，审议通过了《中国共产主义青年团章程(修正案)》。大会闭幕前，团的十三届一中全会在北京举行，选举产生了新的团中央领导机构。团十三届中央常务委员会由30人组成，书记处由7人组成，李克强当选为团中央书记处第一书记。

共青团十三大的召开，使得在改革开放，进行社会主义现代化建设时期，共青团工作的任务、目标和原则得到进一步的明确，从而为共青团工作再上新台阶、再创新局面奠定了良好的基础。这次会议的成功召开，标志着中国青年跨世纪伟大进军的号角已经吹响，共青团将带领全国各族青年在跨世纪的征途上谱写新的奋斗篇章。

1993年12月5日至7日，共青团十三届二中全会在北京召开。会上，胡锦涛作了题为《把亿万青年的力量凝聚到深化改革、加快发展上来，努力培养和造就跨世纪的一代新人》的重要讲话。全会审议通过了《在建立社会主义市场经济体制进程中我国青年工作战略发展规划》，提出了中国青年工作战略发展的总体目标。

共青团十三大以后，共青团兴办、推动了"跨世纪青年文明工程"、"跨世纪青年人才工程"两大跨世纪青年工程。

跨世纪青年文明工程是从青年志愿者、青年文明号、青年文化园3个方面展开的，使得共青团的思想、道德、文化方面的工作形成了一个体系。1993 年 12 月 19 日团中央和全国铁道团委组织 2 万余名铁路系统青年志愿者在北京至深圳的铁路沿线上开展志愿服务活动，标志着中国青年志愿者从此走入中国社会。1994 年 9 月 22 日，中国大中学生志愿服务总队成立，标志着全国性的学生志愿者组织成立。1994 年 12 月 5 日，中国青年志愿者协会成立，成为指导全国开展青年志愿者活动的统一性机构。这一系列活动标志着中国青年志愿者活动走向社会化、规范化和经常化。1994 年 1 月开始的创建“青年文明号”活动和“保护明天行动”作为跨世纪青年文明工程的重要内容，在全社会引起强烈反响。广大青年的质量、安全、竞争、协作、服务、效益观念、敬业意识、创业精神和业务技能大幅提高。全社会对于未成年人的保护和教育意识大大增强。

跨世纪青年人才工程高举“科学技术是第一生产力”的旗帜，主要从培养合格的青年劳动者，造就优秀的青年科技和经营管理人才，培养开创 21 世纪大业的生力军，推广普及新知识新技能四个方面推开，形成了 6 个主干项目：18 岁成人仪式教育活动，培养青年岗位能手，培养青年星火带头人，实施大学生跨世纪素质发展计划，举荐优秀青年人才和杰出青年，实施跨世纪中国少年雏鹰行动。1994 年 2 月 8 日，共青团中央、国家经贸委、劳动部联合发出《关于在全国企业青工中开展青年岗位能手活动的通知》，标志着跨世纪青年人才工程的启动。同年 11 月 15 日至 17 日共青团十三届四中全会通过的《跨世纪青年人才工程实施纲要》表明该工程进入系统、科学和规范的发展轨道。

共青团在大力推进两项跨世纪青年工程的同时，从 1992 年开始，全团开展了多次大调研活动，研究和解决共青团在改革中面临的一些新情况、新问题，总结探索工作规律，为不断加强团的思想教育工作和组织建设工作奠定了基础，为团的各项事业的全面发展提供了有力的保证。

1994 年 9 月，党的十四届四中全会通过了《中共中央关于加强党的建设几个问题的决定》。11 月 23 日至 25 日，共青团十三届三中全会在北京举行。李克强作了题为《在服务大局与服务青年的有机结合中推进共青团的建设》的报告，强调全面加强共青团建设，抓住组织建设这个突出环节，把重点放到基层建设上。会议通过了《共青团中央关于加强团的建设若干问题的决定》，强调共青团要在服务党的工作大局中加强团的建设，要把服务青年作为加强团的建设的切入点和突破口，在巩固、调整、发展团的基层组织与建设青年服务体系的过程中，构建广泛联系青年的新型纽带。

按照团十三届三中全会精神，1995 年 4 月团中央向全团部署了“服务万村行动”。这个活动的实施，使共青团加强基层组织建设工作走上了以服务促服务，以服务求活跃的新路，同时也充分发挥了共青团组织网络的优势，在城市和农村之间、经济发达地区和欠发达地区之间架起互相协作的桥梁，形成了全团齐心协力、集中力量，整体推进的大好局面，基层团组织建设得到了明显加强。

共青团在加强组织建设的同时，也重视加强团的思想建设和团员的思想教育工作，尤其是帮助广大团员树立正确的理想信念。1992 年以来，团中央带领团员和青年开展学习邓小平理论、“三个代表”重要思想和科学发展观活动，从加强团的思想建设出发，通过举办交流会、座谈会、专题学习班以及开展知识竞赛、组织“三下乡”活动等引导青年在学习实践活动中，深入理解科学理论的精髓，自觉运用科学理论指导实践、指导人生。还开展了团员意识教育、“我与祖国共奋进”等一系列主题教育实践活动，以加强团员和青少年的政治思想教育、全面提高团员和青少年的思想道德和文化素质。注意加强对团员的培养教育，尤其是加强推荐优秀团员入党工作。1992 年 7 月 22 日，团中央和中共中央组织部联合下发了《关于进一步做好推荐优秀团员作为党的发展对象工作意见》，使得“推优”工作逐步成为党组织发展青年党员的主要渠道，使共青团员成为党组织发展青年党员的主要来源。

1997 年 9 月 12 日至 18 日，中国共产党第十五次全国代表大会在北京隆重举行。会议高举邓小平理论的伟大旗帜，对跨世纪的社会主义现代化建设事业作出了战略部署，对跨世纪的一代中国青年发出了时代的召唤。为了促使广大中国青年能真正担负起历史的重任，贯彻和落实党的十五大精神，1998 年 6 月 19 日中国共产主义青年团第十四次全国代表大会在北京人民大会堂隆重开幕。胡锦涛代表中共中央作了题为《迈向新世纪，创造新业绩》的祝词。周强代表共青团第十三届中央委员会向大会作了题为《在邓小平理论指引下团结带领各族青年为实现党的跨世纪宏伟目标而奋斗》的工作报告。对于这次共青团的跨世纪的代表大会，以江泽民为核心的党中央给予了高度的重视和关怀。6 月 24 日，江泽民亲切接见了团十四大代表后，又与团中央新的领导成员及部分代表进行了座谈。座谈中，江泽民重申了在纪念北京大学建校 100 周年时向全国青年提出的四点希望，就是：坚持学习科学文化与加强思想修养的统一，坚持学习书本知识与投身社会实践的统一，坚持实现自身价值与服务祖国人民的统一，坚持树立远大理想与进行艰苦奋斗的统一。

1998 年 12 月召开的共青团十四届二中全会通过了《共青团工作跨世纪发展纲要》，对贯彻落实团十四大确定的主要任务作出了具体部署，对共青团实现跨世纪新发展提出了战略措施，为全团绘制了未来的发展蓝图。

共青团按照《纲要》提出的“服务改革发展稳定大局、服务社会全面进步、服务青年成长成才”的工作思路，在一如既往坚持开展在20世纪90年代产生广泛影响的工作项目，如青年志愿者、服务万村行动、希望工程、手拉手、青年文明号、三下乡、青年文明社区、乡村青年文化节等品牌活动的同时，又推出了新的重点工作项目：保护母亲河行动、中国青年科技创新行动、全国企业青年职工创新创效活动、农村青年增收成才行动等。

团十四大以来，共青团还充分组织、动员广大青少年参与群众性精神文明创建活动，弘扬社会新风。积极宣传和树立青少年典型以及向社会举荐优秀青年人才，深入开展了“中国青年五四奖章”、“十大杰出青年”、“十佳少先队员”、“青年科学家奖”、“杰出青年岗位能手”、“杰出青年农民”、“杰出务工青年”、“青年科技创新奖”等一系列表彰评选活动，通过对这些优秀和模范人物的表彰和事迹宣传，激励广大青少年在建设中国特色社会主义的实践中建功立业。实施了“中国青少年新世纪读书计划”、“大中学生素质拓展计划”、创建“青少年维权岗”等一系列服务青年的活动项目。

党的十六大的胜利召开为共青团的工作指明了前进的方向。在中国人民刚刚战胜“非典”疫情不久，为了让共青团在新征程中开好局、起好步，2003年7月22日至26日，召开了中国共产主义青年团第十五次全国代表大会。大会选举了由26人组成的新的团中央常务委员会，周强当选为团中央书记处第一书记。在这次大会上，审议通过了中国共产主义青年团第十五次全国代表大会关于《中国共产主义青年团章程(修正案)》的决议。大会一致同意在《团章》中明确规定：中国共产主义青年团以马克思列宁主义、毛泽东思想、邓小平理论和“三个代表”重要思想为行动指南。大会一致同意在《团章》中对现阶段共青团的基本任务作出明确规定。大会一致同意在《团章》中增写共青团协助政府管理青年事务的职能。大会一致同意在《团章》中明确团的建设必须坚持党建带团建和竭诚服务青年的原则。大会同意将《光荣啊，中国共青团》定为团歌。

团十五大闭幕后，共青团中央在分析社会主义市场经济的深入发展和经济全球化给青年和共青团工作带来的深刻影响的基础上，制定了《全面建设小康社会进程中共青团工作战略发展规划》。把坚持不懈地用邓小平理论和“三个代表”重要思想构筑青年一代的精神支柱作为全团的首要政治任务，贯穿于共青团的全部工作之中。2003年9月28日，共青团中央发出《关于开展“兴起新高潮，创造新业绩”主题活动，把全团学习贯彻“三个代表”重要思想新高潮引向深入的通知》。共青团在深入扎实开展思想政治教育工作的同时，还充分发挥青年在经济发展中的生力军作用，在围绕促进农民增收、西部大开发、振兴东北老工业基地、科教兴国、人才强国、可持续发展等方面，开展有青年特点的活动。为此，团中央组织召开了促进农村青年转移就业工作会议，下发了《关于实施全国农村青年转移就业促进计划的意见》，有效地服务了农村经济和农业发展，促进了农村青年增收成才。作为共青团服务社会主义新农村建设的主要抓手，又推出"青春建功新农村行动"，引导团员青年在参加社会主义新农村建设的实践中建功立业。持续开展"保护母亲河行动"，极大地增强了广大青少年的生态环保意识，取得了显著效果，并于2005年荣获联合国首届"地球卫士奖"。此外，共青团组织还通过不断深化青年科技创新行动，持续实施青工技能振兴计划，深入开展"挑战杯"大学生科技竞赛活动，设立中国青少年科技创新奖励基金，促进了一大批创新型、技能型青年人才的成长。开展"青年文明号"青年精神文明创建活动，实施中国青年文化行动，大力推进青年文化建设。扎实推进青年就业创业工作，维护青少年合法权益和法制教育工作，加强中国青年与港澳台及各国青年的交流，加强团的自身建设。

每当出现特殊情况和救援灾害任务时，团组织都展示出极大的凝聚力、号召力和组织动员力，激发着一代又一代年轻人投身祖国建设的豪情。面对2008年初历史罕见的雨雪冰冻灾害和汶川"5•12"大地震灾害，共青团组织响应党中央、国务院的号召，全团动员，迅速行动，与祖国共命运，和人民同呼吸——到祖国和人民最需要的地方去，充分发挥了生力军和突击队作用，用实际行动书写出壮丽的青春篇章。

2008年6月10日至13日，中国共产主义青年团第十六次全国代表大会在北京举行。中共中央政治局常委李长春代表党中央作了题为《在发展中国特色社会主义的伟大征程上创造新的青春业绩》的祝词。会上，通过了关于《中国共产主义青年团章程(修正案)》的决议。大会一致同意把深入贯彻落实科学发展观写入《团章》，大会一致同意在《团章》中对共青团的奋斗目标、现阶段的基本任务进行充实，一致同意在《团章》中强调团的建设必须坚持改革创新精神。陆昊当选为团十六届中央委员会书记处第一书记。

6月14日上午，中共中央总书记胡锦涛和团十六大部分代表座谈，发表了重要讲话。在讲话中，胡锦涛特别指出，改革开放30年来，广大青年听从党的号召、响应时代召唤，积极投身中国特色社会主义伟大事业，在改革开放和社会主义现代化建设各个领域创优争先、开拓奋进，奏响了新时代的青春之歌。胡锦涛在讲话中对全国青年提出了“要坚定理想信念”、“要勤奋刻苦学习”、“要勇于艰苦创业”、“要培养高尚品德”四点希望，强调广大青年一定要认清历史使命，勇担时代重任，用坚定的信念、顽强的意志、持续的奋斗，为夺取全面建设小康社会新胜利、开创中国特色社会主义事业新局面贡献更大力量、赢得更大光荣。胡锦涛对团干部提出3点要求：一是政治上要过硬，始终忠于党、忠于人民，坚持用中国特色社会主义理论体系武装头脑，努力做共产主义远大理想和中国特色社会主义共同理想的坚定信仰者，认真实践科学发展观，自觉地为党的事业而奋斗；二是作风上要扎实，切实增强事业心和责任感，深入基层、深入青年，踏踏实实地工作，努力在团的岗位上做出实实在在的业绩；三是自律上要严格，着力加强自身修养，从严要求，防微杜渐，经得住诱惑，管得住小节，切实走好人生的每一步。

2012年11月8日，中国共产党第十八次全国代表大会在北京召开，这是一次在我国进入全面建成小康社会决定性阶段召开的一次十分重要的大会。大会的主题是：高举中国特色社会主义伟大旗帜，以邓小平理论、“三个代表”重要思想、科学发展观为指导，解放思想，改革开放，凝聚力量，攻坚克难，坚定不移沿着中国特色社会主义道路前进，为全面建成小康社会而奋斗。随后召开的党的十八届一中全会选举产生了由习近平、李克强、张德江、俞正声、刘云山、王岐山、张高丽组成的中央政治局常委，习近平当选为中共中央总书记。

2013年5月4日，习近平在同各界优秀青年代表座谈时的讲话中强调，中国梦是历史的、现实的，也是未来的。中国梦凝结了无数仁人志士的不懈努力，承载着中华儿女的共同向往，昭示着国家富强，民族振兴，人民幸福的美好前景。中国梦是国家的、民族的，也是每一个中国人的。国家好、民族好大家才会好，只有每个人都为美好梦想而奋斗，才能汇集起实现中国梦的磅礴力量。习近平强调，中国梦是我们的，更是青年一代的。中华民族伟大复兴终将在广大青年的接力奋斗中变为现实。青年最富有朝气、最富有梦想，青年兴则国家兴，青年强则国家强。广大青年要坚定理想信念，练就过硬本领，勇于创新创造，矢志艰苦奋斗，锤炼高尚品格，在实现中国梦的生动实践中放飞青春梦想，在为人民利益的不懈奋斗中书写人生华章。

6月17日，中国共产主义青年团第十七次全国代表大会隆重召开，习近平、李克强、张德江、俞正声、王岐山、张高丽等党和国家领导人到会祝贺，刘云山代表党中央发表了题为《在实现中国梦的伟大实践中谱写壮丽的青春篇章》的祝词。秦宜智代表共青团第十六届中央委员会作了题为《高举团旗跟党走 奋力实现中国梦》的报告。大会通过了关于《中国共产主义青年团章程(修正案)》的决议。大会一致同意把科学发展观写入共青团的行动指南，对共青团的奋斗目标进行调整和充实，对现阶段共青团基本任务、共青团思想政治工作内容、团的建设基本要求的内容进行充实。大会选举产生了新一届团中央领导机构，秦宜智当选为团十七届中央委员会书记处第一书记。大会强调，共青团要围绕为实现中华民族伟大复兴的中国梦而奋斗这一中国青年运动的时代主题创造新的时代业绩，就必须牢牢把握八个基本要求：必须始终坚持党的领导，必须始终坚持围绕中心、服务大局，必须始终坚持发挥优势、凝心聚力，必须始终坚持以人为本、融入青年，必须始终坚持强基固本、狠抓基层，必须始终坚持改革创新、锐意进取，必须始终坚持勤奋学习、提高本领，必须始终坚持脚踏实地、埋头苦干。大会号召，全团要紧密团结在以习近平同志为总书记的党中央周围，高举中国特色社会主义伟大旗帜，以邓小平理论、“三个代表”重要思想、科学发展观为指导，团结带领广大团员青年在全面建成小康社会、加快推进社会主义现代化、实现中华民族伟大复兴的中国梦的新征程上谱写新的青春篇章！

6月20日，习近平在中南海同团中央新一届领导班子成员集体谈话并发表重要讲话。他强调，当前，全党全国各族人民正在为实现党的十八大提出的奋斗目标而奋发努力，正在朝着实现中华民族伟大复兴的中国梦而奋勇迈进。这是党和国家工作大局，也是中国青年运动的时代主题。团的工作要把握住根本性问题，把培养中国特色社会主义事业建设者和接班人作为根本任务，把巩固和扩大党执政的青年群众基础作为政治责任，把围绕中心、服务大局作为工作主线。团的工作要把握住广大青年的脉搏。要提高团的吸引力和凝聚力，关键是要高举理想信念的旗帜。共青团要做好青年思想引导工作、增强吸引力和凝聚力，必须站在理想信念这个制高点上。只有思想上精神上的吸引力和凝聚力，才是内在的强大的持久的。共青团要努力帮助广大青年树立远大理想，坚定走中国特色社会主义道路的人生信念，用科学的理论武装青年，用历史的眼光启示青年，用伟大的目标感召青年，用光明的未来激励青年，使他们不断增强道路自信、理论自信、制度自信，不断增进对党的信赖、信念、信心。习近平对加强团干部队伍建设提出了明确要求，强调推动共青团事业不断开创新局面，关键在团干部。团的干部必须坚定理想信念，应该最富有理想、富有理想主义，团干部要在广大青年中树立威信、形成号召力，首先要高扬理想的旗帜。团的干部必须心系广大青年，坚持以青年为本，深深植根青年、充分依靠青年、一切为了青年，做青年友，不做青年“官”，努力增强党对青年的凝聚力和青年对党的向心力。团的干部必须提高工作能力，勤奋学习，向书本学习，向实践学习，向青年学习，在同广大青年的密切交往中提高工作本领，在同他们打成一片中找到做好青年工作的有效办法。团的干部必须锤炼优良作风，既要有干事创业的激情，更要有脚踏实地的作为。要深刻领会中央八项规定的精神实质，养成慎始、慎独、慎微的意识，走好人生每一步。要坚决反对形式主义、官僚主义、享乐主义和奢靡之风，着力解决广大青年反映强烈的突出问题，为做好团的工作提供坚强作风保证。

纵览90多年共青团的历史，不难发现，站在时代潮头，高举真理的旗帜，为了民族的振兴和祖国的强盛团结青年跟党走，开拓创新，奋力进取，始终是共青团的主旋律。展望未来，这个主旋律必将作为中国共青团的光荣传统，在21世纪奏得更加激越、更加壮美。

建设中国特色社会主义是中华民族跨世纪的伟大事业，为实现中华民族伟大复兴的中国梦而奋斗是当代中国青年的身上肩负的历史使命。面对新世纪的宏伟目标，中国共青团绝不会辜负党的信任，人民的期望，一定会在新世纪奏出更加雄浑壮丽的青春乐章。

伟大的事业，必将创造新的辉煌的历史。

共产主义青年团的性质、职能和任务

第一节　共产主义青年团的性质

《中国共产主义青年团章程》明确规定了共产主义青年团的性质:“中国共产主义青年团是中国共产党领导的先进青年的群众组织,是广大青年在实践中学习中国特色社会主义和共产主义的学校,是中国共产党的助手和后备军。”

第一句说明了共产主义青年团的属性,指明共产主义青年团是中国共产党领导的,是青年的组织,是群众的组织。

(1) 共产主义青年团的先进性主要体现在:① 共产主义青年团作为我国群众团体之一,它在政治上、思想上、组织上接受中国共产党的领导,团是党用来团结教育青年一代的群众组织,是党联系青年的桥梁和纽带。共产主义青年团与共产党有紧密的联系,是党的得力助手和坚强的后备军。② 共产主义青年团以马克思列宁主义、毛泽东思想、邓小平理论和“三个代表”为指导思想,坚决拥护党的纲领,深入贯彻落实科学发展观,以实现共产主义社会制度为目标,是青年学习中国特色社会主义和共产主义的学校。③ 共产主义青年团是积极、进步的政治力量,主要由青年中的先进分子组成,在青年团体中发挥着核心作用。④ 共产主义青年团以民主集中制为组织建设原则,有严格的纪律和严谨的组织系统。

(2) 共产主义青年团的群众性主要体现在:① 共产主义青年团是先进青年的群众组织,是党联系青年的桥梁和纽带,是党开展青年工作的主要途径。共产主义青年团在青年中宣传党的主张,加强党和青年的联系,把青年团结在党的周围,动员和带领青年为实践党的任务努力奋斗。② 共产主义青年团与青年有着紧密的联系,共产主义青年团作为一个青年组织,将青年联系在一起,作为一个平台培育青年，同时让青年有机会、有舞台展示自己。③ 共产主义青年团依照青年的特点开展工作，共青团必须根据青年的特点，有的放矢地展开工作和活动，在维护人民利益的基础上关心青年的学习、工作和生活，通过开展健康有益的活动，丰富广大青年的业余生活。

第二句说明了共产主义青年团组织的责任。

共产主义青年团的基本责任是在实践中学习共产主义，这是共产党创立青年团的目的。广大青年如果想在实践中学习共产主义，那么共产主义青年团则是他们最理想的学习课堂。同时，我们党领导的事业是共产主义事业，共产主义的宏伟目标不是靠一代人或几代人所能完成的，要靠广大青年继往开来，脚踏实地地艰苦奋斗。所以，青年人如果想肩负起历史赋予的这一重任，如果想在建设中国特色社会主义事业中施展抱负和才能，必须努力学习和掌握共产主义的基本观点。只有这样才能保证我们沿着正确的政治方向健康成长。在共产主义青年团这一社会主义课堂中，青年团员首先要树立共产主义理想，培养共产主义品质和情操，同时学习与掌握马列主义、毛泽东思想和中国特色社会主义理论体系的基本思想，以及社会科学、自然科学等实际本领。

第三句话体现了共产主义青年团与共产党的关系，共产主义青年团是党的助手和后备军，这一表述说明了共产主义青年团的性质，确定了共产主义青年团的地位。

（1）共产主义青年团是党的领导下的先进青年群众组织，这是团性质的基本点。共青团是党的助手和后备军，是为党培养教育后备力量的青年组织。党在缔造共青团之初，赋予共青团的一项重要职能就是把有志向的先进青年凝聚在一起，为党的事业源源不断地输入新鲜血液。这就是共青团组织与一般青年组织、教育机构在本质上的区别。党的先进青年群众组织，是用共产主义的光辉旗帜指引激励青年，用科学的理论教育引导青年，时代赋予共产主义青年团的职责是进一步激励广大青年将爱国主义精神、共产主义远大理想和中国特色社会主义信念结合起来，积极投身于改革开放和社会主义现代化建设中。

共产主义青年团是党团结、教育青年的群众组织。共产主义青年团存在和发展的根本保证是坚持党的领导。坚持党的领导并不是说共产主义青年团不可以独立开展工作。共产主义青年团具有自己的组织系统和章程，共产主义青年团在政治上接受党的领导，拥护党的路线和方针，在政治原则和政治方向上与党保持一致，而在工作内容、活动方式和工作部署上则依据青年的需要和特点独立自主地开展工作。只有这样才能赢得青年的信任，才能充分发挥党联系青年的组带作用。

（2）共产主义青年团是中国共产党的希望。把共产主义青年团作为党的后备军，既是党建立共产主义青年团的目的，也是党赋予共产主义青年团光荣的历史使命。中国共产党始终高度重视青年、关怀青年、信任青年，对青年一代寄予殷切期望，号召广大青年走工农与群众相结合的道路。邓小平同志曾满怀深情地指出，"青年一代的成长，正是我们事业必定要兴旺发达的希望所在"，希望广大青年争当有理想、有道德、有文化、有纪律的一代新人。江泽民同志强调，"青年兴则国家兴，青年强则国家强"，希望广大青年为党和人民的事业坚忍不拔地前进。这充分表明，中国共产党始终把青年看作民族的希望、祖国的未来，把青年作为党和人民事业发展的推动力量，鼓励青年在社会主义建设的伟大实践中实现人生理想和远大抱负。改革开放时期，共产主义青年团发挥出巨大作用，在各级党组织的领导下，积极宣传党在社会主义初级阶段的基本路线，围绕发展社会主义生产力这一全党工作的中心任务，动员和带领广大团员，学习和执行党中央制定的各项方针政策。广大青年更应该积极支持改革，踊跃投身到改革开放的洪流，在全面建成小康社会的进程中，发挥共产主义青年团组织的先锋模范作用。

第二节　共产主义青年团的职能

共产主义青年团的社会职能，是指共产主义青年团在我国社会生活中的社会作用、社会功能。团的性质决定团的社会职能，团的社会职能是团的性质在社会生活中的体现。共青团的社会职能主要表现在以下三个方面。

一、团结和教育的职能

团结全体青年是党历来对共青团的要求。毛泽东同志为中国新民主主义青年团第一次全国代表大会的题字就是："同各界青年一起，领导他们加强学习，发展生产。"同年，毛泽东同志给全国青年第一次代表大会题字又重申了这一要求："团结各界青年，参加新民主主义的建设工作。"邓小平同志《在中国新民主主义青年团第三次全国代表大会上的祝词》中说："作为中国共产党的亲密助手，共产主义青年团员还必须学会怎样把最广大的青年群众团结起来一道前进。我们不只是要善于团结先进的青年，而且，还要善于把一切爱国的青年包括还不赞成共产主义世界观的爱国青年，都团结起来，共同为祖国的社会主义事业奋斗。"努力把各界青年、各层次青年团结在党、政府与伟大事业周围，这是共青团组织一项重要社会职能。同时为满足党、社会、青年的需要，共青团组织还承担着教育和引导青年在建设中国特色社会主义实践中成长成才的职能。这一职能包括两个方面：一是带领青年为实现党的奋斗目标和各个时期的中心任务而努力奋斗；二是在建设中国特色社会主义实践中，把青年锻炼培养成有理想、有道德、有文化、有纪律的"四有"新人，为党的事业输送优秀的后继人才，这一职能强调把青年组织起来，按照党的要求培养青年、教育青年、塑造青年。

二、参与和监督的职能

作为党联系青年的桥梁和纽带，共产主义青年团担负着代表和组织青年参与日常政治生活与服务党组织、政府的职能。这一职能包括四个方面的内容：一是党和政府制定涉及青年利益的方针、政策和行政法规时，团组织要主动及时反映有关青年的情况，提出建议，帮助党和政府深入了解并照顾青年的实际需要；二是通过适当形式，在党政有关部门与青年之间架起互相沟通、信任的桥梁，消除可能发生的隔阂，促进安定团结；三是利用共产主义青年团从中央到基层的完整组织系统、渠道和舆论工具，形成有效的社会监督体制，充分发挥监督社会的作用；四是承担政府委托有关青年工作的事务，指导和协助青联、学联、少先队等青少年组织开展工作，积极协助政府管理青少年事务。

三、代表和维护的职能

共产主义青年团作为先进青年的群众组织，代表和维护着青年的利益，具体表现在三个方面：一是保证青年利益的法律地位，也就是青年的利益得到法律的认可。青年利益的法律地位的取得，使青年利益有了保障。二是作为社会代表保护青年。在社会生活中，由于文化传统和社会习俗的影响，社会中对青年权益的漠视与对青年利益的损害时有发生，所以，共产主义青年团对青年利益的维护有着不可推卸的责任，要为青年利益呼吁，寻求社会各方面的支持。三是共产主义青年团要为青年的全面发展创造条件。青年期是人生需求最集中、最强烈的时期，也是学习能力最强的时期，共产主义青年团要努力为青年办实事，实实在在地为青年的成长和发展创造良好的环境。要切实解决青年政治上进步、事业上成才，以及青年求学、就业、婚恋等方面的实际困难。

为了满足党对共产主义青年团的需要，我们共产主义青年团要当党的助手和后备军；为了满足社会对团组织的需要，我们共产主义青年团要参与社会，推进物质文明、政治文明和精神文明建设；为了满足青年对团组织的需要，我们共产主义青年团要服务青年，要代表和维护青年的利益，这些是共产主义青年团举办一切活动的出发点，也是体现共产主义青年团存在价值的核心，更是共产主义青年团发挥作用的基本内容。因此可以说，满足党、社会、青年的需要是共产主义青年团的基本社会职能。

第三节　共产主义青年团的任务

现阶段中国共产主义青年团的任务是：高举中国特色社会主义伟大旗帜，坚定不移地贯彻党在社会主义初级阶段的基本路线，以经济建设为中心，坚持四项基本原则，坚持改革开放，用社会主义核心价值体系教育青年，在建设中国特色社会主义的伟大实践中，造就有理想、有道德、有文化、有纪律的共产主义事业接班人，不断巩固和扩大党执政的青年群众基础，努力为党输送新鲜血液，为国家培养青年建设人才，团结带领广大青年，自力更生、艰苦创业，积极推动社会主义经济建设、政治建设、文化建设、社会建设，为全面建设小康社会、加快推进社会主义现代化贡献智慧和力量。

团支部组织建设

第一节　团支部简介

团支部是团的工作和活动的基本单位，是团的最基层一级组织，她同广大团员青年有着最直接、最紧密、最广泛的联系，是各项团的工作的现实终端，在团结和教育青年中起核心作用。

一、团支部的工作任务

根据《中国共产主义青年团章程》第二十五条对团的基层组织任务的规定，团支部的工作任务可以概括为以下四个方面：

（一）加强对团员青年的思想政治教育工作

共青团是党领导的先进青年的群众性教育组织，因此，加强对团员青年的思想政治教育工作，是团支部的首要任务。团支部要以团员青年的思想实际为出发点，经常对团员青年进行马克思列宁主义、毛泽东思想、邓小平理论、“三个代表”重要思想和科学发展观教育，党的基本路线和方针政策教育，革命理想教育，共产主义道德教育。

（二）动员和组织团员青年为社会主义现代化建设事业勤奋学习，全面成才，建功立业

共青团是党的助手和后备军，在社会主义现代化建设中应当充分发挥先锋和突击队作用。团支部要从实际出发，动员和组织青年在学习中奋发向上，刻苦钻研，掌握过硬的科学技术本领，并努力提高自己的思想、能力、身心等综合素

质，把自己培养成21世纪的高素质人才，并且能在本职位岗位上艰苦奋斗，争创突出业绩。根据本单位学习或工作的实际需要，因地制宜，开展形式多样的学习、科技竞赛和文体活动，最大化地发挥团组织的突击队作用。

（三）关心广大青年利益，密切联系青年群众

共青团是党联系青年的桥梁和纽带。关心青年的全面成长，反映青年的合理要求，维护青年的正当权益，努力为青年提供最具体、最有效、最优质的服务，是团支部不容推卸的责任。要围绕党的中心任务，有效开展各种有利于青年全面发展的活动，帮助青年突破自我、建功立业、成长成才。要指导广大青年选择有益于身心健康的文化、娱乐、体育等业余生活，要重视和关心青年的特殊利益和特殊问题。团支部要做青年的知心朋友，倾听青年的呼声，了解他们的意见和要求，对于青年的合理意见，要主动向上级组织反映，并努力创造条件，有效帮助其解决。要维护青年的正当权益，同危害青年的行为进行坚决的斗争，为青年的健康成长创造良好的条件。

（四）加强对团员青年的教育和管理，做好团支部的经常性工作

共青团是先进青年的群众性组织，有着严密的组织和严格的纪律。团支部应当做到“团要管团”，对于本支部的所有团员，都要保证有教育、有管理、有要求、有监督。要健全团的组织生活，使广大团员真正了解团的性质和任务，了解团员的权利和义务，在社会生活的各个方面发挥共青团员的模范带头作用。要及时地表彰优秀团员，宣传他们的先进事迹，对于犯有错误的团员，应进行严肃的批评教育，并给以必要的纪律处分。要向所有愿意为社会主义和共产主义奋斗的青年敞开团的大门，正确理解新时期发展团员工作的方针，积极地、有计划地做好团员发展工作。党的路线、方针和政策是青年最关心的问题，团组织应经常对广大团员青年进行党的基本路线教育，及时向党组织推荐优秀团员作为党员的发展对象。要认真做好团费收缴工作。

二、团支部职务设置

（一）团支部书记

团支部书记处在团的基层建设的最前沿，是团支部委员会的负责人和召集人，对团支部委员会的工作负全部责任，由所在的团支部的团员青年选举产生。团支部书记在团支部委员会的集体领导下，按照支部团员大会、支部委员会的决议，全面负责主持团支部的日常工作。其职责是：

(1)对整个团支部的工作全面负责,同各委员保持密切联系,督促和帮助他们做好分管的工作。

(2)负责召集支部团员大会和支部委员会会议,结合团支部的具体情况,传达贯彻党组织和上级团组织的决议、指示精神,研究部署团支部的工作,将支部工作中的重大问题提交至支部委员会进行决议。

(3)了解并掌握团员青年的思想、学习和工作动态,定期对团员青年进行思想教育,搜集和整理优秀共青团员的先锋模范事迹,通过支部委员会共同协商对团员进行表扬和奖励,对于违反团的章程和纪律的行为,及时进行批评教育,并提出处理意见。

(4)制订本支部的工作计划和措施,明确责任,并做好总结工作。检查督促工作计划、决议的贯彻落实情况,按时向支部团员大会、支部委员会、上级党团组织报告请示工作。

(5)针对所在团支部的团员青年、入党积极分子和党员发展对象的思想动态及团支部内发生的突发事件,及时向上级团组织、党组织汇报。

(6)同相关部门和组织(党委、团委、党支部、班委会等)保持密切联系,及时发现、交流、上报情况,反馈团员青年的思想动态和相关信息,互相支持,共同促进团的工作顺利开展。

(7)抓好团支部的自身思想建设、组织建设和作风建设,全面促进团支部委员会成员的交流与合作,在充分发挥集体领导的作用的同时,做到与个人分工负责相结合,帮助和督促各支部委员善始善终地完成自己所分管的工作。

(8)健全团的组织生活,以学校党、团中心工作为重点,结合本支部团员的具体情况确定组织生活的内容。要有的放矢,注重实效,真正达到解决问题、教育团员的目的。

(9)按时参加团委的工作例会。

(二)团支部副书记

团支部副书记是团支部领导核心的主要成员之一,是团支部书记的参谋与助手,协助书记负责团支部的日常工作,除了要完成一般委员所担当的工作外,还要对有关的委员的工作进行协调和指导;团支部书记不在时,要代替团支部书记抓全面工作,保证团支部工作的正常开展。

由于大学班级的特点决定了团支部与班委会目标的一致性,为保证团支部与班委会工作协调,一般应由政治面貌为团员的班长兼任团支部副书记。

（三）团支部组织委员

团支部组织委员应在团支部的领导下，具体负责本支部的组织工作。其职责是：

（1）了解青年积极分子的情况，负责对青年积极分子进行综合培养、考察和教育，提出发展团员的意见，具体办理发展和接收新团员的手续。

（2）了解团员的思想动态，注重总结优秀团员的模范事迹，建议团支部委员会进行表扬和奖励，并对违反团的章程和纪律的行为进行批评教育，提出具体处理意见。

（3）了解和掌握团支部的组织状况，根据具体情况和需要，提出团小组的划分和调整。负责对团员进行组织性、纪律性的相关教育，指导和督促团小组进行组织生活。

（4）负责团员管理、团员统计、新团员编组、收缴团费、超龄团员离团和接转团组织关系的组织手续。

（四）团支部宣传委员

团支部宣传委员具体负责本支部的宣传教育工作。其职责是：

（1）了解团员青年的思想动态，根据形势要求，拟订本支部的政治学习计划，提出具体的宣传工作意见，并负责安排贯彻落实，对整个团支部的工作形成舆论导向。

（2）领导和组织团员青年学习马克思列宁主义、毛泽东思想、邓小平理论、“三个代表”重要思想和科学发展观，学习政策理论、时事政治和团的基础知识。

（3）了解团员青年的意见和要求，并及时向党组织和团组织进行反馈，对于一时解决不了的困难和问题，要耐心细致地做好说服教育工作。

（4）根据团组织的决议，对团支部开展的各项工作展开宣传活动，并及时宣传和报道身边的好人好事，批评不良行为。

（5）针对团员青年的思想情况，注重点面结合，组织形式多样的教育活动，如上团课、座谈会、报告会、参观、访问、学习经验交流、班级工作点评等。

（6）组织好团课学习，管理好团支部的报纸、杂志、书籍等宣传教育材料。

第二节　团支部的工作制度

一、团支部制度的建立

正常的团支部工作，必须以制度为保证。团支部的工作制度是团支部全体成员共同的行动准则。

（一）实际可行性是关键

团支部工作制度应具有严谨、适用和实际可行性。这就要求团支部在制定工作制度时，要一切从实际出发，坚持原则性与灵活性的统一。在固定制度的基础上，制定与团支部阶段性工作相关的制度。注意团支部工作制度之间的完善配套，要根据实际工作需要，调整、完善原有制度，增加新的制度，避免制度僵化、落后。

团支部的工作制度由团员大会共同讨论制定。各团支部在制定工作制度时，应考虑到实际可行性。既要弄清团章的基本精神，领会上级团委对工作的要求，又要照顾到本支部学习和工作的实际情况。要充分调动支部全体团员的积极性，全面讨论分析应该建立哪些制度并如何执行相关制度，切实保证支部工作制度的建立与党组织的要求、团委的工作安排、自身的实际工作相一致。

（二）科学合理性是前提

团支部工作制度的科学合理性是其执行和落实的必要前提。要想使团支部制度真正发挥作用，首先要大家都认可制度的合理性、必要性，要使这些制度深入人心。因此制定规章制度时，要让全体团员充分参与和讨论，使制度的产生经过“协商—起草—修改—试行—再修改—实行”的过程，只有经过这样的过程的检验，才会制定出全体团员都接受的规章制度，这个制度才有合理性和可操作性，大家才会心甘情愿地接受它的约束，从而收到团支部制度化管理的成效。

（三）系统性是保障

团支部制度的建立是一项系统工程。为了增强团支部的凝聚力和战斗力，使其成为团结和教育广大青年的重要基地，团支部制度的建立必须坚持规范化和系统化。团支部工作制度的实施，使团支部的建设得以加强，团支部的管理逐渐趋于正常化和规范化。

高校团支部制度的建立牵涉到学校的方方面面，它需要学校团委的政策引导，需要学院团委老师的悉心指导，需要团干部的认真组织，需要支部成员的积极参与，更需要其他行政部门的大力支持。这就要求团支部工作制度建立的时候要统筹考虑到学校团委、各学院团委、团支部、学校其他行政部门之间方方面面的关系，从而制定出一个系统化、一体化的团支部制度，从而更好地为团支部建设事业服务，最终服务广大团员青年。

二、团支部制度内容

(一)“三会一课”制度

1. 支部团员大会

(1) 支部团员大会是团支部的领导机关，是团支部组织生活的重要形式，是发扬团的民主、保障团员权利、贯彻民主集中制原则的重要措施。

(2) 支部团员大会一般每学期至少召开一次。

(3) 支部团员大会的主要工作内容是：根据上级党团组织的要求，讨论团员在工作、学习和生活中如何发挥模范带头作用；学习、研究和讨论党的路线、方针、政策；讨论上级团委的决议；讨论青年的要求和意见；选举支部委员会、选举出席上级团员代表大会的代表；讨论接收新团员；讨论对团员的奖励和处分等。

(4) 作出支部大会决议时必须有支部 4/5 以上的团员到会，到会有表决权的团员过半数赞同，支部大会的决议才有效。

2. 团支部委员会

(1) 支部委员会是团支部的核心，是团员大会闭会期间主持团的工作的领导机构。

(2) 支部委员会一般每月召开一次。

(3) 支部委员会的主要工作内容是：学习和讨论党的路线、方针、政策，统一团支部委员的思想认识；研究上级党团组织布置的工作及贯彻意见，检查执行团员大会决议执行的情况；分析团支部建设与青年思想状况；讨论团支部活动事项、日常工作、组织发展规划及有关工作；搞好支委会自身建设；总结团支部工作等。

3. 团小组会

(1) 团小组会是执行上级决议，完成上级团组织布置的工作任务的组织基础。定期召开团小组会是团支部组织生活的一项重要内容。

(2) 团小组会一般每月召开一次。

(3) 团小组会的主要工作内容是：讨论落实上级布置的任务，检查团员执行团的决议、遵守团的纪律、行使团员权利、履行团员义务的情况，组织进行时事理论及团的基础知识学习，开展评先评优工作等。

4. 团课

（1）团课是团组织对团员进行思想政治理论教育和团的基本知识教育的主要形式，是提高团员思想理论水平和政治素质的有效途径。

（2）一般情况下，每学年应上一次团课。

（3）团课的内容可结合当前形势任务、团员的思想实际和支部建设现状确定。

（4）团课的形式应多种多样，要讲究质量，注重教育效果。课前要认真准备，讲课力求形象、生动，有针对性，课后要组织讨论。

（二）团籍管理制度

1. 团员档案材料管理

（1）团员团籍以班级为单位，按学生学号整理归档，由学院团委统一管理。

（2）每年由团支部上报新生团员情况统计表及缺失登记表，由学院团委进行统一安排、补办。

（3）学院团委要妥善管理和存放好团员的团籍，如出现团籍丢失或发生不可修改的损坏由学院团委负责。

（4）新团员入团后，团籍由校团委审批后，返还到学院团委保存。

（5）团员毕业后团籍关系转出时，各团支部收集毕业生团员证交到校团委，统一办理转出手续。

（6）学生如发生退学、转学、转专业等情况，学院团委要做好相关团籍转移工作并上报校团委备案。

2. 团员年度团籍注册

（1）年度团籍注册是对团员团籍的连续认定。团员每年必须在规定时间内持证向所在团支部申请注册。

（2）团员年度团籍注册应结合团员教育评议工作进行，在认定为合格团员的基础上，方可注册。

（3）年度团籍注册以团支部为单位收齐团员证，由学院团委统一上交至校团委，由校团委相关工作人员进行。对符合注册条件的团员，在其团员证"团籍注册"栏内填写注册时间，加盖注册印章。

（4）受团内警告、严重警告、撤销团员职务处分的团员，如能正常参加团的活动，按时交纳团费，一般应予注册。受留团察看处分，察看期间，其团员证应由组织收回，察看期满，恢复团员权利后，将团员证发还本人并及时注册。

（5）团员没有正当理由，连续6个月不交纳团费，不参加团的组织生活，或连续6个月不执行团组织分配的工作的，经帮助教育，能认识并改正错误，主动要求参加团籍注册的，可予以注册。

（6）除组织上的原因外，团员没有按时办理团籍注册手续，团支部应及时提醒。超过规定注册时间一年未注册的团员证，即为失效。

（7）因在外实习等原因未能按时注册的团员，应在实习结束回校后及时办理注册手续。

3. 团员入党后的团籍管理

（1）团员入党后，仍然保留团籍，年满28周岁，没有在团内担任职务，不再保留团籍。

（2）团员入党后，如果是因为不具备党员条件而被取消党员资格，其团籍不应取消。

（3）团员因为犯错误被取消预备党员资格的，则应根据其所犯错误的情节、性质及本人承认错误的态度和所犯错误造成的影响，考虑是否给予团内处分。

4. 自行脱团的团籍处理

（1）团章规定："团员没有正当理由，连续6个月不交纳团费、不参加团的组织生活，或连续6个月不配合完成团组织分配的工作，均被认为是自行脱团。"团员只要有上述两种情况中的一种，就可以被认为是自行脱团（无正当理由超过6个月未注册的也应该认为自行脱团）。经核实确定后提交支部大会讨论，决定除名后，报上级团组织批准。批准后通知本人。

（2）团员自行脱团后，团组织应在其入团志愿书和团员登记表的备注栏中注明情况，写明自行脱团的日期。

5. 主动要求退团的团籍管理

（1）团章规定："团员有退团的自由。"团支部对于提出退团要求的团员，要深入了解其提出退团的原因，对其做耐心细致的思想工作，区别情况，妥善处理。经教育后，提出退团要求的团员如果愿意继续留在团内，应当得到允许和鼓励。

（2）如果坚持要求退团，则应由本人向所在支部委员会提交书面报告，由支部大会宣布除名（不需通过），报上级团组织备案。团员退团后，团组织应在其入团志愿书和团员登记表备注栏中说明情况，并写明退团日期。

（三）团员证管理制度

团员证是团员政治身份公开的、法定的证明。实行团员证管理制度，有助于加强团员与团组织间的联系。建立起科学的团员证管理机制，有助于增强团员意识，督促和保障团员履行义务，行使民主权利，有助于加强团组织间的联系与协作，促进团的工作社会化。

团员证的主要功能有以下五条：证明团员政治身份；转接团员组织关系；进行团员年度团籍注册；作为团员参加团内民主选举和表决的资格证明；作为团员超龄离团的永久纪念。

团员证应妥善保管，不得随意涂改或丢失。如不慎遗失，必须向团组织作出书面说明，由团支部调查核实，形成书面材料报上级团组织，经审查无误，方可申请补办团员证。

（四）团费收缴制度

（1）青年入团后，从被批准其为共青团员开始，应按时向团组织交纳团费。

（2）团员应自觉定期按标准向团组织交纳团费，由团支部按季度收取并及时上交。

（3）受留团察看处分的团员在留团察看期间应按团章规定交纳团费。

（4）共青团员加入党组织，在预备期间，应缴纳党费，可不交纳团费，自愿交纳团费者不限。

（5）对不按规定交纳团费的团员，团支部应进行批评、教育，无正当理由连续6个月不交纳团费的，按自行退团处理。

（五）团日生活制度

（1）团支部每月至少开展一次团日生活会或团组织活动，传达和布置上级团组织会议内容。

（2）活动内容要丰富，包括党章学习和时事、政治理论学习、主题讨论等。形式可多种多样，包括座谈会、茶话会等。

（3）要认真作好活动记录，在活动结束一周之内将活动总结上报备案。

（4）青年团员无故不参加团日生活会和团组织活动，一次者要写书面检讨；两次者由团支书上报学院团委备案，经团委批准，给予团内处分；三次以上者则不具备推优资格。

三、团支部制度的贯彻和实施

（一）重视团员青年在制度实施中的主体作用

随着团员自我管理、自我教育意识增强，在团支部制度的贯彻和实施过程中更要发挥团员青年的主体作用，努力调动基层团组织的创造性。要确保团组织的积极性和团员青年的积极性有效统一起来。支部工作制度建立后，支部委员会要负责向全体团员讲清楚制度的具体要求，使每个团员都明了支部工作制度的内容及执行标准。团支部要定期检查每个团员执行支部工作制度的情况，并作为评选优秀团员的一条重要标准。模范执行的要予以表扬，违反制度的要予以批评、教育。

（二）在贯彻与实施中不断完善制度

团支部对工作制度的执行情况要定期进行全面总结和及时修订，使之不断完善，否则，团支部制度贯彻和实施的程度好坏无法度量。考核是检验规章制度落实情况、评价规章制度是否合理可行的有效方法。在考核的过程中绝不能走过场，流于形式，而是应该把考核细化、量化，建立档案，使团支部各项制度的考核真正落到实处。

（三）建立和健全监督机制

每位团员都要认真遵守执行团内各项规章制度。团员既是制度执行者，又是执行制度的监督者。这样就可以让团支部制度真正落到实处，真正发挥制度管理的作用。团干部要积极参加组织生活，并自觉把言行置身于上级党团组织和团员青年的监督之下。团支部委员会要定期召开民主生活会，进行批评与自我批评，开展客观的思想解析，解决在贯彻民主集中制过程中发生的源自认识偏差和个人修养等方面的问题，团支部委员会要定期向全体团员汇报工作，接受普通团员的监督。

总之，团支部每位成员都要从思想上认识到团支部制度的重要性，同时，在制度的制定、落实、执行的过程中积极地参与其中，发挥作为团支部一分子的力量。

第三节　团支部的组织生活

高校基层团支部工作是高校共青团工作中一个极为重要的组成部分。基层团支部的组织和工作状况如何将直接影响到团员队伍素质的提高，关系到学校团组织作用的发挥。高校共青团组织要使团的工作真正活跃起来，就必须从基层团支部抓起，充分发挥团支部作用。因此，我们必须明确高校共青团支部工作的意义及任务，探讨加强团支部建设、提高团支部战斗力的途径。

一、团组织生活与一般性活动的区别

团的组织生活是团组织对团员进行教育和团员进行自我教育的基本形式，它和团支部的一般性活动有着明显的区别。

（一）目的不同

团组织生活的目的主要有两个：一是通过团的组织生活，提高团员的政治思想素质；二是通过团的组织生活增强团组织的战斗力。而一般性活动的目的在于丰富团员的文化生活和知识经历，提高团员的工作、学习水平。

（二）内容不同

团组织生活的内容主要包括学习政治，学习团的知识、党的基础知识，在团内开展批评和自我批评等，不仅要体现团内生活的严肃性，而且要讲求内容的思想性和教育性。

一般性团的活动则比较讲求实效性、知识性、趣味性、活泼性。另外，一般性活动内容大都因人、因时、因地而宜，经常变化；而组织生活的内容则是统一要求，相对稳定。

（三）形式不同

团组织生活主要包括团课、民主生活会及各种形式的学习，以正面教育为主。在教育形式上突出团员的自我教育，具有直接性。一般性活动除思想教育活动外大都寓教育于活动之中，是间接的教育，更多地表现为自我反省式。

（四）特点不同

团组织生活和一般性活动特点不同，主要区别在于：① 团的组织生活是一项教育活动，对此团章有明文规定。一般性团的活动则侧重于发挥团员的作用，是“输入”和“输出”的区别。② 团组织生活是长期的、连续的活动。一般性团的活动弹性大。③ 团组织生活是一般性活动的基础，它的质量决定着一般性活动的质量。④ 团组织生活解决普遍性问题，一般性活动只解决某一领域的问题。

二、团组织生活的主要形式

团的组织生活主要包括团课、民主生活会、学习活动等三种形式，其中各种形式的学习活动在团的组织生活中占有很重要的地位，是团组织生活的主要经常性内容。只有根据青年特点，丰富学习活动的内容与形式，才能活跃团组织生活的气氛，防止团员对组织生活产生畏惧感和厌烦感，吸引团员主动参加团的组织生活。因此组织各种形式的学习活动要在坚持原则的基础上尽可能地发挥灵活性，解决团员的思想、工作、学习中的具体问题。学习活动主要有以下几种形式：

（一）灌输式学习

灌输式学习就是以授课、讲座等方法对团员进行马克思主义教育。马克思主义作为一门科学，不是自发产生的，它的原理、观点不是人们头脑中固有的，只有通过学习才能掌握。团支部可以组织团员进行马克思主义基本原理的学习，也可以就团员在学习中提出的问题邀请一些党政领导举办形势报告会，请青年教育工作者开办专题讲座，请先进模范人物作典型报告等等。总之，进行马克思主义教育，理论灌输是必不可少的，但要注意克服“填鸭式”的生硬作法，而采取循循善诱、由浅入深的方法。

（二）阅读式学习

学习内容包括马克思主义理论原著，党和国家的重要文件，报刊上关于国际、国内政治及经济形势的材料，上级团组织的有关文件等。主要目的是帮助团员了解国内外政治、经济形势，开阔团员的视野，树立马克思主义世界观。

（三）讨论式学习

讨论式学习是调动团员学习积极性，实现自我教育的有效方法。一般以主题讨论为主，也可以结合团员所关心的问题和团的工作中遇到的难题开展讨论，相互启发，辩明真理，解决思想问题，达到自我教育的目的。

（四）参观式学习

参观式学习是借助外力，解决团员思想中存在的模糊认识的学习形式。团支部可以组织团员走访革命老前辈，进行革命理想和革命传统教育；也可以组织团员参观改革取得成效的单位，进行形势政策教育。在组织活动时应注意计划性和针对性，防止走马观花。

（五）调查式学习

调查式学习是团员深入社会实践，运用马克思主义的立场、观点分析研究问题，提出意见和建议，提高政治思想水平和分析能力的学习方法。一般是组织团员深入社会，到工厂、农村、矿井、部队等单位针对某个问题进行调查，提建议或写感受，目的在于用社会的现实教育和鼓舞青年。

三、团组织生活的基本要求

（一）建立规章制度

团支部应对组织生活的内容、形式、时间及对团员参加组织生活的要求作出明确规定，并以制度的形式加以规范化、长效化。团支部可以建立单项制度，如团课学习制度、民主生活会制度等，也可建立综合制度，如“三会一课”制度。在建立团的组织生活制度时要坚持原则性和灵活性的统一，不能顾此失彼。要从本支部的业务工作、团的工作和团员思想的实际出发，避免和本支部的实际工作“撞车”。组织生活制度一经确立，就成为每个团员必须自觉遵守的纪律。团支部要有相应的考核制度，定期检查通报每个团员的参加情况，并将检查结果作为考核团员的重要内容。

（二）坚持正面引导

要以提高团员的基本素质和团员意识为着眼点来进行团的组织生活，坚持正面教育，弘扬“正能量”，采取启发式、引导式的方法，增强团员意识和自身免疫力。坚持正面引导应体现在团员自我教育上，克服一味地简单地批评教育。要经常听取团员对组织生活的意见和要求，不断创新组织生活内容，发动团员设计组织生活的方案，与时俱进地满足团员思想和工作的需要，从而调动团员参加组织生活的积极性、自觉性，在团组织活动中发挥主观能动性，实现团员自我教育的目的。

（三）保证全员参与

参加团的组织生活是对团员的基本要求。组织全体团员过好团的组织生活是团支部的重要职责。《团章》第十一条明确规定：“团员没有正当理由，连续六个月不交纳团费、不过团的组织生活，或连续六个月不做团组织分配的工作，均被认为是自行脱团。团员自行脱团，应由支部大会决定除名，并报上级委员会批准。”如果团员外出，应按规定参加组织生活。《山东科技大学团员证管理细则》第四章第十四条作出明确解释：“临时外出团员，在一个地区或单位连续工作或学习达半年以上者，凭团员证与所到地区或单位的团组织取得联系，并申请参加团的活动，经同意后可到指定的团组织参加活动，并向组织缴纳团费。”

（四）结合实际，确定内容

要根据团员和团的工作实际来确定团的组织生活的内容，而在实际中这两方面是有差别的。一方面，团员由于工作环境、文化修养、个人经历等不同，会在思想觉悟、基本素质等方面表现出不同程度的差异；另一方面，团组织在不同时期内的工作任务及对团员的要求也有所侧重。因此，团的组织生活要结合该时期团员状况、团的工作实际情况及本支部工作的实际情况，以及政治、经济和社会形势的不断发展变化的需要，确定符合时代需要、符合团员需要的组织生活内容。

团支部工作方法与艺术

团支部工作是共青团工作的基础，支部工作的好坏关系到全团工作的落实。如果团支部能焕发出内在活力，围绕党的中心工作和上级团组织的要求“公转”，并且从各自的实际出发，根据青年的特点要求，创造性地工作，实现“自传”，充分发挥团员青年的核心作用，那么团的工作就会得到新突破，开创共青团工作新局面就会有坚实的基础和可靠的保证。因此，只有充分发挥团支部的职能，团支部成员明确职责，各司其职，并且巧妙运用科学合理的工作艺术与方法，就能为做好全团工作奠定基础。

第一节　团支部的基本工作方法

团支部工作涉及方方面面，有日常性的工作，如发展团员、收缴团费，团员的管理等等，有配合性的工作，配合党委、行政部门做好工作，还有开创性的工作。做好这些工作，团支部就需要运用恰当的工作方法。

一、围绕基层党支部的工作要求，搞好“党团”共建工作

共青团是党领导的青年群众组织，基层团支部开展各项工作都应该在基层党支部的指导下展开。团支部的工作与党支部的工作目标同向，运行同步，应该做到“党有号召，团有行动”，达到拾遗补漏，锦上添花的目的。只有这样才能真正达到“党团”共建，两全其美。

二、抓好团支部成员的思想工作

团员的思想活跃、接受事物快，是施以理论引导、提高理论水平、促进形成正确的世界观、人生观和价值观的最佳时期。作为团支部需要引导青年团员走出错误思想的误区，引导他们树立正确的观念。

三、引导广大团员青年在实践中应用专业知识

团支部可以为团员青年搭建学习成才的平台，积极开展各种学习活动，营造学习氛围，为团员青年提供多种学习机会和条件，如开展专业知识讲座、专业知识竞赛、专业应用活动和实践等。培养他们成为一专多能的全面发展人才。

四、加强团支部自身的建设，不断创新、与时俱进

团支部自身的建设十分重要，包括思想建设、组织建设、作风建设等等。团支部成员需要不断学习创新，做到思想上追求进步，组织上不断完善，作风端正，多为团支部出谋划策。

五、广泛开展各种文体娱乐活动

团支部可以开展各种有益的文体娱乐活动，也可以组织团支部成员积极参加学校、学院组织的各项活动，丰富课余文化生活。

第二节　落实团支部工作的方法

任何工作的开展，关键都在于落实，只有方法对路，将团支部工作做得踏踏实实，才能事半功倍，取得进展。因此团支部必须掌握科学的落实工作的方法，全面提高工作的水平。

一、抓好团支部工作落实的重要性

只有充分认识抓落实的重要性，才有可能重视这项工作，从而投入这项工作。从团支部的实际来看，抓落实的重要性主要体现在四个方面：

（1）落实团支部工作，是团支部组织纪律性的重要体现。在团中央的大力推

动下，上下形成了一个重要的共识，就是共青团的战斗力和凝聚力的体现，一靠信念，也就是认识；二靠规则，也就是纪律；三靠感情，也就是友谊。在当前，特别要强调组织纪律的作用，因此，我们要充分认识到落实团支部工作的重要意义所在，从遵守团的组织纪律的高度，切实增强抓落实的责任感和使命感。

（2）抓好工作的督查落实，是团支部的重要职责。团支部职责很重要的一部分就是协助领导抓好工作落实。落实工作要靠团支部主动督查、反复督查和深入督查。因此，我们要从履行好团支部的职责、树立良好形象的角度，切实增强抓落实的自觉性和主动性。

（3）在抓落实中提高工作能力，是团支部干部成长的重要途径。团支部通过抓落实，能够促进上级团组织、团员对团支部的认识、理解和支持，形成相对和谐的人际关系。因此，我们要从团干部健康成长的角度，坚定抓落实的信心，真正在抓落实中经受锻炼、实现成长。

二、落实工作的方法

再完美的制度、科学的计划，如不执行和落实，不过是一种形式，一张废纸而已。做好团支部工作的落实，需要做到以下几点：

（1）抓落实，必须懂全局、知重点。抓重点是抓落实的主要方法之一。但明白哪些工作是重点，需要站在全局的高度来衡量把握，不懂全局，就不可能知道重点。团支部的工作有一个最大的优势，就是站在全局的高度来思考工作。因此团支部要了解该支部的整体情况与优劣势，在把握好全局的基础上，明确工作重点。团支部需要结合实际开展特色工作，抓好统筹协调，抓好落实。上级组织交办的一些临时性、突发性的重点工作，团支部要作为重要任务来落实。

（2）抓落实，必须善协调、凝合力。团支部抓好落实关键还要依靠团员的支持。从团支部自身来说，有一些任务要抓好落实，但最主要的工作还是协助领导和上级部门，做好团员工作的落实，这就需要有比较强的协调能力。所以，在团支部的工作中，既要把领导的要求落实到位，又要考虑团支部的现实情况；既要树立团支部的督查权威，又要让团员感受到团支部的服务。协调得好，就会让团员和领导及上级部门感受到团支部的热情和难处，增进相互理解与支持，形成落实工作的合力。

（3）抓落实，必须多思考、出主意。团支部要发挥理论上、信息上、政策掌握上的优势，主动当好参谋。既要向领导和上级组织提供好的意见和建议，也要结合实际，通过适当的方式，向团员提出要求并帮助其少走弯路。要善于发挥网络、信息、团讯对团支部工作的指导作用，帮助团支部委员打开思维，更新思想，创新思路。

（4）抓落实，必须建立制度保障。通过建立团支部工作的例会制度，结合年计划和形势需要，将长远目标分解为一个个短期目标，制订出月计划、周计划，使工作更具体，操作更便利，一步一个脚印，积极有序，扎实推进，使工作计划与安排较好地得到落实。

第三节　团支部思想政治工作的方法

高度重视思想政治工作，充分发挥思想政治的重要作用，是我们党的优良传统和政治优势，也是社会主义高等学校的本质要求。我们要看到世界经济全球化，政治多极化正在加剧，各种文化潮流都在激荡，信息技术飞速发展，高等教育不断深化，这些都对学校团支部思想政治工作提出了新的要求，也加强了团支部思想政治工作的复杂性、艰苦性。因此，团支部必须做好思想政治工作。

一、共青团思想政治工作的基本内容

（一）马克思列宁主义、毛泽东思想等理论

共青团在思想政治工作中的首要任务，就是向广大团员、青年进行深入的马克思列宁主义、毛泽东思想等理论教育，引导他们学习和掌握观察问题、分析问题、解决问题的立场、观点和方法，提高解决实际问题的能力。

（二）政治观教育

政治观是人们对党和国家在内政、外交方面的路线、方针、政策的根本立场、根本态度和根本看法。它关系到团员、青年的政治方向和政治素质。当前高校共青团对团员青年进行政治教育的主要内容包括党的基本路线、形式政策、爱国主义、集体主义和社会主义思想教育等。其中党的路线、方针和政策是青年最关心的问题。形势教育和党的路线、方针、政策教育是相辅相成的。团支部要把引导团员青年深刻理解和自觉贯彻执行党的路线、方针、政策，正确认识改革开放和现代化建设的形势作为思想政治工作中的一项重要内容。

（三）社会主义道德教育和法制教育

社会主义道德教育的主要内容有：集体主义教育、职业道德教育、社会主义

人道主义教育、社会主义生活方式和社会公德教育等。团支部要在带领团员服务社会、无私奉献中，引导团员弘扬以为人民服务为核心，以集体主义为原则的社会主义道德和社会主义风尚，树立正确的世界观、人生观和价值观。要积极组织团员在管理国家、社会事务中发挥民主参与和民主监督的作用，健全团内民主制度，提高团员青年的法制意识和法律知识水平。要加强团纪团规、校纪等教育，引导团员青年在政治上和党中央同心同德，在行动上同全体人民步调一致。

（四）革命传统教育

进行革命传统教育的主要目的，是帮助广大团员深刻了解党的历史、共和国的历史、军队的历史和青年运动的历史，宣传为祖国的解放和富强英勇奋斗的中华民族优秀儿女的光辉业绩，引导团员青年继承和发扬优良的民族精神和革命传统。

共青团思想教育的内容还有很多，以上几个方面是主要内容，在教育活动的实施过程中，还需根据本支部团员的实际情况有的放矢，对症下药，这样才能使教育活动取得理想效果，完成共青团对全体团员青年思想政治教育的任务。

二、团支部思想政治工作的原则

团支部思想工作，是遵循一定的原则和方法实现的。正确掌握思想政治工作的原则，采取灵活多样、切实可行的方法，可以增强团支部思想政治工作的说服力、吸引力和感染力，从而提高思想政治工作的科学性。

（一）整体原则

整体原则包含三层意思：一是指思想政治教育活动是一项系统工程，要充分发挥系统作用；二是指思想政治教育活动是全党、全团的事，各项工作都应该渗透教育的内容；三是指思想教育的内容、方法、途径具有综合性的特点，在开展思想政治教育活动的同时，要注意协调各方面的关系。

（二）预防为主的原则

预防为主是指在进行思想政治教育过程中，首先从解决思想问题入手，做到思想领先，使各种不正确的思想观念消灭在萌芽之中，从而有效防止各种不良行为的发生。坚持预防为主的原则是由思想政治教育活动的目的决定的。

（三）注重实效原则

注重实效，就是注重活动的有效性和实际效果。注重实效是思想政治教育活动的落脚点，也是思想政治教育活动的出发点。

（四）理论联系实际原则

实事求是，一切从实际出发，理论联系实际，是马克思主义的一项根本原则，也是我们党的传统作风。团支部的思想政治工作作为党的思想政治工作的重要方面，必须坚持这一原则。

（五）自我教育原则

自我教育原则是在充分肯定人的自审意识能力的前提下，依据人的生命运动规律和思维规律，充分调动人的身心自动调节功能而提出的思想教育法则。

此外，还有民主原则，表扬与批评结合原则等。这些原则在开展思想政治活动中贯彻执行，是确保教育任务完成，取得较好教育效果的重要保证。

三、团支部思想政治工作的方法

团支部的思想政治工作，不仅要遵循一定的原则，还要有科学的方法。团支部常用的思想政治工作的方法有：

（一）以理服人，以情感人

理就是马克思主义的真理，情就是尊重、信任和爱护。做团员的思想工作，理与情是不可分的，合情合理、情理交融，才是深入细致的思想政治工作。以理服人，首先是大道理要和小道理结合；其次，采取民主和讨论的方法，对团员说理，要说明他对在哪里，也要指出错在哪里，应该怎样改。再次，要讲真话，用事实说话，寓理于事实之中。以情感人，就是要用真挚的感情感化团员。情感是思想教育的催化剂，不动情，再好的教育也难以打动人心。思想工作的情，只能来自对党和共青团事业的热爱和忠诚，来自对团员的关心和信任。

（二）树立榜样、典型示范

树立典型，充分发挥榜样在团员思想政治工作中的激励和示范作用，是做好团支部思想政治工作的一个有效途径。要大力培养、发掘和宣传优秀团员，以他们为楷模，激励、启发更多的团员，努力在全支部形成崇尚先进、学习先进、争做先进的良好氛围。

（三）具体分析，因人施教

做团员的思想工作，必须具体分析团员的个性差异，根据不同的情况，采取不同的方法。团员由于所处环境不同，经历不同，思想文化修养不同，所以每个人对事物的态度就不完全一样。正因为团员的个性和情况千姿百态，教育的方法也要灵活多样。思想教育是塑造灵魂的艺术,必须"因人制宜",团员中又有先进和后进之分,不同状态的团员在道德标准、劳动态度、生活情趣、人与人之间的关系等方面会有不同的水平和追求,对他们的教育和引导需要具体分析。

(四)预测动机、防微杜渐

凡事预则立、不预则废。思想工作需要事先有计划有预测。预测思想动机,掌握团员的思想脉搏,把工作做到前面,这不仅是客观实践的要求,也是对思想发展规律的探讨和认识。预测团员的思想动机,可以根据客观环境的变化,根据人的情绪表情的变化来了解和判断可能发生的后果。针对预测到的问题,就可以主动做好预防,或者当思想问题刚刚露头就及时解决。

(五)坚持自律,以身作则

以身作则之所以重要,是因为它是使教育获得成功的重要条件。如果团干部言行不一,团支部干部做不到的事是不可能要求团员做到的。团干部在政治上、思想上、作风上、工作上以及生活上的所作所为对团员的影响很大,它关系着思想政治工作的威力和成效。我们要求团员做到的,自己首先要做到;要求团员不做的,自己坚决不能做,以身作则是一种无言的号召,无声的思想工作。

第四节 团支部工作的艺术性

在共青团工作的实践中,团支部会遇到如何提高工作水平,更好带领团员青年在党的领导下,与时俱进、继往开来,推动团的事业生气勃勃向前发展的问题。解决好这个问题,不仅需要团支部干部有坚定的政治立场和丰富的科学文化知识,还需要掌握团支部工作的艺术。

一、共青团工作的沟通艺术

(一)沟通的含义和作用

1. 沟通的含义

沟通即通过各种协调手段,减少摩擦、化解矛盾,使双方在充分的信息交流和分享的基础上保持和谐状态。

2. 沟通的作用

沟通是执行正确决策的必要条件,是实现组织目标的重要保证,是增进和谐的润滑剂。戴尔·卡耐基说过:一个人事业的成功,15%靠自身的努力,而85%取决于良好的人际关系。即发表自己意见的能力和激发他人热诚的能力。一个说话得人心的人,人家对他能力的评价,往往超过他真正的才华。

(二)沟通的基本类型

1. 语言沟通和非语言沟通

语言沟通:"善听 + 慎说 + 会问"。

非语言沟通:调查显示,在人际沟通过程中,词语仅能传达7%的信息,声调和声音可以表达38%的信息,而面部表情则能传递55%的信息。"问题不在于你说了什么,而在于你怎么说的。"

2. 正式沟通和非正式沟通

正式沟通:按照规定的原则或者作为工作的一部分而进行的沟通。

非正式沟通:不是由组织的层级结构限定的沟通,非正式沟通有着正式沟通难以替代的作用。

搭建在组织外的"非正式"沟通平台,更有助于团员之间交流感情,能更好地促进工作。

(三)沟通的艺术

1. 倾听的艺术

苏格拉底曾说过:"上帝给了我们两只耳朵,一张嘴巴,就是让我们用两倍于说的时间去倾听。"

(1) 倾听的种类:崇敬式(了不起);欣赏式(真不错);享受式(啊,多舒服);关注式(怎么回事);同情式(嗨,真倒霉呀);批判式(不见得);藐视式(哼)。

(2) 倾听的要求:耐心地听(不轻易打断);虚心地听(不要反驳,不要选择性地听);细心地听(去杂质,听出话外音);会心地听(做出呼应,复述、提问)。

(3) 倾听的表现:目光集中(以示专注);点头会意(听懂对方);适当插问(弄清是非);随同感慨(心心相印);深谈细论(亲密无间)。

(4) 倾听的作用:使对方充分地表达、尽情地宣泄;帮助听者收集所需要的、详细的信息;有助于洞察对方的内心世界,发现说服对方的关键;有助于建立良好的人际关系,使双方建立牢固的信任机制。

2. 说服的艺术

语言是人类思想交流的工具,是人与人之间有效沟通的手段。在进行语言沟通时,力求用语言的"礼",智慧地、巧妙地吸引对方和说服对方,建立彼此的信任感。说服的要求有:了解交往者的心理特点,选择合适的话题,注意从对方的角度看问题,创造良好的语言环境。

3. 非语言沟通的艺术

非语言沟通在共青团工作的沟通中具有不可替代的特殊地位，非语言是指非语词性的语言符号，包括目光、面部表情、身体姿势、外表以及身体之间的空间距离等。

（1）目光语。目光语是一种非自主的神经传递的信息，它传达的信息往往是最准确的。目光语有其长度和向度。长度是指目光停留的时间，向度是眼睛看的方向。一般，仰视表示尊敬；平视表示平等、公正或自信；俯视表示爱护、宽容与傲慢。

（2）表情语。表情语是人的内心思想感情的脸部外化，这种外化是通过脸部肌肉运动来实现的。随着内心情感的波动，可呈现喜、怒、哀、乐等多种表情。微笑被认为是人类最美的表情语言，是人际交往中最好的名片。发自内心的微笑，是一种可爱的传染病，表现为：嘴角上翘 15 度，露出上排八颗牙齿。

（3）体姿语。坐下时身体前倾 12 度，表现为乐于同对方交流；站立时微收下颌，保持与对方目光平视，表现为尊重友好；掌心向上，表现为诚恳、开放、友善。

（4）空间语。人类学家爱德华·霍尔在经典著作《无声的语言》一书中，将日常生活中人与人之间的空间距离分为四类：亲密距离、个人距离、社交距离、公共距离。亲密距离是 15 厘米之内，彼此能感受到对方的体温和气息，一般是亲人之间的距离；亲密距离的近范围就是身体的充分接近或直接接触，在这个距离内，人们可以相互感受到对方的体热与气味。个人距离是 75 厘米之内，通常是朋友和熟人之间相距的空间，主要用于促膝谈心和握手等。社交距离是 210 厘米之内，人们在工作交往和社交聚会上通常保持这个间距。公共距离是 210 厘米之外，是人们进行演讲和表演等活动时所持有的距离。

二、团支部工作的协调艺术

团支部工作协调的艺术包括团员与团支部目标协调的艺术和人际关系的协调艺术。

（一）团员与团支部目标协调的艺术

协调团员与团支部目标间的关系，首先团支书需要了解支部团员的心理需要，这是团员管理的真正心理依据。虽然团支部在建立有效的、有启发的和促进团员学习的环境中起着关键作用，但是外因必须通过内因起作用。因此，只有了解团员的心理需要，才能根据团员的心理需要调动团员的主观能动性，激发团员的自觉性，促进团员与团支部目标之间的协调。

再次，团支书与团支部委员要融入到团员之中，与团员建立良好的关系。团员管理的过程是一个思想共鸣的过程。良好的伙伴关系不仅有助于团支部委员的管理，而且有助于团员较好地完成团支部任务。在这样的环境中，团支部委员与团员之间具有较大的相容性，相互产生积极的促进作用。良好的团员群体可以为团支部管理创造积极向上的氛围，对于促进团支部协调工作有着重要意义。

（二）人际关系协调艺术

人际关系协调，即通过满足人们的需要，调节人与人之间情感上的差别，缩短彼此心理上的距离，使其建立亲密融洽的感情或心理关系。每个团员都有着各自的价值观、行为方式、差异化性格、文化背景、思维能力和偏好等，如果只是用严格的制度来要求他们是远远不够的，团支部必须运用一定的人际关系协调艺术，与同学建立起良好的人际关系，才能取得良好的工作效果。

协调人际关系，要求团支部干部待人处事抱有一种宽容的态度，不苛求于人；以高度重视的态度对待交往关系中双方的差异，以一种与人为善和助人为乐的态度来建立人际关系。这样，很多障碍因素就容易消除，人际关系的和谐也更容易成为现实。信任和尊重对于建立良好的人际关系也是至关重要的，团支部干部如果没有诚意与别人交往，不懂得尊重别人，将很难与别人建立良好的人际关系。

第五章

大学生团干部的素质修养

高校共青团是团结和教育广大青年学生的桥梁和纽带，共青团工作是学校思想教育工作的重要组成部分，团干部队伍是共青团工作的骨干力量。大学生团干部作为共青团工作的主干力量，其素质和能力决定着高校共青团工作的开展和成效。长期以来，大学生团干部作为高校青年学生工作的组织者、实施者、推动者，他们的素质直接关系到党的方针、政策、路线在大学生工作中的落实，也直接关系到团组织在大学生中的影响力。

第一节　大学生团干部应该具备的素质

一、大学生团干部应当具备的思想政治意识

政治素质是团干部最重要的素质，政治智慧是个人和组织的最高智慧，关心政治是关心他人的集中表现。一个团干部，如果没有可靠的思想政治素质，即使能力再强，也无法开展好思想政治工作。大学生团干部必备的素质包括要有坚定的理想信念，有过硬的思想政治意识。

（一）认真学习理论知识，坚定理想信念

学习可以增智、塑魂、拓思、净欲，大学生团干部要用知识不断完善自己，认真学习理论知识，加强理论修养。对于大学生团干部来说，学习既是一个学习知识的过程，更是一个提高思想觉悟和政治意识的过程，这是开展青年思想政治工作的要求。只有不断地学习，提高大学生团干部在判断形势、驾驭局势、统领各项工作等方面的能力，坚持把党的需要、人民的期待和个人的理想有机地结合起

来，树立科学的世界观、人生观和价值观，胸怀理想、坚定信念，思想才能跟上时代发展的步伐，才能真正做到开拓创新、与时俱进，从而更好地推进共青团工作可持续发展，为国家的繁荣富强和发展建设不懈奋斗。

（二）关注时事，增强事业心和责任感

所谓“国事家事天下事事事关心”，大学生团干部要关注国家动态，定时收听实时新闻，思想紧跟社会潮流的发展和变化。只有经常关注时事，才能及时了解党的动态，深刻领悟共青团工作开展的深层意义和基本内涵，才能进一步提高对国家的关注度和热爱。

大学生团干部要有强烈的事业心和高度的责任感，在任何情况下，对工作始终保持旺盛的热情。这是共青团工作活跃，团组织具有战斗力，工作具有主动性、积极性和创造性的一个基本前提和条件。大学生团干部的责任感和事业心是紧密联系的，要从大处着眼，以服务同学、打造优秀的团支部为神圣职责，一言一行都要为团支部的整体发展负责；要从小处着手，严肃认真，耐心细致，一丝不苟地做好本职工作。要敢于承担责任，不推诿，不搪塞，恪尽职守。

二、大学生团干部应当具备的道德意识

共青团工作是百年育人的事业，大学生团干部必须成为团员青年心目中的“道德楷模”，带头遵守社会公德、个人道德等，不断培养服务意识、民主意识。

（一）模范遵守社会公德

社会公德是社会道德体系的基础层次，在每一个社会都被看做是最起码的道德准则，是为维护社会公共生活的正常进行而提出的最基本的道德要求。大学生团干部要树立社会主义荣辱观，坚持以热爱祖国为荣、以危害祖国为耻，以服务人民为荣、以背离人民为耻，以崇尚科学为荣、以愚昧无知为耻，以辛勤劳动为荣、以好逸恶劳为耻，以团结互助为荣、以损人利己为耻，以诚实守信为荣、以见利忘义为耻，以遵纪守法为荣、以违法乱纪为耻，以艰苦奋斗为荣、以骄奢淫逸为耻，在公共生活领域中模范遵守公共道德规范，爱祖国、爱人民、爱劳动、爱科学、爱护公共财产，讲文明、讲礼貌，带领广大团员青年做引领社会文明风气的积极力量。

（二）提高个人品德修养

大学生团干部要自醒、自警、自律、自励，时时处处按照高标准严格要求自己，要有正人正己的律己意识，要有先人后己、先公后私的思想觉悟，要有吃苦在

前、享受在后的优秀品质。做到在任何时候、任何情况下都能坚守自己做人的良知和道德底线。大学生团干部具有教育与受教育的双重任务，要以良好的品德和人格魅力影响青年学生。古人云："君子有德，其行远兮；君子无德，其行不远。"大学生团干部应做到：德为基础，才为发展，德才兼备，处世为人。

（三）加强实干奉献精神

对待共青团工作，要充满激情，激情不是一时的冲动，而是一种觉悟、追求和境界。在具体工作中，就是要讲实干，讲奉献，要重实际、说实话、办实事、求实效，认真、扎实做好每一件事。大学生团干部必须要有实干奉献、甘为人梯的觉悟和意识，克服官僚作风，深入到团员青年中去，不做"青年官"，努力做"青年友"。要主动与团员打成一片，始终代表广大团员、赢得广大团员、依靠广大团员，同时还要充分信任团员、热情关心团员、严格要求团员，做团员的知心人、热心人。服务团员的关键是要为团员办实事、谋利益，并以此作为检验团干部思想政治作风的重要尺度，夯实开展共青团工作的群众基础。

（四）认真落实民主制度

《团章》第二章——团的组织制度中提出："中国共产主义青年团是按照民主集中制组织起来的统一整体。"除了上述提到的组织上的民主，制度公开、程序公布、结果公示也是民主的集中体现。制度公开是让广大团员明了应该做什么，规范准则是什么。制度的制定应该按照民主集中制原则，少数服从多数，而且大学生团干部应有意引导，使制度更加具体、实际。程序公布意味着公正、公开。一个公正的程序可以导向一个公正的结果，有利于民主的监督及发展。结果公示不仅仅是透明真实地展示工作成果，更要注意实行团员的监督，收集民主建议和意见。

三、大学生团干部应当具备正确的权威意识

恩格斯在《马克思恩格斯选集》第三卷中说道："一方面是一定的权威，不管它是怎样形成的，另一方面是一定的服从，这两者都是我们所必需的，而不管社会组织以及生产和产品流通赖以进行的物质条件是怎样的。"没有权威的领导难以驾驭工作。大学生团干部的权威从何而来？又该如何树立正确的权威意识？

1. 自身人格魅力——无形力量

大学生团干部品德要高尚。顾全大局，公道正派，团结同志，助人为乐，诚实谦虚，清正廉洁，有自我批评精神，自觉接受团员和青年的监督。只有自身人格魅力得到提升，才能有效树立权威的形象。

2. 自身工作业绩——有形力量

“发展是硬道理”，大学生团干部的“硬道理”是拥有良好的学习成绩、能力特长和工作业绩。《团章》中对工作的要求是：“工作要勤奋。有强烈的事业心和责任感，勤于思考，勇于创新，将共青团工作看作人生规划的一部分，积极主动、满怀自信和激情地在青年中开展工作，努力做出实绩。”

3. 良好的人际关系——外在力量

人际关系的发展是从血缘，再到地缘，然后到学缘，接着到业缘。拥有良好的人际关系能帮你做事事半功倍。

四、大学生团干部应当具备学习拔高意识

大学生团干部应自觉坚持文化学习，将个人专业背景、兴趣爱好和共青团工作良好结合，养成自觉学习、享受学习的习惯，树立不断学习、终身学习的观念，不断增强做好团员青年工作的本领。大学生团干部的理论知识结构应包括以下几个方面。

（一）政治理论

政治理论学习包括马克思列宁主义、毛泽东思想、邓小平理论、“三个代表”重要思想、科学发展观、群众路线和中国特色社会主义理论体系的基本原理和主要内容。大学生团干部要以中国特色社会主义理论体系为重点，全面准确地理解其重大意义、主要内容和实践要求，用科学的理论指导团的实践，推动团工作的新发展。

（二）专业知识

大学生团干部需要的专业知识是履行团干部岗位职责所必需的团务知识和工作实务。团务知识的学习重在了解青年运动和共青团组织的历史，学习共青团的优良传统和作风；学习把握共青团的性质、职能和根本任务，掌握团组织服务党的工作大局、服务青年、开展工作和组织活动的一般规律，了解团的重点工作及品牌活动，基层共青团工作的热点、难点和重点问题，团干部的领导艺术和工作方法等，努力使自己成为胜任本职工作的行家里手。工作实务的学习主要包括维系共青团组织正常运行的工作制度、程序、基本技能等。

（三）相关知识

大学生团干部既要联系实际，科学地学习党的基本理论、团务知识，不断提高自身素养，还应通过多种方式与途径自发主动地学习和吸收与共青团工作相关的学科知识。自然科学、人文社会科学领域的新知识、新成果，对于大学生团

干部拓展视野，正确认识自然、社会、人生具有指导意义。大学生团干部只有始终保持对新知识、新信息的敏感与热度，才能和时代同步，和青年发展同步，从而更好的引领广大青年学生。

五、大学生团干部应当具备的基本能力

大学生团干部的能力素质高低直接影响工作的效率和任务的完成，而组建一支高素质的大学生团干部队伍，是做好高校共青团工作的重要保证。

（一）学习能力

学习能力是其他能力的前提和基础。大学生团干部要把学习当作一种责任、一种追求、一种习惯，积极营造崇尚学习的浓厚氛围。一是要勤于学习。“书山有路勤为径、学海无涯苦作舟”，大学生团干部要以学习为荣，以学习为乐，在工作中学习，在学习中工作，做勤于学习、善于学习的表率。二是要勤于实践。学习的目的就是运用、提高，大学生团干部要注重把理论业务学习与自我实际结合起来，与共青团工作的实际结合起来，把学习的体会和成果转化为谋划工作的思路、促进工作的措施、指导工作的本领，真正做到学以致用，不断提升工作水平。

（二）组织管理能力

作为团组织联系青年团员的桥梁和纽带，大学生团干部要搞好团结，善于协作，与广大团员青年高效率地完成各项共青团工作。这就要求工作思路做到“三个一”：一套人马、一套制度、一系列活动；工作方法做到“三个分”：分解任务、分析人员、分配资源。一个领导者要学会弹钢琴的艺术，分清先后主次、分清轻重缓急，相互协调配合才能统筹兼顾、因事制宜。

（三）宣传能力

把握正确的舆论导向是团干部的重要职责，能宣传、会宣传也就成为大学生团干部的一种必备能力。宣传能力包括工作总结、新闻报道和宣传媒体。团的知识、下达的文件和任务等都需要宣传，宣传过程中要注重文字表达能力的培养和文化的渗透。大到国家的文化，小到校园文化，文化对社会及工作的推动和影响作用是不言而喻的。较强的文字表达能力，是大学生团干部必备的一项基本功。好的文字表达能促使大学生团干部的思想系统化、条理化、规范化，便于指导和改进全局工作；能帮助大学生团干部更好的总结典型经验，推动全面工作；能方便大学生团干部迅速处理各种公文和材料，提高工作效率。

（四）语言表达能力

作为团干部，要经常作说服教育、引导疏导的工作，所以，“说”是团干部的一

项基本功，大学生团干部应该主动培养自身的语言表达能力和演讲能力，锻炼一副好口才。对于学习、工作和社会生活中遇到的矛盾，对于一些团员青年思想上出现的问题，团干部要做到春风化雨润物无声，帮助其提高认识，疏导情绪，化解矛盾。对于团的活动，团干部必须能说、会说，能够通过热情洋溢、带有鼓动性的语言，生动简洁地表达自己的工作意图，以获取同学的支持，吸引广大团员青年参与。

（五）创新能力

大学生团干部必须要具备开拓精神和创新能力，要用改革的精神和发展的观点面对新情况、分析新形势，进而解决问题，推动各项工作向前发展。当今社会要求团干部不仅要有对社会变迁的适应能力，更需要有引导未来变化的能力，这种能力的核心就是创新。大学生团干部思维活跃，富有胆识，不为过时的老观念框框所束缚，敢想、敢说、敢闯，这是形成创新能力的有利条件。大学生团干部要对工作保持热情，在处理问题时多质疑、敢突破，并将自己的所想所创安插到实践中进行检验，为理论知识和固有事物的扩充和发展提供扎实可靠的来源。当然，创新并非异想天开、随意杜撰，也不是把传统的东西全部抛弃。相反，那些已被实践检验是正确的做法、成功的经验、好的传统和作风，我们应吸收继承，并在新的历史条件下不断丰富和发展。

（六）社交能力

当前开放的社会环境要求大学生团干部要具有一定的交际圈，要在人际交往中培养、提高良好的社交能力，建立广泛的人脉关系。大学生团干部与团员青年接触时间最长，交往最频繁，因此，交往能力显得非常重要。大学生团干部要努力提高对自己及别人的需要、思想、感受的洞察力，细心观察不同的情境和人物，提升自己掌控社交环境的能力。

（七）调研能力

大学生团干部要能及时并充分地了解团员青年的思想状况，这就要求大学生团干部要深入到同学中，广泛听取意见和呼声，认真判断分析，从而得出可靠的结论。“调查”和“研究”两个环节都需要深入地开展。调查要坚持从实际出发，研究更要结合实际进行思考，工作中不能按部就班，生搬硬套，要把研究思考贯穿到工作的全过程中去，灵活应对，创新方法。调研的要求很高，这就需要大学生团干部自觉、有意识地培养和锻炼听、看、想、写的能力。看，就是观察，善于观察日常工作、生活中的各种现象，及时发现问题，进而采取有效的应对措施；听，就是多方面听取同学的意见，努力做到“兼听则明，偏听则暗”；想，就是对看到、听到的情况进行由表及里、由浅入深、去粗取精地判断、分析和综合；写，就是对所看所听所想进行综合分析后，变成问题，形成调查结果，提出科学的意见和建议。

六、大学生团干部应当具备的心理素质与身体素质

大学生团干部任务繁重、压力大，这就要求不仅要身体好，更应具备良好的心理素质，既能应对工作本身带来的体力消耗，又能积极调节自己的心理状态，适应环境，适应工作。

（一）健康的心理素质

面对日益激烈的竞争与社会环境的变化，健康的心理素质是大学生团干部不可缺少的基本素质。

1. 大学生团干部应当具备不畏艰险、坚忍不拔的意志

不怕困难，百折不挠，愈挫愈勇，“富贵不能淫，贫贱不能移，威武不能屈”，做到坚定性、坚韧性和自制性的统一。只有具备这样的意志品质，才能经受得住艰苦工作的严峻考验，成为合格的大学生团干部。

2. 大学生团干部应当具有沉着稳定，不骄不躁的情绪

这是衡量一个人心理成熟的重要标志。大学生团干部应当具有稳定的情绪，沉着老练、有自制力，胜不骄败不馁。身处顺境时不妄自尊大，注意控制情绪，经常冷静主动分析自己；身处逆境时不妄自菲薄，要坚定信心，在挫折中学习，在困境中学习，临危不惧，处变不惊，谦虚谨慎。

3. 大学生团干部要具有高尚雅洁的品格

要牢记“从善如登，从恶如崩”的道理，始终保持积极的人生态度、良好的道德品质、健康的生活情趣。要积极倡导社会文明新风，主动承担社会责任，以实际行动促进社会进步。

（二）健康的身体素质

毛泽东早在《体育之研究》一文中指出：“体者，载知识之车而寓道德之舍也。”大学生团干部在工作中开拓进取，要经常在精神、心理、体力上承受很大的压力。为了保持充沛的工作精神和持久的耐力，大学生团干部必须把坚持锻炼身体作为生活的一项重要内容。

第二节　大学生团干部应具备的修养

“修养”一词出自《孟子》的“修身”、“养性”。“修”指整治、学习、提高;“养”是培育、抚育。修养是指人们为获得某种能力和品质所进行的自我学习、磨炼、改造和陶冶的功夫,是人们在思想、精神、学术、技术等文化领域所付出的自觉努力和已达到的实际水平。换句话说,修养就是在自我认识、自我要求的基础上的一种自我教育、自我充实、自我提高的活动及其结果。简单地说,修养是对心灵的耕耘,性情的陶冶。而修养一词在英语中的对应词正是culture,因此,修养是一种文化。

加强团干部的自身修养,是新时期做好共青团工作的内在要求,是大学生团干部实现健康成长的内在动力。2013年6月20日,中共中央总书记习近平在同团中央新一届领导班子成员集体谈话时,为团干部“把脉开方”,提出“五个必须”:一是必须坚定理想信念,要在广大青年中树立威信、形成号召力,要高扬理想的旗帜;二是必须站在理想信念这个制高点上,做好青年思想引导工作、增强吸引力和凝聚力;三是必须心系广大青年,坚持以青年为本,深深植根青年、充分依靠青年、一切为了青年,做青年友,不做青年“官”,努力增强党对青年的凝聚力和青年对党的向心力;四是必须提高工作能力,勤奋学习,向书本学习,向实践学习,向青年学习,在同广大青年的密切交往中提高工作本领,在同他们打成一片中找到做好青年工作的有效办法;五是干部必须锤炼优良作风,既要有干事创业的激情,更要有脚踏实地的作为。

习近平总书记的“五个必须”,为团干部加强自身修养提出了明确的要求,作为一名合格的团干部,要重视修养,注重提高境界、胸怀,具体做到“五个讲”:一是讲政治,保持高度的政治敏锐性和政治责任感,坚定不移地与党中央保持一致。二是讲团结,要团结广大团员青年,形成一个强有力的团体。三是讲服务,全心全意为广大团员青年服务。四是讲学习,要活到老,学到老,不断开拓学习渠道,在学习中提高自身素质。五是讲作为,要养成踏实、细致、认真的工作作风,配以干事创业的热情,为共青团事业做出踏踏实实的成绩。因此,大学生共青团干部的修养,主要包括以下五个方面。

一、政治修养是团干部修养的核心

政治修养一般包括政治方向、政治立场、政治观点、政治纪律、政治敏锐性和鉴别力。在新形势下，大学生团干部加强政治修养，应做好以下几个方面的工作。

（一）坚持正确的政治方向

加强政治修养，就是要有坚定正确的政治方向。要与党中央保持高度一致，明确方向，坚定自己的奋斗目标，为实现社会主义现代化，实现中华民族伟大复兴的“中国梦”努力奋斗。

（二）站稳明确的政治立场

全心全意为人民服务，是我们党的根本宗旨，也是我们从事一切工作的根本出发点和归宿点。每个大学生团干部，都应有强烈的服务意识，要相信和依靠团员青年。要把团员青年赞成不赞成，团员青年拥护不拥护，团员青年答应不答应，作为衡量工作好坏、作风优劣的基本尺度。

（三）树立鲜明的政治观点

在现实生活和重大事件中，对每一个问题都要进行科学的分析和理性思考，要有一个正确的态度和认识。作为大学生团干部，要坚定地坚持马克思主义的观点、毛泽东思想的观点和中国特色社会主义理论体系的观点。要用脑子想，眼光看，要看主流，看事物的主要方面。

（四）严守党的政治纪律

没有规矩，不成方圆。同样，没有纪律，就没有统一的意志，党的任务就不可能顺利实现，团的任务实现更无从谈起。大学生团干部应当做遵守纪律的模范，在思想上、行动上同党中央保持高度一致，坚决执行党的路线、方针和政策。要以大局为重，以团员青年利益为重，服从组织的分配和安排，绝不能为所欲为，搞自由主义。

（五）增强政治敏锐性和鉴别力

大学生团干部要学会用马克思主义的政治眼光，及时洞察和鉴别各种现象，善于发现苗头性的问题，对社会上的各种政治观点、社会政治思潮保持清醒的头脑。在当前形势下，人们的思想空前活跃，各种社会思潮相互碰撞，作为大学生团干部，必须密切关注并科学分析社会思想动态尤其是大学生的思想动态，见微知著，防微杜渐，具有敏锐的鉴别力。

二、道德修养是团干部修养的基础

大学生团干部要做社会主义道德的忠实实践者，同时要做新道德风尚的倡导者。道德修养就是人们在道德品质、思想意识方面的自我锻炼和自我改造功夫。

优秀的道德品质、高尚的道德境界不是天生的，而是在后天的社会实践中接受各种形式的道德教育，自觉进行道德修养的结果。道德实践是道德意识形成的基础，是个人道德品质形成的现实途径。基本方法是立志与实践、内省与慎独。

（一）立志与实践

“立志”是指人们立下实现崇高目标的宏愿和决心。在道德修养上立志，就是要做一个社会主义“四有”新人。“有志者事竟成”。立志是事业的大门，也是攀登道德高峰的起点。人们在道德修养过程中会遇到重重困难，立志就是战胜困难的可靠保证。

立志对于道德修养是重要的，但是更重要的是躬行实践。躬行实践是道德修养的根本方法，也是达到崇高精神境界的根本途径。马克思主义认为人的知识、才能和品质都来自实践。行为是形成品质的真正基础，行为的积累形成品质。马克思主义一贯强调理论联系实际的原则。在道德修养上理论联系实际，就是把学习马克思主义道德理论、道德原则和规范，学习模范人物的先进思想和优秀品德同自己的思想改造联系起来，做到言行统一、表里一致、言必信、行必果。共产主义道德修养的过程，就是为人民服务的过程。优秀的道德品质和崇高精神境界是在为人民服务做好事的过程中逐步培养起来的。道德修养是一个反复实践和认识的过程，必须经过不断的主观努力和实践，才能达到较高的道德修养水平和境界。

（二）内省与慎独

内省即自我反省，是道德修养的一种基本方法，是道德修养自觉性的一种表现。自我反省的结果会推动人们去获取更高的道德价值，实现更高的道德境界。

自我反省转化为通俗的说法，就是我们所说的自我批评。自我批评就是个人在内心里对自己的言行进行良心裁判，即所谓的自设道德法庭，自己审判自己，“见贤思齐，见不贤而内自省”，有过而“内自讼”。共产主义道德修养的过程，实际上就是不断克服错误的道德观念，培养共产主义道德品质和提高精神境界的过程。自我批评要求每个人从整个社会利益的角度考察自己的行为，按照共产主义道德规范的要求，分析检查自己的言行，使之符合党和人民的利益要求。大学生团干部只有经常不断地进行自我批评才能成为一个道德高尚的人。

慎独也是一种值得借鉴的修养方法。所谓慎独是指在独处时，在无人监督的情境中，恪守道德要求，不做任何不道德的事。慎独突出地体现了道德的自觉特点和自律作用，既是一种道德修养的方法，也是道德修养所达到的一种崇高境界。从一定意义上讲，慎独是检验道德认识，巩固道德信念的重要实践。只有经过无数次的慎独，才会真正树立坚定的道德信念。大学生团干部在道德修养过程中，应贵在自觉，重在慎独。

三、作风修养是团干部修养的保证

大学生团干部加强作风修养，要做好三个方面的工作：一是实事求是，二是求真务实，三是廉洁自律。

（一）发扬实事求是的传统和作风

实事求是就是理论和实践相结合。它要求我们对客观存在的一切事物进行认真细致的研究和理论分析，寻找出这些客观事物的内部联系。实事求是适用于我们工作和生活的方方面面，大学生团干部更要继承和发扬这个优良传统和作风，脚踏实地的做好工作。

1. 深入调查研究

大学生团干部要做好工作，就要深入到团员青年当中去，通过调查研究，了解团情，了解团员青年的思想状况、需求以及他们遇到的问题和困难。大学生团干部只有了解了团员青年学习、生活和思想变化情况，才能有的放矢、有效地开展工作。

2. 做实事，不浮夸

大学生团干部要取信于团员青年，就必须做到表里如一，忠诚老实，为青年办事。有的大学生团干部做工作，过分追求形式，往往是说的多，做的少，表面效果很明显，实际工作没有多少。大学生团干部本身就是学生，加上对同学各方面情况进行充分的调查研究，必定会掌握大量的信息，因此，踏实、认真、用心的解决问题，为广大团员青年服务好，尽量避免无用的形式，才是大学生团干部工作的原则和标准。

（二）践行求真务实的工作作风

只有求真务实，才能赢得师生满意、团员青年认可。大学生团干部要做求真务实的典范，首先要求真。求真，就要从实际出发，既不好高骛远，也不畏缩不前，求真是工作的“出发点”。其次要务实。务实，是指工作要做到“务实”。务实是工作的着力点，切忌虎头蛇尾，更不能眉毛胡子一把抓。第三要落实。“光说不练是假把式”。作为大学生团干部，不仅要会说，更要会干，会抓落实。落实，是评价和检验工作的标尺，是工作的最终落脚点。评价一个好的大学生团干部，要听其言，观其行，查其果，看一个大学生团干部思想对不对头、党性观念强不强，关键看他干不干事，干没干成事。每一个大学生团干部都要做想干事、能干事、会干事、干成事的“四事”干部。

(三)执行廉洁自律的工作作风

廉洁自律是广大大学生团干部基本的行为要求。大学生团干部要做到廉洁自律,必须注意以下几个方面的问题。一是坚定理想信念。大学生团干部要不断加强理论修养,坚定共产主义的理想和信念,不断对自己的世界观、人生观和价值观进行改造,提高自身的思想修养和文明程度,始终保持正确的人生追求,做到耐得住寂寞,顶得住诱惑,经得住考验。二要做到防微杜渐。“物必先腐而后虫生”。一个人要出问题,最根本的原因还是出在自己身上。细微之处见精神,小节之处看品格,广大大学生团干部应自觉做到“勿以善小而不为,勿以恶小而为之”。要从大处着眼,小处入手,从一点一滴的小事做起,规范自己的一言一行,努力做到防微杜渐。三要主动接受监督。要做到自我要求与外部监督相结合。大学生团干部要自觉接受老师、同学的监督,实际工作中,对别人提出的问题要做到“有则改之,无则加勉”。四要树立浩然正气,要想赢得同学的尊重和认可,要靠自身人格的力量。大学生团干部的一言一行都是一种形象,都有一种示范和影响。广大团员青年对团组织的印象就是通过团干部的形象得出的。大学生团干部要占到应有的高度,带头树立正气的形象,凡是要求团员青年做的,大学生团干部自身必须首先做到;凡是要求团员青年不做的,大学生团干部自身要坚持不做。有困难要主动靠前,对于涉及的利益问题,要首先考虑有困难的、表现好的团员青年,出了问题,犯了错误,要勇于承认、敢于担当。要通过自己的努力,营造正气的氛围,为团旗增添光辉。

四、文化修养是团干部修养的有益补充

团干部的文化修养关系到个人的思维方式、思想水平、人格魅力和决策水平,是团干部修养的重要组成部分。

文化修养包括文化品位、知识视野、情感态度、审美情趣、思想观念、世界观、人生观、价值观、发展观等,是一个人掌握和运用文化知识所达到的一定素养和水平。文化是一种积淀,所以文化修养的养成也不是速成的工作,而是一个综合的过程。

首先要修身。作为大学生团干部,修身的途径就是要用团章规定的标准履行义务,用团章给予的权利处理事情,始终保持昂扬的锐气、蓬勃的朝气,先正己,再正人。

其次要修知。“活到老，学到老。”当今社会，知识更新非常迅速，作为大学生团干部，接触的都是年轻的大学生，是最富朝气和活力的群体，学习能力、接受能力非常强。如果自己不努力，将很快落伍，就会被时代所抛弃，如果连普通同学都不如，如何去带领团员青年开展工作？因此，要想具备较高的文化修养，就必须能学习、会学习、常学习。大学生团干部应该是全面掌握现代科技和文化知识的学习型、智慧型人才，要做到这个要求，必须遵循“学无止境”的道理，学习、学习、再学习。

再次要修智。简单说，就是要做个聪明人。思想的碰撞容易产生火花，几个简单的原理可能会融合成一个伟大的真理，因此要加强同老师、同学的交流。当然，交流的前提是自己要具备较高的层次和水平。要想达到较高层次和水平，在日常学习、工作和生活中就要合理把握学习方法和利用好精力和时间。要学会对各种知识素材的综合分析，要有结合实际、大胆探索、勇于创新的实践经验积累，从而培养对知识与经验相结合的实用品质，提高自己分析鉴别、去伪存真、去粗取精的能力。

最后要修美。提高审美水平是加强文化修养的重要组成部分。大学生团干部要提高对美与丑、善与恶、真与假的鉴别力，自觉选择美的、善的优秀品质，摒弃丑的、恶的成分，努力修炼自己的美德。要主动接受昂扬向上、富有情趣且能陶冶人性美的素材，努力培养自己的审美观，使自己成为一个善于发现美、传播美、创造美的优秀大学生团干部。

第六章 团支部活动的策划与实施

当今时代共青团最重要的战略任务就是领导和引导团员青年。引导团员青年的最有效形式莫过于举办各类活动。团支部是团的最基层组织，与广大团员青年保持着最直接、最广泛的联系。开展富有针对性、适用性的活动，为广大团员青年的学习、工作、生活提供实实在在的帮助，才能让他们真正感受到党和政府的关怀、团组织的关爱，从而增强共青团组织对团员青年的感召力和吸引力。

第一节　团支部活动的特点、功能及类型

一、什么是团支部活动

共青团是政治性很强的群众组织，群众组织的特点之一就是经常性地开展群众活动。团支部活动主要是团支部开展的共青团活动，是指为了实现共青团的职能，完成党交付给共青团的任务，借助一定的载体所开展的一系列有组织、有计划的社会实践。活动是共青团开展工作的基本方式，活动决定着共青团对团员青年的吸引力和凝聚力，没有了活动，共青团的工作将无法开展。

二、团支部活动的特点

（一）目的性

活动总是有一定目的的，活动是目的实现的有效载体。高校团支部活动由于其主体的特殊性，决定了活动的目的，主要是促进团员青年认识社会，增长才干，达到最终服务社会的目的。

（二）主体性

共青团活动是团员青年所参与的，是青年进行思想交流、知识运用、社会交往的形式。团员青年参与的积极性、参与面、参与程度等因素，直接影响到共青团活动的效果。

（三）选择性

团员青年有权利根据自己的兴趣和爱好，选择参与或不参与某项共青团活动，选择以何种方式参与某项共青团活动。它不与团员青年个人谋生相联系，不是必须履行的义务。

三、团支部活动的具体功能

（一）团支部活动是加强体育锻炼、增强体质的重要载体

增强青年体质是教育的基本目标之一，每一个青年都应该走向操场、走进大自然、走到阳光下。青年活动尤其是体育活动，是学生体育锻炼的重要方式，对青年思想品德、智力发育、审美素养的形成都有不可替代的作用。

（二）团支部活动是交流情感、打造团队精神的园地

团员青年通过活动，促进彼此的情感交流，形成互动、密切、和谐的同学关系，促进共同进步、快乐成长，从而共同创造和谐校园。

（三）团支部活动是拓展知识视野、培育实践和创新能力的有效途径

课堂是青年学习的主要渠道，社会是青年学习的大课堂。通过组织和参与丰富多彩的活动，青年不仅将课堂学习到的知识、理论和技能转化为实践，还可以拓展自己的知识和视野，培育实践能力和创新能力。

（四）团支部活动是展示才华、服务社会的舞台

团员青年勤于学习，善于创造，乐于奉献。团支部各种活动以其内容丰富、形式多样，成为青年展示才华和服务社会的舞台。

四、团支部活动的类型

团支部活动主要包括学习活动、文体活动、社会实践活动等，这些内容各异的活动具有不同的形式，其组织管理也不尽相同。

（一）学习活动

可组织团员青年利用课余时间阅读书报杂志等读物、参加学术报告、科技竞赛、组织学术交流和进行科学研究等。学习活动有利于团员青年巩固知识、拓展

知识面、了解时事、把握时代脉搏。

（二）文化体育活动

文学、音乐、美术、体育类活动，深受青年的欢迎。这些活动有利于青年身心健康，促进青年养成高尚的情操。

（三）社会实践活动

1. 社会考察

按照一定的目的和要求，对某些社会现象和社会问题进行实地调查研究。有利于团员青年更深刻地认识社会，进一步摆正自己位置。

2. 社会服务

团员青年利用自己所学知识和技能，在业余时间进行的旨在为社会服务的一种社会实践活动形式。有利于团员青年增强社会服务意识，巩固所学知识，培养动手能力。

3. 挂职锻炼

在社会实践单位担任某项具体职务的实践活动。有利于团员青年更深入地了解社会、了解国情。

根据不同标准，又可将不同类型的共青团活动分成不同的模式。根据面向对象，可分为内向型和外向型活动；根据时间跨度的长短、内容形式的多寡，可以区分为小型个体活动与大型系列活动等。

第二节　活动主题的策划

一、活动主题的重要性

活动的主题是活动的指导思想、宗旨、目的要求的概括与表述，是统领活动各个环节方向的指南针，是活动的灵魂，并贯穿于整个活动之中。它是活动内容深刻的提炼，在很大程度上影响着活动内容的安排，活动形式的选择和其他诸多要素的设计。

二、活动主题的提炼

主题的策划，是活动的设计者不断开拓团的活动领域、不断思考提炼的动态过程。主题的提炼，首先要求我们针对活动的指导思想、目的要求、宗旨进行反复的研究，从中概括、提炼出符合活动要求、恰如其分的活动主题。研究得越充

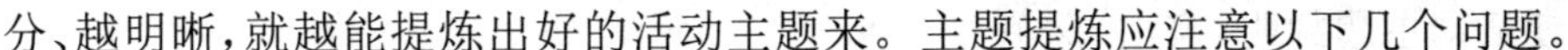

分、越明晰，就越能提炼出好的活动主题来。主题提炼应注意以下几个问题。

（一）主题应体现时代韵律

主题应有鲜明的思想性，与改革开放的伟大时代合拍。如“从我做起，从现在做起”、“我是伟大时代的弄潮儿”等，这些主题大部分都具有强烈的时代感，充分表达了青年学生为祖国的繁荣昌盛贡献出自己力量的决心和信心。

（二）主题应富于人生哲理

青年最大的特点就是善于思考，尤其是对人生的思索最多，而且关于人生的话题又是十分广泛而具体的。在团员青年当中开展这类活动会对青年的人生观、价值观的建立产生积极影响。例如，“永远跟党走，青春耀科大”、“欢庆十八大，颂歌献给党”、“我是科大人，我唱科大歌”等。

（三）主题应与实际工作相联系

活动主题应该反映我们工作、学习、生活的实际。在学校内应和刻苦学习、完成学业相联系。同时，主题还要体现青年的奋斗目标，能表达青年的热情与干劲。如:“豪情满怀迎盛会，激扬青春献科大”、“我的大学我做主”话剧比赛等。

（四）主题应注意科学性、可行性

我们在提炼主题时，要切忌不符合实际的想法和空洞的豪言壮语。一般主题应是我们工作实际的反映，提出的口号、目标应可行，不要搞“假、大、空”。

三、活动主题的艺术化

（一）借用法

即通过借用我们熟知的名人名言、警句和现实生活中的一些好的语言作为活动的主题。这些语言要使用得贴切，恰如其分。如某支部在开展思想活动中，借用了张闻天同志的一句名言“生活的理想，就是为了理想的生活”，他们以“为了理想的生活”为主题，开展了教育活动。

（二）归纳提炼法

即通过我们对活动的指导思想、宗旨总结提炼出活动主题。比如，旨在让青年认识社会并建立起良好的人际关系讨论会，有的团支部设计出“人际关系初探”的主题。这在一定意义上更像一篇论文的标题，显然不是理想的活动主题，而“在社会中求索 愿人间充满温馨”这样的主题就比较贴切、精彩。

（三）锤炼法

即利用一些有关修辞知识来美化主题的方法。比如“展家乡风采 赞华夏文礼”这个主题就比较工整，朗朗上口，合辙押韵，对仗工整，易读易记。这种方法可以使活动主题鲜明、突出、深刻。

第三节 活动内容的策划

活动的内容是活动的主体部分，要与活动的主题紧密结合。确定好鲜明的活动主题后，就需要安排与主题相契合的内容，让内容来体现主题，从而达到预期的活动目的。

一、活动内容的策划要求

主题确立后，要按照活动本身的预期目的，进一步策划活动内容，具体有以下三方面的要求

（一）内容紧扣主题，服务于主题

内容的策划要紧紧围绕主题这个轴心。内容必须说明主题，服务于主题，并受主题的制约。一个成功的活动，必须是主题、内容乃至形式的统一，如果内容不能充分反映主题的要求，就会使得活动的性质发生变化而出现南辕北辙的现象，最终导致活动失去控制。例如，围绕“大学梦畅想”这个主题，我们可以举办“大学梦”演讲比赛，开展大学生人生方向规划讲座，围绕大学生活举办辩论赛，进行个人交流等，这样就能使活动收到较好的效果。

（二）内容的确定应具有可行性

策划团的活动内容要从实际情况出发，充分考虑团员青年的思想文化基础以及活动能力、文化素养、兴趣爱好、体能等各个方面，对活动进行针对性研究。活动内容的可行务实，是活动成败的关键。

（三）活动内容应具有系统性

活动内容的系统性是指活动内容本身的有序性与完整性。它要求我们在整体安排活动内容时，要充分考虑团员青年的承受能力，循序渐进。内容的难度应由低层次向高层次逐步提高，一步一个脚印，步步扎实。比如，要组织团员青年欣赏音乐会，在这之前应向团员青年渗透音乐会常识。同时，要注重活动内容的完整性，内容的安排上要连贯、一致，紧扣主题，不能支离破碎、首尾相互矛盾，要使活动形成一个统一的整体。

二、活动内容的策划原则

内容的策划，要遵循一定的原则进行，讲究内容策划的艺术性，这样才能保证突出主题，服务主题，并取得良好的效果。

（一）强化活动内容的竞争性

一项活动能否顺利进行，要看我们是不是创造了一个令人满意的活动气氛。为了使活动能获得一种活跃、热烈的特定气氛，就要强化活动内容的竞争性。比如，在进行学习教育活动中，我们可以安排一些知识竞赛等内容，激发团员青年的参与意识，产生竞争行为，最大限度地调动他们的积极性，在热烈、欢腾的气氛中克服怯场和惧怕的心理，从而保证活动顺利进行。

（二）强化活动内容的鲜活性

内容的鲜活性是团员青年对团的活动是否动心，是否被吸引的关键。这就要求我们常常为团的活动注入新鲜的血液，增添新的内容。鲜活性另一个重要表现是要把新时期出现的许多新鲜事物和团员青年某一时段最关心的问题作为活动的内容，使得活动内容富有鲜活的时代气息。

（三）增加活动内容的新奇性

这一原则要求我们安排内容要奇特新颖，从而获得使人难忘、回味无穷的效果。人的记忆中，留下的往往是新奇的事物，因为它们能给人以“强刺激”，而且令人回味。

（四）提高活动内容的审美性

提高活动内容的审美性，设定一定的高度和难度，使团员青年们感觉有距离感，产生“距离效应”。这类活动是提高性项目，它适应了团的活动从平庸、一般化不断地向更加有内涵、高水平、积极向上发展的规律，符合团的活动的总体要求。比如，我校举办的“传统文化进校园之鉴赏”之新编历史京剧《齐王田横》的校园演出，又如邀请青岛市话剧院来校演出大型校园青春剧《向前向前》。

第四节　活动形式的策划

一、活动形式策划的原则

形式的策划和内容的策划一样，也要遵循一定的原则来进行。形式的策划应注意以下几个原则：

（一）求异的原则

团的活动形式应新颖别致，时时出新，不落俗套，设计者在策划并创造活动形式时，遵循"避求同而求异"的原则，才能让团员青年乐于参与。

（二）求变的原则

变则新，不变则腐。所谓"变"，就是花样翻新，变化多端。在开展活动的各种形式要素已经确立的情况下，我们只要改变一下活动形式的结构，就会有新的活动产生。

（三）求优的原则

求优，就是使活动形式达到最佳程度。这就需要我们利用优选法，在两个或两个以上活动形式中进行比较鉴别，选其形式最优者而用，这是团的活动形式"优生"的重要保证。

（四）求当的原则

组织活动应考虑不同的条件、环境，同时，也要根据参加人员的文化素质、年龄特征、特长爱好、学习特点等，而采取适宜的形式。比如，在大学校园，可以多开展些"辩论会"、"演讲会"、"书市"等活动，法律专业可举行"模拟法庭"，经济专业可举办"模拟经济谈判"，而工科专业可组织"科技创新社团"等。

二、活动形式的节奏及其他要素

任何一项团的活动，其形式上都有内在的节奏，无论其变化多么无穷无尽，总要有一个完整的过程和把握过程的调控原则。

（一）在形式上，团的活动一般都由开始、发展、高潮、结尾四个阶段组成

1. 开始阶段——力求精彩

开始阶段是活动留给参与者的"第一印象"，是活动成败的关键。所以活动的开头，要有先声夺人的气势，并集中力量使用一定手段，烘托特定气氛，力求一个精彩的"亮相"。

2. 发展阶段——做好铺垫

活动的发展阶段是夹在精彩的开头和即将到来的高潮之间的平衡阶段。开始阶段小高潮过后，应有所缓冲，要求把活动的各项内容逐渐展开并为活动高潮阶段的出现，做好铺垫，积蓄力量。

3. 高潮阶段——突出火爆

活动的高潮阶段是活动顺利开展必然要迎来的最重要阶段，是活动的生命力的最根本的体现，不能产生高潮的活动，就意味着失败。高潮的出现是活动的

组织者下最大力量，运用一切方法把活动推向更高、产生飞跃的必然结果，其目的是产生强烈的感染力和振奋人心的效果。

4. 结束阶段——干脆有力

活动的结束阶段也很重要。它一般安排在高潮过后的一段时间内。要注意不要等高潮完全结束，应在高潮期内，让活动戛然而止，做到干脆、有力。这样做的好处是让大家在余兴未消的时候有所收敛，有目的地让他们把高涨的热情、兴趣转移到所期待的下次活动中。

（二）活动的其他要素

设计团的活动，除了充分考虑主题、内容、形式等要素外，还应注重活动其他要素的安排、策划。这些要素的变化，会对团的活动产生影响。其他要素的策划是团的活动整体策划中的有机组成部分。

1. 人的要素

活动的主体——团员青年，是共青团的工作对象，在开展团的活动中，团员青年是活动的主要参加者和实施对象，因此对他们的认识有特别重要的意义。

（1）强化活动的主体意识。在活动中，强化活动的主体意识，就是让广大团员、青年清楚地认识到，他们是活动的主体，是美好活动的创造者。

（2）选拔、培养一批骨干分子。团的活动光靠几个团干部“独立作战”是不行的，要特别注意选拔和培养一批骨干分子作为团的活动的基本保证。

2. 时间要素

策划团的活动，也包括对时间要素的策划。什么时间开展什么样的活动，不同类的活动怎样安排活动时间等方面都是我们要重点考虑的问题。

（1）按照时间的自然顺序开展活动。如：2 月送春风、3 月学雷锋、4 月慰英灵、5 月迎“五四”、6 月为儿童、7 月继传统、8 月拥军属、9 月尊师教、10 月庆“国庆”、12 月迎新年等。

（2）不同种类的活动有不同的时间选择。团的文化娱乐活动可多利用团员青年的闲暇时间，举办周末晚会、小型联欢会，开展棋类、球类活动，旨在丰富团员青年的业余文化生活。

（3）团的活动安排要与本单位的总体工作的部署同步。团的工作应是本单位总体工作的有机组成部分。本单位一定时期的工作重点，就应该成为同一时期我们团活动的重点。

除了以上三个方面，在时间的策划上还要再考虑两个问题。首先，活动全过程的时间安排要根据团员青年对活动的兴趣能保持多久来制定；其次，在一定时间内活动内容量的大小。

3. 地点要素

活动地点的选择，也是设计团的活动的重要因素之一。首先应注意参加者的数量。开展小型活动，要安排一个较小的活动空间，以便形成较好的活动气氛。其次，地点的选择还应注意季节性，比如，春季可以安排室外活动，冬季多选择室内活动，夏季可以开展实践活动或拓展训练活动，地点应开阔。

三、活动形式的模式

模式即样式。它是主观对客观事物不同特征的反映，通常把不同事物划分为某一类别或类型。由于团的各类活动在内容、形式及功能上存在一定差异，所以也就形成了各具特色的“模式”。

(一)规范性与非规范性模式

从形态上分析，我们把团的活动划分为两大类：规范性活动与非规范性活动。二者之间最大的区别在于有序性与无序性。

1. 严肃、稳定的规范性活动模式

规范性的活动是指在长期的团的活动实践中那些内容与形式较固定、较规范的活动。团的规范性活动有以下几个特点：

(1) 内容的严肃性。

(2) 形式的稳定性。

(3) 形式的典范性。

2. 丰富、多样的非规范性活动模式

团的非规范性活动是相对于团的规范性活动而言的，是除了团的规范性活动的其他团的活动的总称。此类活动没有固定的内容和形式，方法灵活，内容广泛。非规范性活动有三个特点：

(1) 具有多样性、层次性、丰富性。

(2) 突出年轻性，青春气息浓重。

(3) 具有多元化的模式、不断创新的特点。

(二)内向型与外向型活动模式

内向型活动是指在本单位、本部门内部开展的团的活动，与它对应的是外向联谊型活动。外向联谊型活动是着眼于本单位外部，与其他单位的团组织结成联谊型支部，共同开展活动。

1. 外向联谊型活动的特点

自发、开放、互助。所谓自发性，就是指这些联谊性活动不是遵照行政命令而搞的活动，而是完全出自团组织的需求来进行的，具有民间性质；所谓开放性，是指联谊的层次和“面”的开放性，由一般的联谊发展到多面联谊，由团内联谊发展到社会各阶层、团体的联谊；所谓互助，就是指在联谊活动中，取长补短，优势互补，互相帮助。

2. 外向联谊型活动类型

（1）长期型。这类联谊活动比较稳定，两个单位团组织组成兄弟团支部，并有正式的协议、活动意向书等，从而保证联谊活动长期开展下去。

（2）松散型。这类活动的活动内容和时间均不固定，联谊组织在必要的时候临时商定开展活动的内容和时间，体现一种松散性。

（三）稳定成型的活动模式

经过长期团的活动实践，现已形成了一些较为稳定的活动模式，归纳起来有以下几种：

1. 思想教育型

这类活动主要包括：团的日常学习和思想教育，学习党的路线、方针、政策，学习团的理论和时事政治，学习各种文化知识，举办文化补习班，业余团校的学习等。形式有知识竞赛、报告会、思想交流、聊天谈心、举办展览、成立理论学习小组等。

2. 日常团务型

此类活动是指团内经常开展的教育团员增强组织观念、进行团务管理方面的活动。包括组织生活、新团员纳新会、民主生活会等。

3. 文明公益型

这类活动是以团员青年为主体的志愿者活动。例如，成立志愿服务小组定期上街服务的展示活动和入户服务，开展“学史建碑”的活动，植树造林，募捐救灾等。

4. 青春浪漫型

在团员青年中开展的如元旦之夜、生日烛光晚会、青春歌曲、拓展训练活动等。

5. 清淡高雅型

由不同层次的青年组织的青年沙龙、社会技巧培训班、问题研讨会、青年成才奋斗演讲会、诗会、交响乐欣赏、绘画艺术谈等活动。

6. 兴趣组合型

此类活动集中展示青年的各种娱乐文化活动，如书法、绘画、棋牌、摄影比赛。团员青年成立各种兴趣爱好协会，使社团活动广泛开展起来。

7. 科技创新型

此类活动旨在引导团员青年培养创新意识，提高科技创新能力，包括各类实践竞赛、科技发明、创新经验交流活动等。如某团支部举办“最佳发明畅想设计征集”活动，就是此类活动。

8. 交友联谊型

包括团员青年的交往和各团支部之间的联谊。如举办各种舞会、联谊会等活动。

第五节　活动方案的制订、书写与主持

一、活动方案的制订

（一）拟定活动方案的提纲

活动方案的完成首先要经过粗略的设想，然后是精细的雕琢。为此活动方案的制订中非常重要的一步便是拟定活动方案的提纲。活动方案的提纲一般要包含以下几个方面：

（1）活动的主题或活动标题。一般以口号或警句等形式表现。

（2）活动的目的、宗旨、指导思想。

（3）活动的组织单位、协办单位。

（4）活动经费预算及来源。

（5）活动拟请的专家、领导、嘉宾及有关人员。

（6）活动的内容、形式、步骤（过程及日常安排表）。

（7）活动的时间、地点、参加人（包括主持人）。

（8）活动如何筹备。

（9）活动如何组织。

（10）活动的具体要求及注意事项。

根据以上内容，列写出活动提纲。主办者还要在活动提纲的基础上进一步细化有关方案的事项。最后还要对较详细的方案进行心理试验和推演，最后形成最佳方案并形成文件。

（二）活动方案制订的原则

（1）统一性。活动的主题、内容、形式、时间、环境等相统一。

（2）量化、细化。活动方案不能“大概齐”，每一项都应该进行具体而详尽的安排和制定。

（3）可行性。活动方案制订后，应保证得以顺利进行和推进，目标不能过高，内容不能过大，形式不能过难。

（三）活动方案制订应注意的问题

（1）活动方案制订要充分考虑活动主体，主要是团员青年的特点，根据对象特点来制订活动的主题、内容、形式等。

（2）活动方案制订时，在时间上不能将活动过程拉得过长。

（3）活动的规模要适中，不宜过大和过小，以具体活动、具体情况而定。

（4）活动方案应注意体现自身个性。

二、活动方案的书写

根据前期拟出的活动方案提纲，进一步细化，写出完整的活动方案，具体内容包括：

（1）活动的题目。

（2）活动的目的、意义。

（3）活动的特点、主题。主题的设定就是简单概括活动特点，为活动制订出基本格调。主题必须提炼出来并加以表述。

（4）活动内容、方式、步骤。这部分要求尽可能详尽、具体地对活动进行全景描述，重要的地方要加以说明。

（5）活动时间、地点、参加人，主持人，事先要定好。

（6）活动的准备工作。写明活动所需物品，所需文字材料和其他项目，列出过程时间表。

（7）活动的穿插与串词。

（8）活动经费的预算。应遵循节约的原则。

（9）活动特邀人员。组织活动少不了聘请专家和嘉宾参加，设计活动时要提前落实人选。

（10）活动所需设备的清单。活动尤其是大型活动中需要相应的设备，需提前拉出清单，以备落实。

(11)活动效果的预测。

这部分是对即将要开展的活动全过程进行虚拟描述，要用文字语言对活动的特定气氛、活动内容、方式、效果等进行叙述，要规划出活动的四个阶段——开始、发展、高潮、结尾。

三、活动的主持

主持一项团的活动，要求按照事先集体确定的活动程序，具体指挥和组织活动，从而保证活动有秩序、有节奏地顺利完成。

(一)主持人的修养

团干部作为团的活动的组织者和领导者，一般说来都有比较强的组织管理、语言表达、公关交往和随机应变的各项能力。因此，团干部常常担任各项活动的主持人。

作为活动的主持人，应以自己敏锐的洞察力和感受力，随时注意捕捉青年人对活动的反映，及时地对团员青年的情绪给予恰当的引导，使活动得以健康顺利地开展。

作为活动的主持人，应有较为广博的知识，对其所主持的活动掌握必要的专业知识，避免和减少在主持过程中犯常识性的错误。

作为活动的主持人，要有较好的语言表达能力。同时，应彬彬有礼、落落大方、服饰整洁、仪容端庄。

(二)主持程序

1. 会议的主持

举行学习教育性的活动，常常是通过报告会、讲座、座谈会、讨论会、辩论会等方式进行组织的。像这样的会议性活动，主持人可以是负责具体工作的团干部。

(1)报告会、讲座等活动的主持程序。主持人陪同报告人入席。主持人宣布开会，并简要介绍报告人和报告主题。报告人做报告。主持人宣布散会，并欢送报告人退席。

(2)讨论会、座谈会的主持程序。主持人宣布开会，并简要介绍讨论或座谈的主题，可按事先确定的发言顺序点名发言。如小型学习讨论会，主持人则可以带头发言启发大家踊跃参加讨论，座谈讨论结束时，主持人就讨论情况作概括小结，并宣布散会。

2. 辩论会的主持

一般是事前同论辩双方就论题内容进行较为充分的分析，明确双方的主要论点，做好辩论准备。

一般程序是：

(1) 主持人宣布辩论会开始，介绍裁判员和来宾。

(2) 主持人宣布辩论的规则，内容包括发言时间、顺序、语言要求等。

(3) 主持人宣布辩论题，论辩开始。

(4) 辩论过程中，主持人掌握双方发言时间，对超时现象及时叫停。

(5) 主持人宣布辩论停止，请裁判员商议论辩结果。

(6) 由首席裁判宣布论辩结果。

(7) 主持人宣布获胜单位或个人，颁发奖品或纪念品，并宣布活动圆满结束。

3. 竞赛的主持

主持这种类型的活动，主持人必须熟悉题目的内容、答案，在主持过程中能对抢答者的回答作出肯定的判断。主持这类活动的一般顺序是：

(1) 主持人宣布活动开始，向观众介绍来宾、裁判和参赛单位，如果是大型活动还需要有公证人。

(2) 主持人宣布竞赛规则和抽签决定竞赛题目的组织顺序。

(3) 主持人宣布必答题目，参赛者按照顺序和要求回答问题后，主持人判定是否得分，如有疑难问题可以请教在场的权威人士裁定。

(4) 主持人宣布抢答题目，各参赛队抢答，主持人判定是否得分。

(5) 全部试题比赛完之后，由主持人宣布比赛结果。

(6) 主持人请领导嘉宾向竞赛优胜者颁发奖品或纪念品。

(7) 主持人宣布竞赛圆满结束，请来宾退席，散会。

除知识性竞赛以外，技巧性竞赛，文娱性竞赛和体育竞技性比赛，因活动场所的变更和活动方式本身特点的不同，在具体主持的方法上也有所不同。

4. 晚会的主持

联欢晚会的主持人多为一男一女。联欢晚会的男主持人应当庄重、自信，具有阳刚之美并富有幽默感。女主持人应端庄秀美、热情开朗，用甜美的声音和微笑感染每一位观众。

联欢晚会的主持人应熟悉节目单，及时提醒演员做准备。对于串场词要尽量背诵，为准确谨慎，也可写在卡片上以备急用。主持人上下场应讲究礼貌，在有帷幕的会场里，主持人上场时，从中缝撩开上场，女先男后；下场时应先退步，后侧身入幕。在敞开的舞台上，步履自然洒脱，至台口黄金分割点（约距舞台宽度的3/5处）站定报幕，介绍曲目、演员，然后先退步，后侧身入幕。若男、女两位主持人共同主持时，男士则应以手势请女主持人先走。

晚会开始时，主持人应向观众问好。晚会结束时，主持人应祝大家晚安或说其他祝愿辞。

舞会常常是在联欢会后组织进行的。舞会的主持比较简单，主持人宣布舞会开始，可请嘉宾做极短的讲话，然后由乐队弹奏或播放欢快的舞曲，舞会就开始了。

第六节　活动的组织与实施

一、活动的准备——成功的前提

这里所说的活动准备，主要是指在落实活动计划的过程中，所做的实物准备和舆论准备等具体工作。

（一）活动的物质准备

活动的物质准备，包括开展活动所必需的经费、工具、器材、学习资料、音响设备、场地等物质条件的准备。

开展学习教育性活动，应准备好学习资料及文件。开展知识竞赛活动要准备好会场和包括音响设备、抢答器、赛台、记分牌等在内的各种器材。

在举办讲座活动时要根据演讲者的需要准备黑板、投影仪、粉笔或彩色笔、板擦等。

开讨论会时，需要特别注意会场的摆放形式，一般以圆形或长方形的围坐方式较好。

举办小型展览，原则是量力而行，根据人力、财力、物力的情况决定展览的规模。一般需要准备纸张、广告板等。小型图片展览，一般不用将照片做放大处理，用现成大小的照片即可。

开展文化娱乐活动，不仅要准备必要的文体用品和音响器材，还特别要搞好环境的美化和进行必要的服饰装备。

（二）活动的舆论准备

开展学习教育性活动之前和活动进行之中，可利用海报、广播或互联网等宣传手段，对活动进行宣传。开展社会公益性活动时，还可以通过张贴标语口号等方式烘托活动的气氛，使活动具有一定影响力。开展文化体育娱乐活动时，可鼓励团员积极报名参赛，并组织各种练习和备赛活动，从而自下而上地达到一种跃跃欲试、兴致渐浓的效果。

（三）布置会场与美化环境

组织开展活动，离不开一定的活动空间。场地布置与环境的美化对活动本身具有较强的视觉影响力和情感穿透力。在组织团的活动时，一定要注意环境因素的作用。

布置会场，要求室内干净整齐，根据会议内容和活动方式摆放桌椅，悬挂会标和标语。小型会议则应在会场前面的墙上或黑板上张贴字体端庄的会标。晚会、舞会或智力竞赛、知识抢答赛的会场，可装饰得活泼热烈些，利用多种色彩的气球、灯光，渲染气氛。环境的美化，既包括活动场所内的美化，也包括与活动场所毗邻的建筑物、通道和区域的美化。举办小型活动时，只把环境卫生搞好即可。

二、活动的组织——过程中的施展

活动方案制订出以后，下一步就是贯彻实施方案。实施方案的过程是活动的组织者和参加者共同动作的过程。

（一）活动组织的指导方针

正确的活动组织指导方针应当是：目标明确、责任落实、程序合理、讲求效率。

（二）活动的组织形式

学习教育性活动，依对象的层次、范围的不同以及学习的内容不同，其组织活动的方式也不同。可以是集中学习、报告辅导，也可以是分组讨论、分专题研讨。组织好学习教育性活动，在形式上要注意发挥组织者的权威性，提出明确的时间要求，注意集中与分散相结合，普遍号召与具体指导相结合。

社会公益性活动的形式较之其他活动随意性更强些。团组织可以发动团员随时随地把资源组织起来开展活动。也可以发挥集体的优势，集中力量进行一些有利集体、方便同学、造福社会的公益活动或服务活动。例如，美化环境、卫生扫除、咨询服务、慰问孤残、助学扶贫等。

文化娱乐性活动是最能贴近团员青年，最能活跃课余生活的活动。特别要注意有特长的同学在活动中的骨干作用，要随时注意发现人才、爱护人才，要有意识地进行培养和培训。寓教于乐的原则是贯穿此类活动的一条红线。开展文化娱乐性活动，一定要注意群众性、多样性、教育性和愉悦性这四个特点。

（三）活动的指导与参与

团干部作为活动的组织者要向参加者事先讲清开展某项活动的目的、要求、程序和注意事项。组织者要从两个角度考虑问题：一方面组织者为保证达到预期目标，要细致地安排活动的各个步骤和进程；另一方面还要从参加者的角度出发，设身处地地设想活动的每一环节能给参与者带来的感受和影响。

三、活动的总结——最后的工作

活动总结是共青团开展各项活动的必须环节。进行活动总结，表彰先进集体及个人，充分肯定大家在活动中作出的贡献，能够鼓励团员青年以更饱满的热情投入到日后的活动工作中去。同时通过活动总结，能够检查出现有的问题与不足，为日后的共青团活动积累经验。总结的方式可以根据活动的内容与形式的特点，灵活运用。例如，文化娱乐性活动，可以通过向比赛优胜者颁奖、优秀节目汇报演出、举办小型成绩汇报展等方式总结。奖品的购置，应当遵循物质鼓励与精神鼓励相结合的原则。

第七节　活动方案选例

第一例　知识竞赛活动

一、知识竞赛的种类

知识竞赛的种类很多，但常见的有团的知识竞赛，党的知识竞赛，国情知识竞赛，法律知识竞赛，文娱、体育知识竞赛，智力知识竞赛等。

二、知识竞赛的准备工作

准备工作包括五方面：

（1）根据自身需要、意图或根据当前国际国内的形势特点，选择确立知识竞赛的种类。

（2）确定参加知识竞赛的范围。

（3）设计知识竞赛试题，包括初试竞赛题、复试竞赛题、决赛竞赛题、附加试题等。

（4）成立知识竞赛组织委员会。组委会下设宣传组、竞赛组、会务组、联络组等。

（5）制订知识竞赛的活动方案。

而活动方案的内容包括：

（1）目的和宗旨。

（2）参赛形式及办法。

参赛形式：以团小组或宿舍为单位进行组队。

参赛办法：① 首先在各单位进行选拔赛，选拔出 4～6 人（两人备用）组队；② 将组队情况上报组织单位；③ 所有参赛队，统一笔试，从笔试中根据得分情况选出参加复赛的人选；④ 所有参加复赛的队通过抽签进行比赛，获胜队进入决赛，参加决赛的队伍限制在 4～6 个队；⑤ 决赛时，一般以现场必答、抢答进行，如不能决出名次，可通过附加题（难度较大）以决名次。

（3）奖励办法。一般知识竞赛奖励办法：凡参加决赛的各队均受到奖励，并按 1 至若干不等的名次分出一等奖 1 名，二等奖 2 名，三等奖若干名。获奖队均获得奖状、证书或奖金、奖品等。

（4）试卷及试题的审阅办法、裁决办法：一般知识竞赛的试题均有专家、专业人员负责设计，并配以正确或标准答案。因此阅卷一般由组织机构中的竞赛组负责，一些疑难问题，请专家裁决。

（5）知识竞赛的规则及要求。

（6）宣传办法。宣传由大赛宣传组负责，要求及时了解知识竞赛的情况，利用有效的媒介进行宣传。

（7）知识竞赛的时间及地点。① 知识竞赛准备阶段的时间约一个月，由各单位自行安排选择选拔赛考试地点；② 报名阶段的时间约一周，地点是组委会办公地点；③ 初赛的时间 1 天，地点可选班级教室等；④ 复赛时间 2～3 天，抽签决定复赛小组，采用淘汰制，获胜者进入决赛，地点可选若干个教室或会议室；⑤决赛时间 1 天。

（8）经费预算及来源。

（9）指定知识竞赛活动的组织要求和注意事项。

制订知识竞赛赞助方案。主要内容包括：目的、宗旨，赞助条件、要求，赞助单位的权益及宣传办法，独家赞助或命名立杯的权益及宣传办法，联系形式等。

三、知识竞赛的组织

（一）动员、发布阶段

（1）由组织单位召集参赛代表召开“知识竞赛活动”动员大会并下发竞赛通知。

（2）检查、调查各单位准备情况。

（二）报名阶段

（1）安排1～2人负责报名工作。

（2）将报名情况进行汇总，报竞赛组。

（三）竞赛阶段

（1）为各队分编考场。

（2）通知笔试（初试）时间、地点。

（3）组织阅卷。

（4）按阅卷成绩将各队的总分数进行登记，选出若干优胜队参加复赛。

（5）复赛时，组织各队抽签，并且每2～4队为一个赛组，进行比赛。组织者分别予以检查、监督各赛组情况，选出若干个优胜队，参加决赛。

（6）决赛组织程序：① 选择1名或2名（男、女各一人）有丰富主持知识竞赛经验的人，为决赛进行主持；② 会场布置，设计赛台：领导席、评委席，观众席；③ 请各位专家到决赛会场做竞赛顾问；④ 请有关领导及赞助单位到会以待发奖；⑤ 知识竞赛决赛程序。

主持人宣布比赛开始。介绍参赛队，介绍领导及来宾，宣读知识竞赛规则，宣布必答题及分值，由各队回答，主持人进行判定。正确者加分，错误者减分。有疑难问题请专家裁决，主持人宣布抢答题及分值。听抢答器的声音先后，主持人请抢先者作答，并予以判定。正确加分，错误减分；若分不出名次，主持人宣布附加题及分值，继续请各队回答，正确者加分，错误者减分。主持人最后报各队总分，并排出名次及宣布获胜队，进行颁奖，宣布知识竞赛结束。

第二例　征文活动

一、征文的内容

社会、工作、生活、家庭的问题都可被我们一一作为选题确立下来。具体来说，可分为以下几个方面的内容：经济的、政治的、文化的、家庭的、学校的、法律的，等等。选择的征文内容应体现时代性，可以是社会文化热点问题，可以是本地区、本单位、本部门的急、难、新、热等有意义的话题，也可以是对青年教育和发展前途有益的课题。

二、征文的目的、宗旨

旨在调动广大团员青年积极参加到社会政治、经济、文化生活中来，发挥青年人的聪明才智和主人翁精神，教育引导青年按照党的方针、政策，国家的建设和发展的目标设计人生。同时，也可起到团结青年、培养青年、发现青年智慧与才干的作用。

三、征文的形式及要求

征文的形式很多，但多以议论文或记叙文的形式开展。

征文的一般要求如下：

（1）观点正确，立意鲜明，有独到见解。

（2）体现时代特点和风貌。

（3）语言流畅，逻辑性强。

（4）一般不超过 3 000 字。

四、征文活动的筹备

（1）确立征文的主题（题目）和形式。

（2）确定征文活动的评审小组。

（3）确定征文活动的具体办法。

（4）确定征文活动的奖励办法。

（5）进行经费预算。

（6）联系落实联办单位或赞助单位。

（7）选定并落实奖品。

（8）确定颁奖总结环节。

五、征文活动的组织

（一）发布征文通知

征文通知主要内容包括征文的目的、主题、形式、比赛办法、奖励办法、活动时间、要求及注意事项、收稿负责人等。

（二）评比过程

（1）自征文通知发布之后，在征文时间内投稿均算征文文章。

（2）征文一律由征文评审小组根据主题立意是否新颖、独特，论述是否得当，文章结构是否合理，语言逻辑性是否较强等方面进行综合评审，然后给每篇文章打分，根据分数评选出获奖文章。

（三）征文总结阶段

可给予优胜者以物质或精神奖励，并可将优秀文章在校内外媒体上进行推荐刊登。

第三例　青年志愿者活动

一、青年志愿者活动的内容

（1）为环境保护、公益事业等提供服务（如发布保护母亲河文明倡议等）。

（2）承担临时性、突击性志愿服务任务（如大型志愿服务活动等）。

（3）其他具有专业技术特长要求的志愿服务工作（如科技下乡等）。

（4）为社区发展等提供服务（如定期前往养老院、福利院开展活动等）。

（5）扶贫支教，支援西部建设。

（6）其他需要提供志愿服务的项目。

二、青年志愿者活动的要求

（1）严格按照学校团委统一规定，进行青年志愿者的招募与注册。

（2）青年志愿服务活动应采取短、长期相结合的办法。

（3）青年志愿服务活动切勿流于形式，以服务社会为主，力争取得实绩。

（4）志愿服务过程中应维持积极良好的秩序，志愿者应态度端正、热情周到。

（5）志愿者活动是精神文明建设的有效载体，学院团委要充分认识开展志愿者活动的重要意义，要把志愿者活动创建成一项品牌活动，切实加强对这项工作的领导，精心组织志愿者开展活动。

（6）要加强对志愿者服务活动的宣传，要积极利用各种媒体，广泛宣传志愿服务精神、服务理念和志愿者风采，营造良好氛围。

三、青年志愿者活动的流程

准时按活动时间在活动地点集合；清点人数，开展活动；宣传委员拍照记录；活动结束，评选优秀志愿者；颁发奖品，合影留念；收拾场地，打扫卫生；做好活动总结。

四、青年志愿者活动的相关事宜

（1）组织大型的“志愿者”活动要确定筹委会。一般可由团组织或社会团体牵头组办。

（2）确定“志愿者”活动的目标与主题。目标与主题要切合实际，积极向上，操作性强，主题鲜明，有感召力。

（3）动员社会参与。“志愿者”活动的参与者并不仅限于志愿组织内部，要积极动员更多的人员参与到此类活动中，以加大志愿活动的影响力，让更多的人在活动中体会公益活动的重要意义。

（4）活动的结果要向社会展示。

（5）经费的使用、物品发放等信息应及时公布于众。

第四例　趣味运动会

一、趣味运动会的策划和准备

1. 时间的选择

一般来说，趣味运动会比较适合选择在春季或秋季。

2. 场地的选择及利用

一般来说，只要有一个比较宽敞的场地就可以利用来举办趣味体育活动。

3. 规模的确定

趣味运动会的规模可大可小。具体的应根据本单位的人员、设施情况而定。一般来说，趣味运动会比赛规模不宜太大，场地和人员的安排、选择应协调适中。一般来说，人数在 50 人左右，可以选择 150～200 平方米的场地，时间的掌握以半天为佳；项目的设置，以 5～10 个为宜，这样既保证了一定的规模，又可形成一种气氛。

4. 通知工作

拟定和发布通知则是活动的前期工作，一般说来拟定趣味运动会的通知包括下列几方面内容：

（1）组织趣味运动会的目的、意义；

（2）趣味运动会的主办、联办单位，参赛单位及其各自的任务；

（3）趣味运动会所设项目、报名要求；

（4）趣味运动会召开的时间、地点及有关事宜。

5. 经费预算

经费预算是趣味运动会的物质基础。一般来说，趣味运动会的经费预算应考虑以下几个方面：购置材料设备的费用；布置场地的费用；奖品的费用。

6. 成立组织机构

建立相应的机构是趣味运动会的组织保障。一般规模较大的趣味运动会，应该设立组织委员会，由领导小组、裁判组、场地组、宣传组、会务组、报告组、保卫组等组成，而规模较小的趣味运动会，设立的组织机构也应该相对简单，一般有领导小组、裁判组、会务组。

二、趣味运动会的组织程序

（一）开幕式

（1）首先由主持人宣布趣味运动会开幕；

（2）介绍领导及来宾；

（3）参赛单位或运动员入场，同时放《运动员进行曲》；

（4）举行升旗仪式、奏国歌；

（5）运动员代表发言；

（6）领导讲话；

（7）宣布比赛开始，参赛单位及运动员退场。

（二）竞赛期间工作

（1）组织机构中各小组依据分工安排各就各位，准备就绪；

（2）根据赛程具体实施比赛项目；

（3）项目竞赛后进行颁奖；

（4）竞赛期间各单位可开展精神文明竞赛；

（5）注意检查巡视，以防范赛场出现问题。

（三）闭幕式

（1）参赛单位和运动员根据会场安排，面对主席台列队站好；

（2）宣布趣味运动会比赛结果，个人项目的名次、团体总分的名次、精神文明获奖单位和颁奖仪式；

（3）领导做总结发言；

（4）主持人宣布大会结束。

三、趣味运动会的比赛项目

比赛项目的确定主要是依据参加的人数、时间、场地、物力、财力等情况而定，可大可小，可长可短，一般比赛项目有：自行车慢行个人赛、倒推自行车赛、托球竞走（跑）个人赛、30 米短途运球个人赛、蛙跳个人赛、双人托盘赛、3 人捆腿行走赛、4 人障碍拍球接力赛、吹气球游戏、2 人推小车游戏、运木人游戏、水中赛跑、纸床负重、羽毛球投远、定点投篮赛、足球定点射门、跳绳个人赛、踢毽个人赛、单人摸高赛等。

团支部如何开展团员意识教育

第一节　新时期团员意识的内涵

团员意识是团员在观念上自觉形成的区别于一般青年的意识，是团员在团内生活和社会活动中发挥先锋模范作用的思想基础和行为准则。

团员意识主要包括政治意识、组织意识、模范意识三个方面。

一、政治意识

政治意识是团员对党的性质、宗旨、历史使命，以及党的纲领和任务的自觉性认识，是团员政治觉悟的集中体现。要坚持不懈地用实现“中国梦”的目标构筑广大团员的精神支柱，帮助团员树立正确的世界观、人生观和价值观，教育引导团员牢固树立共产主义的远大理想，在政治上、思想上和行动上与党中央保持高度一致，从而实现国家富强、民族复兴、人民幸福和社会和谐。

二、组织意识

组织意识是团员独特的政治身份和社会作用在观念上的反映，是团的先进性的一种体现。要坚持和完善团内组织生活制度，不断强化团员的组织观念和纪律观念，培养团员的民主参与意识，教育团员履行团员义务，按时缴纳团费，执行团的决议，完成团组织交给的任务，增强团员对团组织的认同感和归属感。

三、模范意识

团员是青年中的先进分子。每一名共青团员必须时刻注意用共青团员的标准严格要求自己，不断增强作为一名共青团员的光荣感和责任感，在学习、工作和社会生活的各个方面起带头作用，努力成为坚持党的路线、执行党的方针、政策的模范，勤奋工作的模范，刻苦学习的模范，遵纪守法的模范和开拓创新的模范。

第二节　团支部开展团员意识教育的原则

团支部开展团员意识教育首先要根据团员意识的要求确定相应的教育内容。团员意识教育的内容主要有马克思主义基本理论教育，党的基本路线教育，团的基本知识教育，社会主义道德教育，社会主义民主和法制教育等。正确确定教育内容是开展团员意识教育的前提和基础。团员意识是一个历史范畴，其内容将随着社会发展和团员队伍思想的变化而不断充实和更新。这就要求对团员意识教育的内容不断丰富和完善，使其更具针对性。其次，开展团员意识教育要坚持“热情爱护、严格要求”的方针，遵循共青团思想教育的基本规律。对团支部具体来讲，开展团员意识教育，主要遵循以下几个原则。

一、“正面教育”原则

团员意识教育的目的在于教育引导团员确立在改革开放、发展经济条件下的正确思想观念，提高团员的思想素质，因此，它不仅要对团员思想进行纠偏和防范，而且要启发、引导团员根据社会的发展，进一步加深对团员责任感、使命感的理解，不断完善自己的思想观念。这就要求团员意识教育要从团员思想中的积极因素入手，珍惜团员思想中那些健康正确的观念因素，坚持正面的教育，使团员通过理论学习和运用理论认识、分析现实问题，分清是非，提高觉悟，自觉确立团员意识，成为符合时代要求的共青团员。

二、“尊重事实”原则

团员意识是对客观实践的反映，因此，团员意识教育必须立足于现实社会环境，既要用我国社会生活的巨大变革教育团员，又要正视社会生活中的各种矛盾，解决团员现实的思想认识问题，使团员在全面认识问题的过程中，分清主流和支流，增强推动社会前进的历史使命感。

三、“积极实践”原则

团员意识的确立来自对实践的反映，同时，又要通过实践去体现。因此，开展团员意识教育，必须把灌输理论和开展丰富多彩的实践活动结合起来。

四、“坚持常态化”原则

团员意识需要一个逐步确立的过程，因而，团员意识教育只有建立起内容上由浅入深，循序渐进，时间上互相连贯的稳定教育体系，才能走上系统科学的轨道。这就要求团支部必须把其作为一项长期的任务，常抓不懈，形成制度，经常不断地进行卓有成效的教育，保证团员意识教育任务的完成，使确立团员意识真正转化为广大团员的自觉行动。

第三节　团支部开展团员意识教育的关键环节

一、帮助团员端正入团动机

动机是推动人从事某种活动，并朝一个方向前进的内部动力，是为实现一定目的而行动的原因。我们要端正团员入团的动机，提高责任意识，使其明确认识到：入团意味着一份责任，只有发挥团员的积极带头作用，才能保证团的纯洁性和先进性，增强团的战斗力。

首先，要明确团的性质。充分了解中国共产主义青年团是中国共产党领导的先进青年的群众组织，是广大青年在实践中学习中国特色社会主义和共产主义的学校，是中国共产党的助手和后备军。

其次，要坚定全心全意为人民服务的决心。坚决执行团组织的决议，认真完成团组织交付的任务。

最后，将入团的动机体现在实际行动中。认真学习团课，做好思想汇报工作，确定要从思想上入团，并通过实践净化思想和行为，将正确的入团动机化为有效的动力，体现在学习生活的方方面面。

二、认真制订工作计划

学习教育阶段的工作内容比较多，需要有一个具体的安排，团支部要对这一阶段的工作内容进行梳理，制订专门的工作计划。工作计划要结合实际，增强针对性和实效性，提出明确的安排步骤和具体要求。

三、有效组织理论学习

团支部可以组织团员集中学习、进行专题辅导、举办座谈会、观看形势报告会以及电教片等，还可以组织知识竞赛、演讲比赛、网上论坛等形式多样的学习活动。要确保每一名团员至少学一遍团章，读一本学习辅导材料，写一篇心得体会。

四、广泛开展讨论

学习教育阶段涉及团员意识的讨论和新时期共青团员先进性标准的讨论，团支部一定要广泛发动团员青年参与进来。讨论的内容主要是“什么是团员意识”、“如何体现团员意识”、“怎样增强团员意识”、“新时期团员先进性标准是什么”、“怎样体现团员的先进性”；讨论的方式可以是座谈会、专题研讨会、理论学习等，也可以通过主题团日设计比赛、寻找身边的优秀团员等活动，广泛听取意见，收集信息。

五、认真组织开展主题实践活动

一是要针对团员青年的特点，避免采取呆板的教育方式，积极开展寻找身边的优秀团员、主题团日活动方案设计大赛、优秀团员典型事迹报告会等形式多样、内容丰富、特色鲜明、寓教于乐的实践活动，充分发挥教育活动的育人作用；二是要切实结合团的重点工作，把教育活动作为促进工作的一项基础性工程，将开展团员意识教育活动与抓团的重点工作有机结合起来，做到“两不误、两促进”；三是要在实践活动中规范使用团的各种标志，集中展示团的形象，努力扩大团的影响。

六、开好民主生活会

有条件的团支部要在对团员进一步搞好学习、开展讨论和实践活动的基础上，组织开展好专题民主生活会。

第四节 团支部通过落实“青春集结号”团支部成长计划开展团员意识教育

为进一步做好新时期共青团工作，明确基层团支部工作的基本任务，充分发挥基层团支部的战斗堡垒作用，结合我校实际情况，校团委制订了“青春集结号”团支部成长计划。

一、“青春集结号”团支部成长计划的指导思想

“青春集结号”团支部成长计划以邓小平理论、“三个代表”重要思想、科学发展观为指导，通过“团员凝心工程”和“支部聚力工程”的实施，进一步加强团员意识教育，全面焕发基层团支部的活力，不断增强团组织的创造力、凝聚力和战斗力，团结和带领团员青年为实现中华民族伟大复兴的中国梦而奋斗，为实现建设高水平科技大学的科大梦而拼搏。

二、“青春集结号”团支部成长计划的主要内容

“青春集结号”团支部成长计划包括“团员凝心工程”和“支部聚力工程”两部分。通过“团员凝心工程”，进一步加强团员意识教育，增强团员对团支部的向心力；通过“支部聚力工程”，进一步规范基层团支部的组织建设，明确团支部的工作职能，增强团支部的凝聚力和吸引力。

（一）团员凝心工程

每位团员青年根据《团员成长量化指标》设定成长目标，明确努力方向。根据团中央《开展团员教育评议活动的意见》，通过自评、互评、综评，确定成长等级，成长等级分为优秀、合格、基本合格、不合格，评定为优秀的，可参加团内先进个人的评比。

（二）支部聚力工程

每个团支部根据《团支部成长量化指标》设定成长目标，明确发展方向。按照团中央关于团支部达标升级工作的要求，进行考核评定，确定团支部的成长等级，成长等级分为一级、二级、三级，评定为一级团支部的，可参加先进团支部的评选，先进团支部的前30%为红旗团支部。

三、"青春集结号"团支部成长计划的实施步骤

（一）目标制定阶段

每个学期初，组织团员和团支部分别根据《团员成长量化指标》和《团支部成长量化指标》确定目标，制订具体措施和实现途径。团员个人成长计划递交所在团支部备案，团支部成长计划详细填写于《山东科技大学团支部成长记录册》。

（二）具体实施阶段

各团支部和团员按照设定目标，逐步成长。通过主题团日活动，进行成长回顾和自我小结。团员向所在团支部报送个人总结；团支部按时填写《山东科技大学团支部成长记录册》。

（三）考核评定阶段

每年3月份，组织各团支部和团员对上一年的成长效果进行分值计算，认定成长级别，并进行公示。

（1）根据"团员凝心工程"中的《团员成长量化指标》，团员计算个人得分为自评环节；成立团支部考核评定委员会进行个人得分材料的审核，并开展互评；个人最后得分报所在团支部，由支委会进行综合评定后确认等级，并进行公示。原则上得分排名前30%的为优秀。

（2）根据"支部聚力工程"中的《团支部成长量化指标》，团支部计算得分为自评环节（团支部得分 = 团支部成长量化指标得分 × 60% + 团员成长量化指标得分的平均分 × 40%）；团支部得分在学院进行公示为互评环节；学院团委设立考核评定委员会，对团支部进行等级认定为综评环节。原则上得分排名前30%的为一级团支部，中间50%为二级团支部，后20%为三级团支部。

（四）通报表彰阶段

每年5月份，进行荣誉表彰。

（1）团员成长等级评定为优秀的，在团员证上进行优秀注册，并可参加团内先进个人的评选。

（2）团支部成长等级评定为一级的，可参加先进团支部的评选，原则上先进团支部不超过团支部总数10%；先进团支部的前30%，为红旗团支部；所有的团支部可根据《团支部成长量化指标》中的突出项目得分，选择申报其他先进集体（如志愿服务先进集体等）。

（3）一票否决。发生下列情况之一者，取消团内先进集体和先进个人的评选资格：违反校规校纪，受到通报批评以上处分的；行为有损共青团形象且情节严重的。

第五节　团支部通过开展主题教育活动开展团员意识教育

一、深刻理解当今团员的思想变化特点

随着对外开放的进一步深化，社会主义现代化进程的不断推进，广大团员的思想状态和行为方式也在与时俱进，处在不断变化与发展的历史新时期。

（一）思想意识方面

思想不断解放、自立意识显著提高、创新能力快速增强、竞争意识迅速提升、进取心日益提高等是广大团员思想解放的重要表现。在经济快速发展与社会主义改革不断完善的新背景下，广大团员变得思想活跃，对于新鲜事情的接受能力与学习能力不断提高，这与我国快速发展的形势是紧密结合的，团员们也在发展中不断改进从而快速提高。自立自强、崇尚竞争、积极进取，成为广大团员青年在新时期的重要特征。

（二）价值取向方面

团员的价值取向趋于多元化，更加崇尚务实。新一代广大团员除了继承和发扬老一辈团员的模范带头作用，爱岗敬业、关心社会、无私奉献的同时，还要追求社会存在感和社会认同感，希望满足物质和精神上的双重需求，做到社会利益、集体利益、个人利益的兼顾，在奉献的同时取得一定的精神和物质回报。广大团员青年追求的是在事业成功、生活幸福的同时实现自我价值的提升，这也是他们所看重的。

（三）个人发展方面

广大团员青年更加积极主动寻求个人发展空间，社会流动性不断加大。随着计划经济体制被社会主义市场经济体制取代，各种政策的制定也越来越人性化，给人们的生存与发展提供了更加广阔的空间，区域性流动变得越来越常见。社会流动的不断发展促进了广大团员青年在社会交往方面挣脱身份、地域界限和传统观念的束缚，在人潮涌动的社会大潮流中积极寻觅有利于自我发展的空间。

（四）法制意识方面

深化社会主义法治建设是社会发展的必然要求。在社会主义市场经济体制不断健全和发展的社会新背景之下，我国社会主义法治建设也在不断深入和发展。广大团员作为最积极、最活跃、最少保守思想的青年团体，法制意识和公民意识不断加强。团员在处理日常事件时敢于依法维护自己的合法权益，拿起法

律武器同违法犯罪行为做斗争。

总之，广大团员思想状态与行为方式的变化，是时代进步的特征，是时代不断向前发展的动力和源泉。只有深入了解团员在思想状态和行为方式方面的变化，才能根据新时期团员的特点有针对性地进行思想道德教育活动。作为与团员密切联系的团支部，更应该加强与团员的沟通交流，了解他们的所思所想，关注他们的需求，尽力解决他们提出的问题，不断在思想状态和行为方式方面给予正确的指导。

二、开展主题教育活动加强团员意识教育的意义

通过开展主题教育活动加强团员意识教育，对于共青团组织进一步贯彻落实科学发展观，在新时期加强团的思想道德建设和科学文化建设，全面提高广大团员素质，充分发挥先锋模范作用，立足现在，不断进取，为全面建成小康社会而不断奋斗具有重要的战略性指导意义。

（一）开展主题教育活动加强团员意识教育工作是共青团深入贯彻落实科学发展观的重要举措

科学发展观是推进各项事业的改革和发展的一种方法论，也是中国共产党的重大战略思想。它是立足我国基本国情，深入分析我国发展的阶段性特征，根据我国的发展实际和借鉴国外发展经验提出的。科学发展观在党的第十七次全国代表大会上写入党章，成为中国共产党的指导思想之一。胡锦涛同志在党的十七大上所作的《高举中国特色社会主义伟大旗帜 为夺取全面建设小康社会新胜利而奋斗》的报告中提出，科学发展观第一要义是发展，核心是以人为本，基本要求是全面协调可持续性，根本方法是统筹兼顾，指明了我国经济进一步发展的战略措施，标志着中国共产党对马克思主义关于世界观与方法论的又一深刻认识，标志着中国共产党对社会主义建设规律、社会发展规律、共产党执政规律的认识达到了新的高度。

（二）开展增强团员意识主题教育活动是共青团全面贯彻落实党中央保持共产党员先进性教育活动精神的重要举措

共青团作为党的助手和后备军，担负着为党不断输送新鲜血液，为党不断输送人才的历史使命，增强团员的政治意识、思想意识和模范意识，对巩固和扩大党的群众基础和促进党的先进性建设具有十分重要的意义。因此，开展增强团员意识主题教育活动是全面贯彻落实党中央保持共产党员先进性教育活动精神的思想基础和重要措施。

（三）开展增强团员意识主题教育活动是加强团的基层组织建设的重要举措

加强团的基层组织建设，它的主要任务是建设一支数量宏大、能够发挥模范带头作用的团员队伍，这也是保持团的生机与活力的基础。面对当今时代给团组织提出的新要求，基层团组织内部还存在着组织机构涣散、个别人员缺乏责任意识与服务意识、自我要求不高、缺乏组织纪律性等问题，影响了团组织积极性与创造性的发挥。开展增强团员意识主题教育活动，就是要在思想上加强对广大团员的正确引导，从思想上提高团员队伍整体素质，为推动和促进团的基层组织建设整体加强，不断提高团的服务能力奠定坚实的基础。

（四）开展增强团员意识主题教育活动有利于开创新时期共青团工作新局面

随着社会不断向前发展，全面建成小康社会、贯彻落实科学发展观、构建社会主义和谐社会等重大思想的指引对共青团的工作提出了新的要求，同时，共青团也面临着新时期的机遇与挑战。能否抓住机遇，完成时代赋予的历史使命，关键在于不断增强团组织的吸引力和凝聚力，团结带领好广大团员青年为全面建设小康社会贡献力量。开展增强团员意识主题教育活动，就是要不断调动广大团员的积极性和主动性，激发广大团员的创造力，积极发挥先锋模范带头作用，促进新时期共青团各项工作的全面推进。

三、增强团员意识主题教育活动的指导思想

增强团员意识主题教育活动，要高举中国特色社会主义伟大旗帜，以邓小平理论、“三个代表”重要思想、科学发展观为指导，深入学习贯彻党的十八大精神，坚定信念，牢记使命，脚踏实地，锐意进取，团结带领广大团员青年满怀信心地紧跟着党，为全面建成小康社会、加快推进社会主义现代化、实现中华民族伟大复兴的中国梦而奋斗。

四、开展增强团员意识主题教育活动的主要内容

中共中央总书记习近平在参观《复兴之路》展览时指出：实现中华民族伟大复兴，就是中华民族近代以来最伟大的梦想。这一时代解读，既饱含着对近代以来中国历史的深刻洞悉，又彰显了全国各族人民的共同愿望和宏伟远景，为党带领人民开创未来指明了前进方向。“中国梦”深刻道出了中国近代以来历史发展的主题主线，深情地描绘了近代以来中华民族生生不息、不断求索、不懈奋斗的

历史。中国梦是我们现阶段主题教育活动的主要内容。

（一）实现中国梦必须走中国道路，这就是中国特色社会主义道路

这条道路来之不易，它是在改革开放30多年的伟大实践中走出来的，是在中华人民共和国成立60多年的持续探索中走出来的，是在对近代以来170多年中华民族发展历程的深刻总结中走出来的，是在对中华民族5 000多年悠久文明的传承中走出来的，具有深厚的历史渊源和广泛的现实基础。中华民族是具有非凡创造力的民族，我们创造了伟大的中华文明，我们也能够继续拓展和走好适合中国国情的发展道路。全国各族人民一定要增强对中国特色社会主义的理论自信、道路自信、制度自信，坚定不移地沿着正确的中国道路奋勇前进。

（二）实现中国梦必须弘扬中国精神

这就是以爱国主义为核心的民族精神，以改革创新为核心的时代精神。这种精神是凝心聚力的兴国之魂、强国之魂。爱国主义始终是把中华民族坚强团结在一起的精神力量，改革创新始终是鞭策我们在改革开放中与时俱进的精神力量。全国各族人民一定要弘扬伟大的民族精神和时代精神，不断增强团结一心的精神纽带、自强不息的精神动力，永远朝气蓬勃地迈向未来。

（三）实现中国梦必须凝聚中国力量，这就是中国各族人民大团结的力量

中国梦是民族的梦，也是每个中国人的梦。只要我们紧密团结，万众一心，为实现共同梦想而奋斗，实现梦想的力量就无比强大，我们每个人为实现自己梦想的努力就拥有广阔的空间。生活在我们伟大祖国和伟大时代的中国人民，共同享有人生出彩的机会，共同享有梦想成真的机会，共同享有同祖国和时代一起成长与进步的机会。有梦想，有机会，有奋斗，一切美好的东西就都能够被创造出来。全国各族人民一定要牢记使命，心往一处想，劲往一处使，用14亿人的智慧和力量汇集起不可战胜的磅礴力量。

五、增强团员意识主题教育活动主题的选择

共青团是中国共产党领导下的先进青年群众组织。共青团与中国共产党有着特殊的联系，其本身具有一定的先进性，担负着崇高的历史使命。只有坚持不懈地跟党走，才能发挥共青团员的积极性和创造性，才能始终保持前进方向的正确性，在社会主义现代化建设的新背景下作出更大的贡献。因此，开展增强团员意识主题教育活动时，其主题的选择要注意以下几点。

首先，要坚定不移地坚持中国共产党的领导，这是由共青团作为中国共产党

的助手和后备军这一角色决定的。共青团始终坚定不移地坚持中国共产党的领导，党的政治纲领决定了团的奋斗目标，铸就了团员青年追求理想的信念；党的指导思想是团的行动指南，构筑了团员青年的强大精神支柱；党在各个时期的中心任务是共青团的奋斗目标，是激励团员青年为之贡献的力量。共青团具有八十多年的光辉历程，实践证明，只有坚持中国共产党正确思想的指引，才能在革命、建设、改革的多个历史时期，紧密跟随中国共产党的步伐，为党不断战胜艰难险阻，夺取胜利作出积极贡献。"党有号召，团有行动"就是共青团这种光荣传统的生动写照。

其次，要具有一定的先进性，这是由共青团组织的先进性决定的。中国共产党作为中国工人阶级的先锋队，其本质就具有一定的先进性，共青团作为中国共产党领导下的群众组织，同样也应该有先进性这一特征。为了时刻保持共青团的先进性，在新的历史时期，就必须以"三个代表"重要思想为指导，紧紧跟随中国共产党的步伐，走在时代的前列。共青团的先进性既体现在组织的行为中，也体现在组织成员的行为中。对于团的组织而言，首先必须按照科学发展观的要求，全面推进新世纪团的建设；必须始终坚持党的领导，使青年运动沿着党指引的正确方向前进；始终坚持培育"四有"新人的根本任务，引导青年按照党的要求健康成长。对于共青团员本身而言，要将实现"中国梦"作为党领导下的崇高历史任务，牢固树立先锋模范意识，发挥好模范带头作用，增强光荣感和使命感。

第三，要紧密结合国家、民族和时代的需要，这是由共青团肩负的光荣使命决定的。在全面建成小康社会、不断深化改革的新的历史时期，共青团的光荣使命是团结带领全国亿万青年积极投身全面建设小康社会的伟大实践，为完成我们党推进现代化建设，完成祖国统一，维护世界和平与促进共同发展的三大历史任务，在中国特色社会主义道路上实现中华民族伟大复兴而奋斗。因此，要积极引导青年运动，就必须用共同理想凝聚青年，用科学理论武装青年，坚持引导当代青年的政治运动方向；就必须在党的领导下同人民紧密结合；就必须团结带领广大青年走在时代的前列，不断创新，真抓实干，为全面建成小康社会发挥更大的作用。

六、开展增强团员意识主题教育活动的具体要求

（一）开展增强团员意识主题教育活动要坚持党建带团建

当前，党的群众路线教育活动呈现出良好的发展态势。在这一形势下，发挥

共青团和青年团员的作用,有利于推动群众路线教育活动的深入开展,这也为团员意识主题教育活动创造了难得的契机,对进一步加强基层党团组织建设,不断巩固和扩大党执政的青年群众基础具有重要意义。各级党组织要坚持党建带团建,领导和带动各级团组织把握机遇,扎实工作,为增强团员意识主题教育活动的顺利开展创造条件。各级团组织要在党组织的带领和带动下,抓住契机,乘势而上,切实推动主题教育活动落到实处,取得实效。

依托党建带动,不断将增强团员意识主题教育活动引向深入。根据党的群众路线教育活动的有关要求以及全团开展增强团员意识主题教育活动的统一部署,各级团组织要把增强团员意识主题教育活动纳入党的群众路线教育活动的工作格局,加强领导,明确任务,充分调动团组织和广大团员的积极性。各级团组织、团干部以及广大团员把增强团员意识主题教育活动作为团员青年开展群众路线教育活动的一项内容,明确提出要求,作出部署,坚持党建带动、实践育人的工作原则,组织动员广大团员积极参与形式新颖、内容丰富的主题实践活动,服务大局,服务基层,服务群众,推动增强团员意识主题教育活动的全面深化。

健全工作机制,为团员意识主题教育活动的顺利开展提供保障。各级党组织要完善考核机制,把开展增强团员意识主题教育活动的成效作为考核群众路线教育的一项内容,确保团员意识主题教育活动纳入群众路线教育的整体规划,统一部署,同步推进。要建立督查机制,组织联合检查组,不定期检查督促工作,努力形成党团联动,全面活跃的良好态势。要及时总结各单位在党建带动下开展团员意识主题教育活动的新鲜经验,挖掘和树立一批先进典型,扩大宣传,营造氛围,推动增强团员意识主题教育活动不断深入开展。

(二)开展增强团员意识主题教育活动要坚持将理论学习贯穿始终

重视理论学习是中国共产党的一个优良传统,是中国共产党能够取得革命胜利和推进中国特色社会主义现代化建设实践的重要理论武器,也是中国共产党能够把握时代脉搏、紧扣时代主题、紧跟时代潮流、紧抓发展机遇,并且能够充满活力和富有生机的重要保证。我们党历来要求并重视青年及共青团的学习,总是一再强调,重视和加强理论学习是青年和共青团的主要任务和长期任务。刘云山在中国共产主义青年团第十七次全国代表大会上表示,实现党的十八大提出的“两个一百年”的奋斗目标,实现中华民族伟大复兴的中国梦,需要一代又一代有志青年持续奋斗。希望广大青年按照习近平总书记的要求,志存高远、脚踏实地,坚定理想信念,练就过硬本领,勇于创新创造,矢志艰苦奋斗,锤炼高尚品格,努力成长为现代化建设的栋梁之才,始终走在时代发展前列,不断增强中国特色社会主义道路自信、理论自信、制度自信，在实现中国梦的伟大实践中勇做奋进者、开拓者、奉献者。

坚持将理论学习贯彻始终是实现教育活动取得实效的基础。习近平总书记在“五四”青年节同各界优秀青年代表座谈时明确指出：广大青年要坚持用邓小平理论、“三个代表”重要思想、科学发展观武装头脑，把理想信念建立在对科学理论的理性认同上，建立在对历史规律的正确认识上，建立在对基本国情的准确把握上，不断增强道路自信、理论自信、制度自信，增强坚持党的领导的信念，永远紧跟党，高举中国特色社会主义伟大旗帜。政治理论水平的高低决定着思想的成熟与否，共青团组织要带领广大团员青年为实现全面建成小康社会，实现伟大中国梦而奋斗，肩负起党赋予的光荣使命，要求每一位共青团员要用科学理论武装头脑，用马克思列宁主义、毛泽东思想、邓小平理论、“三个代表”重要思想和科学发展观构筑起强大的精神支柱。只有引导和帮助好广大团员高度自觉加强理论学习，提高广大团员的理论修养和政治素质，打下坚实的理论基础，才能确保教育活动各个阶段取得良好实效。

加强理论学习要抓住重点。增强团员意识教育活动理论学习的重点就是学习贯彻科学发展观重要思想。科学发展观是马克思主义中国化的最新成果，为实现党的指导思想的与时俱进奠定了重要的思想理论基础。科学发展观坚持以马克思主义世界观方法论为指导，总结了我国现代化建设的成功经验，吸取了世界各国发展中的有益成果，深刻分析了传统发展观的弊端，全面揭示了发展的丰富内涵，极大丰富和推进了我们党三代领导集体的关于发展的思想。科学发展观的第一要义是发展。坚持发展是第一要义，就是要坚持“发展是硬道理”和“发展是党执政兴国第一要务”的思想，不断推进我国的社会主义现代化进程。发展就是在实现工业化、信息化的基础上摆脱贫困，发展就是在实现工业化、信息化的基础上推进社会全面进步。

（三）开展增强团员意识主题教育活动要坚持以实践活动为载体

几十年来团的工作的经验总结指出，根据青年特点，积极组织有影响、有实效的主题实践活动，是发挥团的战斗力，使广大团员在教育活动中受教育、起作用、作贡献、长才干的重要途径。团的实践活动与团的战斗力的辩证关系，说明了开展增强团员意识教育要坚持以主题实践活动为载体。

增强团员意识的主题实践活动要为广大团员青年提供展示的舞台。广大团组织、团干部和团员具有鲜明的时代感，青年人都愿意参加适合自己特点的活动，并且希望在集体活动中显露自己的才华。团组织开展的适合团员青年特点的活动，往往能够吸引大批的团员青年来参加。例如，近年来，共青团开展的创先争优活动、大学生“挑战杯”活动、大学生“三下乡”活动、青年志愿者行动等各项主题活动，都吸引了大批团员青年参与并在实践活动中深化了团员意识教育。

实践活动为锻炼提高团组织和团员才干提供了平台。实践活动强调了具体的行动，与理论学习完全不同，实践活动的开展避免了“坐而论道”，要求团组织、团干部事先要做好调查研究，选定活动内容，并反复研究实施方案，然后再精心指导、正确指挥、扩大成果。这一系列工作，为各级团组织、团干部和团员提供了学习的机会、锻炼的机会和提高的机会。

（四）开展增强团员意识主题教育活动要坚持发挥团员的主体作用

团员是团的各项活动的主体，调动团员参加教育活动的积极性和自觉性，充分发挥团员在教育活动中的主观能动性和创造性，才能确保增强团员意识主题教育活动取得实效。

发挥团员的主体作用，要充分尊重团员的独立人格。团员是增强团员意识主题教育活动的受教育者，更是活动的重要参与者。实现团组织的意图和团员的积极性相统一要从团员的自身需求出发，对团员多理解、多关心、多帮助，坚持教育与服务相结合，管理与引导相结合。

发挥团员的主体作用，要适应团员青年的认知方式。增强团员意识的主题教育活动要避免大而空，追求实效，这就要求活动的开展能够深入人心，与团员青年的认知方式相匹配。在教育内容上既注重思想性和教育性，又适当注意知识性和趣味性，在活动形式上除了单向灌输，更要注重双向互动，力求使教育活动丰富多彩、生动活泼。

（五）开展增强团员意识主题教育活动要坚持充分尊重基层的创造性

开展增强团员意识主题教育活动要充分相信基层团组织、团干部和团员，尊重基层团员的主体地位。基层团组织、团干部和团员的参与是共青团发展进步的精髓，依靠基层团员才能保障基层创造性的发挥。

尊重基层创造性的发挥进一步增强了团员对团员意识教育活动的信心，充分发挥了基层中蕴藏的强大力量，推动了团员意识教育的改革与创新。共青团组织许多新的工作项目、工作方法和组织形式都来自基层组织的创造和青年的实践活动，新形势下，要解决共青团事业发展面临的新情况新问题，就要尊重和鼓励基层的创造性，只有基层活跃了，才有团工作的真正活跃，才能促进团工作的真正发展。开展增强团员意识主题教育活动同样如此，尤其需要尊重基层的创造性，鼓励基层在教育内容、方式方法、制度机制上大胆创新。

尊重基层的创造性，就是要为基层提供创新的舞台、资源和机制，充分了解、理解并积极支持基层的创造实践，同时对基层的建设提供强有力的引导。处理好继承和创新的关系，在继承中发展，在发展中创新。及时总结并肯定基层的首创经验，发现典型、培植典型、宣传典型，运用典型指导工作，同时，还要加强理论研究，在实践中提炼理论，在运用理论中推动工作实践。

（六）开展增强团员意识主题教育活动要坚持保证实际效果

1. 增强团员意识主题教育活动的实际效果要突出意识的增强

坚持用科学理论构筑广大团员的精神支柱，使团员们自觉成为科学发展观重要思想的忠实实践者，切实增强政治意识；保障和维护团员的基本权利，明确团员的各项义务，提高团员对团组织的认同感和归属感，切实增强组织意识；引导团员在学习和工作中自觉发挥模范带头作用，增强团员的责任感和使命感，切实增强模范意识。

2. 团员意识的增强要体现组织建设的进一步健全

把教育活动与加强基层团组织建设紧密结合起来，进一步深化开展“五四红旗团委”活动，完善“三级联创”工作机制。通过教育活动，达到提高团员队伍素质，巩固和完善团的基层组织体系，建立健全与新形势相适应的基层团的组织制度和运行机制，整体推进基层团建工作的进程。力争使“五有”、“四好”团组织在基层达到相当比例。

3. 团员意识的增强体现在工作的活跃

进一步提高团组织的服务能力、凝聚能力、学习能力、合作能力，不断提高团的工作水平。着重解决工作中存在的突出问题和难点问题，推动各项任务深化落实，努力构建有效服务青年、服务党政工作大局的工作体系。

第六节　团支部团员意识教育主题活动案例

一、“学习贯彻十八大精神，我为名校工程建设做贡献”主题教育活动

深入学习贯彻党的十八大精神，把思想统一到十八大精神上来，把力量凝聚到实现十八大确定的目标任务上来。号召广大团员青年增强对中国特色社会主义道路、理论和制度的自信，增强自身政治责任感和历史使命感，努力提升个人修养和素质，为中华民族的伟大复兴而奋斗，为实现建设国内外有较大影响的高

水平科技大学目标而努力，为建设山东省应用基础型特色名校而不断践行。

（一）“与信仰对话——校园人生分享会”主题学习活动

各单位邀请学生喜爱的校内外专家学者、校院领导、社会名人、青年典型、杰出校友等，通过报告会、座谈会、交流对话等形式，与大学生面对面交流人生信仰、分享人生经验，深入探讨学习、生活、情感、成长成才等学生关心的热门话题、焦点问题。

（二）“我的大学生活，我的校园见闻”主题团日活动

以微博为平台，鼓励广大团员青年用照片和文字记录校园内感人动人的人、事、物、景，引发同学们对文明礼貌、关爱帮扶、和谐共进等高尚品格的大讨论。号召广大团员青年从小事做起、从身边做起，传递“正能量”，为“事业科大、和谐科大、幸福科大”建设贡献力量。

（三）“我的中国梦，志愿在行动”主题志愿服务活动

团支部积极组织青年学生参与“志愿服务与我的中国梦”大讨论和“20 年后，我的志愿服务”主题征文活动，进一步加深学生对志愿服务工作重要性的认识，增强学生的责任感和使命感。并用微博书写“身边雷锋”的感人篇章，寻找大学生中实实在在的“雷锋”。要以“志愿服务日”的设立和“学雷锋广场”挂牌为契机，定期组织开展课桌文化清理、义务维修、法律援助、科普宣传、环保宣传等形式多样的志愿服务活动，使志愿服务活动系统化、常态化，引导学生通过参与志愿服务活动去追寻和实现自己的“中国梦”。

（四）“宣讲十八大，践行十八大”主题实践活动

团支部利用课余时间和暑期积极组织社会实践活动，引导广大团员青年深入基层开展考察调研和社会实践，通过社会实践与社会观察、学术研究与能力锻炼的紧密结合，使广大青年学生在实践中经受锻炼、增长才干、锻炼能力，不断增强学生的社会责任感和主人翁意识，提升综合素质，实现名校建设工程所要求的培养高素质应用型人才目标

二、“学习宣传贯彻习近平总书记在同各界优秀青年代表座谈时的重要讲话”学习活动

2013 年 5 月 4 日，中共中央总书记习近平来到中国航天科技集团公司中国空间技术研究院，参加“实现中国梦•青春勇担当”主题团日活动，同各界优秀青年代表座谈并发表重要讲话，对广大青年和共青团组织提出了殷切希望和要求。

讲话满怀深情，寓意深远，具有很强的思想性和指导性。团支部开展的“学习宣传贯彻习近平总书记在同各界优秀青年代表座谈时的重要讲话”对团员意识教育具有重要意义。

三、学习共青团山东省第十三次代表大会精神活动

2013年3月31日至4月2日，共青团山东省第十三次代表大会在济南召开。会议审议通过了工作报告，全面回顾了省第十二次团代会以来的各项工作，明确了今后五年全省共青团工作的总体要求和目标任务。认真学习宣传和全面贯彻落实省第十三次团代会精神，是当前和今后一个时期全省共青团组织的首要任务。团支部在开展学习活动中应注意以下几点：

（一）充分认识学习贯彻省第十三次团代会精神的重要意义

共青团山东省第十三次代表大会是在全省上下深入学习贯彻党的十八大和省第十次党代会精神，为全面建成小康社会、加快建设经济文化强省、谱写山东人民美好生活新篇章而努力奋斗的背景下召开的一次青春盛会，是全省广大团员青年政治生活中的一件大事。认真学习贯彻省第十三次团代会精神，对统一思想、明确任务，动员全省广大团员青年高举中国特色社会主义伟大旗帜，为加快建设经济文化强省、实现中华民族伟大复兴的中国梦贡献青春、智慧和力量，具有十分重要的意义。

学习贯彻省第十三次团代会精神，推动共青团事业不断发展，一定要以党的十八大精神为指导，切实把党的十八大精神贯彻落实到团的各项工作中去，团结带领全省广大团员青年坚定不移地沿着中国特色社会主义道路前进，在积极投身经济文化强省建设的实践中做出新贡献、展现新风貌；一定要找准工作定位，明确发展方向，进一步把全省广大团员青年的智慧和力量凝聚到为全面建成小康社会、实现富民强省建设新跨越上来，在服务大局中有新作为、新发展；一定要创新工作思路，改进工作方式，完善自身建设，使共青团工作不断适应青年群体的新变化，不断满足青年群体的新需求。切实把思想和行动统一到省第十三次团代会精神上来。

（二）将学习贯彻省第十三次团代会精神落到实处

学习贯彻省第十三次团代会精神，要坚持理论联系实际，结合团支部的实际情况，遵循青年工作的特点和规律，坚持学以促用、用以促学，指导实践、推动工作。扎实深入开展中国特色社会主义宣传教育和“我的中国梦”主题教育活动，

切实增强引导青年工作的针对性、实效性和时代感。要动员广大团员青年为全面建成小康社会、加快建设经济文化强省奉献青春。要畅通团员青年诉求表达渠道，维护团员青年合法权益，帮助弱势团员青年解决实际困难，切实增强团组织对团员青年的吸引力和凝聚力。要引导团员青年带头保护环境，养成健康文明、绿色低碳的生活习惯，为美丽山东、生态山东建设持续注入青春力量。要积极探索新的思路、新的方式和新的路径，坚定理想信念，全面融入大局，求真务实，不断提高共青团工作科学化水平。

第八章 团支部如何做好推优入党工作

推荐优秀团员作为党的发展对象（简称“推优”），是发挥共青团作为党的助手和后备军作用，不断为党输送新鲜血液，培养优秀的社会主义事业建设者和接班人的重要措施。

一、指导思想

“推优”工作，是党组织赋予共青团的一项光荣任务，是团章规定的基层团组织的任务之一，是加强党员队伍建设，充实党的新生力量的需要，是激发广大团员的政治热情，增强共青团组织的吸引力、凝聚力和战斗力的有力措施。开展“推优”工作要以马列主义、毛泽东思想、邓小平理论和“三个代表”重要思想为指导，深入贯彻落实科学发展观，在各级党组织的领导下，以基层团组织为基础，使“推优”逐步成为党组织发展青年党员的主要渠道，使团员成为党组织发展青年党员的主要来源。

二、推荐原则

（1）采取自下而上的推荐方法。

（2）坚持走民主渠道，按照民主集中制的原则进行推荐。

（3）在党组织的领导下，以基层团组织为基础，坚持标准，保证质量，有计划地进行。

三、推荐对象

（1）28周岁以下青年入党，一般应从团员中发展。

（2）业务能力强、综合素质高、团结友善、明礼诚信，能起到先锋模范带头作用的优秀团员青年。

（3）凡我校团员申请加入中国共产党必须经过团组织推荐。

四、推荐的基本条件

（1）坚持四项基本原则，坚决拥护党的路线、方针和政策，把党和人民的利益放在首位，树立正确的人生观和价值观。

（2）认真学习马列主义、毛泽东思想、邓小平理论和“三个代表”重要思想，深入贯彻落实科学发展观；积极参加“双学”活动，认真学习党团基本知识；积极参加党校学习，成绩合格。

（3）模范遵守团的章程和团内纪律，遵守学校的各项规章制度。

（4）积极参加团组织开展的各项活动，并在活动中表现突出，起到模范带头作用，有较高的群众威信。

（5）学习态度端正，刻苦努力，成绩优良。

五、推荐程序

（一）推荐入党积极分子

1. 团支委会初步推选

根据推荐基本条件，团支委会在递交入党申请书的同学中，经充分酝酿，讨论提出入党积极分子的初步名单。

2. 团支部评议

召开团支部大会，支部书记介绍推荐人选的基本情况；推荐人选向支部大会作简要思想汇报；团员进行民主评议，无记名投票。

3. 考察推荐

团支委会汇总团员意见后，进一步讨论研究，确定入党积极分子名单并分别对其写出推荐意见报上级团组织。

4. 审核推荐

团组织经研究审核后，将推荐名单报入党积极分子所在党组织。

（二）推荐党的发展对象

入党积极分子经过一年以上的培养教育后，经团组织推荐，党支部研究，可以列为发展对象。

1. 团支委会初步推选

团支委会在入党积极分子中，经充分酝酿，讨论提出发展对象的初步名单。

2. 团支部评议

召开团支部大会，支部书记介绍推荐对象的基本情况；推荐对象向支部大会作简要思想汇报；团员进行民主评议，无记名投票。

3. 考察推荐

团支委会汇总团员意见后，进一步讨论研究，确定发展对象的推荐名单，并分别对其写出推荐意见报上级团组织。

4. 审核推荐

团组织经研究审核后，将发展名单报发展对象所在党组织。

（三）推荐入党人员

在校、院各级学生群众组织工作的团员，分别经校、院团组织广泛征求团员青年意见，讨论确定为发展对象后，直接向基层党组织推荐。

六、入党积极分子的培养教育

加强对优秀团员的培养、教育，建立一支高素质的入党积极分子队伍，是“推优”工作的重点，也是“推优”工作目的之一。

1. 造册登记

对写入党申请书的同学造册登记，并对其思想进步和工作、学习中取得的成绩及时登记入档。

2. 组织开展“双学”活动

各级团组织要把递交入党申请书的同学编入“双学小组”，对他们进行党的基本知识、基本理论、基本路线和党的优良传统教育，帮助他们端正入党动机，提高思想政治素质。

3. 引导参加党团活动

团组织要积极引导入党积极分子参加有关的党团活动、实践活动等，让他们在活动中受教育、长才干。

4. 协助党组织落实培养教育措施

团组织要和党组织一起对积极分子开展深入细致的谈心活动，指派专人联系，经常了解他们的思想、学习、工作情况，进行帮助教育，并及时输送他们参加业余党校学习。

5. 入党积极分子每学期向党组织作一次书面思想汇报

团组织应会同党组织对积极分子每学期进行一次集中的考察，针对存在的问题，提出并落实相应的解决措施。

七、工作要求

（1）“推优”工作要在本单位党组织的统一领导下进行。各级团组织要积极争取党组织的支持和帮助，定期向党组织汇报，及时解决工作中遇到的问题，推动这项工作健康发展。

（2）各级团组织要把“推优”工作的立足点放在加强对团员的培养教育上，结合本单位实际情况，建立起对入党积极分子培养教育的机制，并结合党员活动搞好业余党、团校教育，指导、督促、帮助“双学小组”的各项活动得到落实，真正培养一支思想过硬的入党积极分子队伍。

（3）各团支部要围绕“推优”工作举办适合本支部特点的团日活动，使广大团员在现实生活中严格要求自己，不断创造条件，积极向党组织靠拢。

共青团工作中新媒体的运用

新媒体技术是依托于网络技术、数字技术、移动通讯等新技术，以博客、手机网络、即时通讯软件等为代表，向受众提供信息服务的电子信息技术。随着信息电子技术的日新月异，新媒体技术得到了广泛运用，在人们的生产和生活中也扮演着重要的角色，发挥着重要作用。它是20世纪90年代中期以来对中国社会有着深远影响的重大技术之一，已经深刻影响了我国政治、经济、文化、社会等各个层面。但很多人对新媒体到底是什么往往认识不清。因此，有必要对新媒体的概念，特别是新媒体的特征进行具体分析。从高校共青团工作的角度来说，了解新媒体的概念、理解新媒体的特征、正确分析新媒体技术与环境对高校共青团工作的影响，并努力探索和研究新媒体技术环境下高校共青团工作的规律与对策，有利于把新生和新潮事物有效地运用于共青团工作，能更好地发挥新媒体的作用，对于加强高校共青团工作具有十分重要的意义。

第一节　新媒体技术的涵义和特征

一、新媒体的概念

新媒体是一个目前非常流行和广泛使用的词语，但对于什么是新媒体，现在的说法比较多，还没有一个统一的表述。

其实，最简单的理解，我们所说的新媒体，主要是指以网络通讯为载体的互联网技术和手机媒体技术。依据出现的先后顺序，报纸被称为第一媒体，广播是第二媒体，电视是第三媒体，互联网是第四媒体，而手机现在被人们认可为第五媒体。在互联网和手机以媒体形式出现后，报纸、广播和电视又被称为传统媒体，互联网和手机则相应地被称作新媒体。因此，我们可以把新媒体界定为基于数字信息技术进行信息传播，并且传播者与受众可以实现即时互动传播的媒体形式。

二、新媒体的特点

新媒体突出强调了两个特征，一是通过数字信息技术进行信息传播，二是及时互动。严格来讲，只有同时具备这两个特征的媒体形式，才能称其为新媒体。

从时间上来说，新媒体是一个相对的概念。当广播出现后，相对于报纸来说，它是一种新媒体。当电视出现后，相对于广播来说，它也是一种新媒体。因此，从宽泛的意义上来理解，有人把一些新出现的媒体形式都看成是新媒体，比如，将移动电视、楼宇电视、户外广告等也看成新媒体。但是，如果严格说来，这些并不是新媒体。如果仔细分析一下新媒体的特征，就可以看出这些媒体并不具有当今时代新媒体的核心特征。

新媒体具有交互性特点，是互动传播的媒体。所谓的互动传播媒体，指的是新媒体具有交互性，并使得新媒体使用者既是信息接收者，同时也是信息的发布和传播者。互联网就有这样的特点。手机也具有这样的特点，既是信息接收终端也是发布终端。网络被称为“大众麦克风”，在网络上人们不仅可以通过文字、图像、声音、视频等传播形式来接收信息，而且可以扮演传播者的角色，能便利地向大众传播自己的声音。互联网是由所有人向所有人的传播网络。而传统的报纸是你出版我阅读，广播是你说我听，电视是你播我看，三者都是一种单向传播，普通人并不能把自己拍的视频或录制的语音信息发布在电视和广播上，向其他人进行传播，也不能很容易地在报纸上想说什么就说什么，这是新媒体与传统媒体的一个本质区别。

通过数字信息技术进行信息传播，如果不具备所有人向所有人进行传播的特点，也不能称之为新媒体。我们以数字电视为例来说明其中的区别。数字电视是通过数字信息技术进行传播的，与传统电视用模拟信号传播有所不同，但是，数字电视仍然还是传统媒体，而算不上是新媒体，因为数字电视也是你播我看的传统形式，不能及时互动。当然，如果实现三网融合，数字电视机是电视节目收视终端设备，也是上网终端，那就成为了新媒体。同样的道理，前面提到的移动电视、楼宇电视等也是如此。比如，公交电视在我国也是新近才出现的媒体，它使得电视成了移动媒体，但仍不是所有人对所有人的传播，不具有互动传播的特点，因此，此类媒体都不是严格意义上的新媒体，从本质上说还是传统媒体。

与交互性特点有密切联系的另一个新媒体特点，是新媒体有突出的便利性，或者说是便宜性。这指的是新媒体的出版门槛低。只要具备上网的条件，就能在网络上进行出版活动，发布文字、声音、视频等。对普通的媒体受众来说，这甚至可以看成一种零成本的出版。这种突出的便利性，对新媒体发展有重要意义，对普通人来说也有重大意义，网络出现后，通过网络而发酵、传播的许多公共事件都是因为网络具有新媒体的这种便利性特点，使得普通人能够无障碍地在网络上掀起舆论。

第二节　新媒体对大学生组织的影响

强大的传播和娱乐功能与强烈的好奇心相碰撞，其结果可想而知。随着新媒体技术的急速发展，新媒体在当代大学生中也得到了空前规模的使用量，当代大学生已经成为新媒体应用中的主要群体之一。中国互联网络信息中心(CNNIC)于2013年6月30日发布的《第32次中国互联网络发展状况统计报告》显示：截至2013年6月底，我国网民规模达5.91亿，半年内新增网民2 656万人，互联网普及率为44.1%，大专及以上学历的网民占网民总数的21.1%，手机网民规模达到4.64亿人。手机上网成为互联网用户新的主要形式，利用手机上网已经成为大学生生活中的重要组成部分。而随之带来的新媒体技术的开放性、交互性、虚拟性等特征又对大学生的学习、生活、思想产生了深远的影响。中国互联网信息中心发布的统计数据还显示：有77.04%的学生通过新媒体获取信息，70.51%的学生通过新媒体休闲娱乐。数据显示虽然新媒体可以使得学生获取最新信息，但也有相当多的学生通过新媒体休闲娱乐消磨时间。在新媒体使用调查中，“几乎每天都要用新媒体来聊天”、“使用搜索引擎”、“上社交网站”的比例分别占74.81%、66.34%、44.21%。新媒体日益代替传统媒体，已经成为人们日常生活中信息传播和人与人之间交流的主要媒介。

新媒体已经成了青少年生活、学习、工作的重要工具，青少年交流、聚集、联络和组织动员的重要途径和载体，对青少年的思想观念、行为方式、动员方式等方面有重要影响。新媒体在促进青少年发展的同时，也带来了一些弊端，如网络沉迷、色情吸引、引发犯罪等。正因为新媒体对青年工作的对象有着深刻影响，在新形势下做好青年工作必须了解新媒体并掌握新媒体这一青年工作中的重要战略工具。

新媒体对青少年的影响，已有许多的研究和探讨。中国共青团是我国最大的青年组织，从组织的角度来说，要掌握新媒体这一青年工作中的重要战略工具，特别有必要了解新媒体对青年组织带来了哪些影响。

一、新媒体为大学生提供了新的组织动员形式

新媒体催生了大量的青年组织。伴随着互联网的发展和普及，诞生了许许多多依托于互联网而发起和发展起来的青年组织。这类青年组织大都由青年自发成立、自主发展、自我运作，未在政府管理部门注册和备案，在中国称为青年自组织。这样的青年自组织类型多样，数量繁多。大学生通过多种自组织开展活动、社交，并逐步构建起新的网络“江湖”。“野狼登山队”是山东科技大学的一个户外联盟，联盟里的人包括部分老师和学生，工作学习背景多样。除了周末的户外活动，他们平时还经常在QQ群里组织打球、吃饭、游泳、自行车骑行等活动，工作和生活本没有太多交集的一群人在联盟组织的活动中逐渐熟络。联盟的一位发起老师说，自己业余时间比较多，需要“找到组织”“交到朋友”，一起做一些自己感兴趣的事。植树、帮扶困难家庭、制作城市出行地图，在他看来这些比吃饭喝酒更有意义。

我国网上青年自组织发展迅猛，呈多元化趋势，涉及领域逐步拓展，其社会影响力也不断增强。基于此，应根据网上青年组织的特点和发展趋势，加强对其管理。要客观认识和评价网上青年自组织的作用，掌握其发展规律，为其发展创造良好环境。同时，要加强共青团自身建设，以应对网上青年自组织带来的挑战。实际上，还有许多其他类型的青年组织也是在网络上产生和发展起来的。

二、新媒体促进了大学生组织的运作

青年学生组织的维持和运营是需要成本的。找到节约成本的方式和途径，能促进青年组织更高效地运作。通过网络和移动通信技术，就能够帮助大学生组织以更低的成本和更高的效率来运作。现在，手机、网络即时通讯工具QQ、MSN、网站等已经被普遍运用到了青年组织的日常运作和服务提供上。很多大学生自主组织的日常运作和联络都是通过网络即时通讯工具QQ、MSN、网络论坛、手机来完成的。成员的加入、管理、退出，活动的策划、讨论、反馈等，都通过网络方式进行发布或传播。当“组织”需要发起一项活动时，可以在网上讨论通过，直接作出决议，成员之间互动迅速，2010年，对浙江省6所高校的一项调查显

示：几乎所有的大学生自组织都采取了网络化运营模式，QQ 群、微信群或者论坛是最主要的联系方式。96.4％的学生所参加的大学生自组织主要是通过网络联系的，超过 60％的自组织都在网络上建立了自己的论坛或博客等，98.24％的大学生自组织建立了 QQ 群。通过网络和手机媒体运作，使得这些学生组织甚至不需要办公的场所，在花费很少成本的情况下，就可以维持正常运作。

三、新媒体提高了大学生组织的活动能力

新媒体有即时互动、跨边界传播等特点，不仅促进了学生组织的运作，而且有力地推动了大学生组织扩大服务范围。比如，在 2011 年“7•23”甬温线特别重大铁路交通事故中，一条血库缺血的微博在几个小时内被转发了 12 万余次，当地许多青年闻讯连夜排队献血。在 2013 年“11•22”中石化东黄石油管道泄漏爆炸事故发生后的 24 小时内，驻黄岛区高校的大学生在通过微博、微信等方式表达对死难者默哀的同时，还于开发区的几家大型购物广场开展了义务献血活动，以实际行动为公益事业奉献爱心。新媒体在高校的广泛运用，极大地活跃了大学生的组织活力。就山东科技大学而言，全校 100 余个学生社团，都分别在微博、微信、人人网等网络交流平台建有自己的“阵地”，作为学生社团组织，通过这些“阵地”能够做到每一个活动的策划、组织及时发布，并获得大家的评论，确保了活动的顺畅开展。另一方面，这些生动丰富的材料也为每年新入学的大一新生更好地了解社团背景和发展历史，自主性地选择自己适合的社团组织，起到了巨大宣传推介作用。

第三节　新媒体技术对高校共青团工作的机遇与挑战

一、新媒体技术与环境是当前高校共青团工作最佳的机遇

首先，新媒体拓宽了共青团工作的阵地，为高校共青团工作提供了更为广阔的平台。新媒体信息容量大、信息资源丰富、传输快捷、覆盖面广、形式多元等优势，打破了高校共青团工作阵地相对固定、覆盖面有限、影响力小的局限，极大地拓宽了高校共青团工作的空间。同时，高校共青团工作者可以借助新媒体，及时掌握最新、最全面的信息，通过新媒体技术的“产品”（如手机报、手机网站等），主动、快速、生动地给大学生传输积极、健康的思想和观念，为高校共青团工作提

供崭新的、广阔的理论与实践平台。

其次，新媒体丰富了共青团工作的手段，推动了高校共青团工作的开展。在创新新媒体背景下，手机网站、论坛、贴吧、博客、手机短信、手机报等以其灵活、便捷的优势，成为高校共青团工作的重要工具。同时，借助新媒体技术，探索高校共青团工作新的方法与手段如网上直播、同步交流聊天室、网上咨询室等，为高校共青团工作创新提供了动力，创造了条件。

最重要的是新媒体大大增强了高校共青团的“育人”功能。“词语和画面虽然互不相同却可以相互补充，并且当学习者能够在心理上整合视觉表征和言语表征时，良好的理解才能产生。”新媒体技术下图文并茂、声情融汇的信息传播，营造了一种轻松、愉悦的情景，感染和激发着大学生的求知欲和想象力，让大学生在形象、生动、直观的情境中感知教育信息，最大限度地调动大学生获取信息、自主学习的积极性、主动性和参与性，使高校共青团工作更具吸引力和感染力。同时，借助新媒体的虚拟传播手段和虚拟环境与角色，缩小了高校团组织与大学生的心理距离，增强了双方的信任感，有助于达到良好育人的效果。新媒体技术的发展也有助于及时掌握大学生的信息动态，做好网络预警，以防患于未然。

二、新媒体技术与环境对高校共青团工作带来了严峻挑战

首先，获取信息的“无主控性”给高校共青团工作带来的挑战。新媒体技术与环境的校园信息化在某种程度上是一种信息传播的“时间无主控、空间无主控”状态，信息的获取更加随意自由。一些消极的、反动的思想文化及违反社会公民道德的信息等都可以利用新媒体技术在大学生中传播。大学生的“猎奇”心理以及缺乏对信息的常识性、客观性判断使得大学生容易对虚假、不良信息产生兴趣，对他们的价值取向产生消极影响，如利用网络、手机等散布谣言，传播色情文化等。新媒体技术与环境让大学生获取信息变得不确定和难以控制，在一定程度上加大了高校共青团工作舆论导向的难度，使得高校共青团工作日趋复杂化。

其次，信息传播的“虚拟性”给高校共青团工作带来的挑战。新媒体环境的虚拟性、诱惑性、隐蔽性和难预见性对大学生的道德意识和心理带来了挑战。在新媒体空间，大学生多是以匿名或化名的方式进行交流和沟通，这使得传统的社会道德规范的约束力相对减弱，增加了学生感性上的隔膜，容易引起大学生在虚拟世界的思想波动以及民族意识、公民意识等淡化，很可能使其形成心理危机、人际信任危机和人格障碍。新媒体信息传播途径及受众面的广泛性增加了网络

监管及预警的难度。随着手机网络的普及以及4G时代的到来，大学生成为手机上网的主流人群之一，而对于Linux、Palm、Black-Berry等手机系统又无法进行及时有效的监管。由于校园网络逐步受到监管，大学生转而应用手机上网，手机媒体所具有的隐蔽性和私密性也加大了对不良信息追查的难度。

最后，多媒体融合趋势的"不可逆转性"给高校共青团工作带来的挑战。目前，高校主要是运用校园网、校园广播、报刊、BBS论坛等载体开展共青团工作，具有一定的可控性。但是，在手机媒体等新媒体的应用上存在一定的技术空白。对于传统的报刊、广播等媒体，可以有效删除不良信息，但是网络媒体、手机媒体等新媒体强调个体的媒介，其传播具有很大的自由性、随意性。同时，手机媒体与网络媒体的互动、电视媒体与网络媒体的融合使信息传播、人际沟通更加隐蔽，这给高校共青团工作方法与手段创新带来一定困难。

第四节　共青团工作中新媒体的运用

针对新媒体的特点和优势，加上青年广泛使用新媒体的社会现实，共青团应顺应新媒体的发展特点、规律和应用趋势，将其作为开展青年工作的战略工具，自20世纪90年代中期新媒体在我国兴起以来，已在多个方面和各项工作中被大量运用。

一、以新媒体为工作载体，建设新媒体创新平台

共青团的领导决策机构很早就认识到了新媒体对推动共青团工作的重要意义，当新媒体在我国尚处于起步发展阶段时，即开始谋划并着手探索和利用新媒体。早在20世纪末，团中央已开始筹建共青团的门户网"中国共青团网"。该网站于1998年12月24日试开通，1999年5月4日正式开通。这可以看作是在全团层面上对新媒体运作的标志。现在，共青团已建立了"中国青年网"、"中青在线"、"中国青少年维权网"等一大批团属网站。2001年，团中央开始实施"县县上网工程"，并将其作为共青团信息化建设的一项基础性工作不断推进。截至目前，各级共青团组织通过重点网络建设和实施"县县上网工程"，建成了以中青网为龙头的1 200多个团属网站。目前县级以上组织全部建立起自己的工作网站，并有一批网站成长为在当地青少年中响当当的品牌，如北京团市委创办的青檬网络电台每天听众超过14万人；四川团省委主办的"亲情关爱——留守学生

和外出务工青年”视频通话站点已为近2万个外出务工家庭提供亲情沟通服务；浙江“青少年宫在线”，吸引了50多万名青少年成为注册会员；除了网站建设，其他互联网工具如QQ群、MSN、博客、微博、网络论坛、网上社区等也在团的各项工作中得到大量运用。

在手机运用方面，通过发送手机短信、彩信（手机报）的方式与青年进行沟通联络并进行相关信息的发布已成为各地基层团组织运用新媒体开展工作的一个主要手段，尤其是针对缺乏上网条件的农村及进城务工青年群体，手机更是成为团组织发挥职能作用的主要方式。由团中央主办的“共青团移动频道”覆盖全国31个省区市团组织，每周为近万名团的各级领导干部发送3期手机报，及时传递全团重点工作信息，交流各地工作经验。截至2011年底，5.13亿网民中30岁以下的青少年网民占了2.99亿。目前，共青团所使用的短信、彩信（手机报）的群发工具主要包括中国移动企信通、飞信（企业版、个人版）等。

如今，互联网平台已逐步形成连接全团的信息沟通与工作交流系统，各级共青团组织在网上初步建成了一定规模的工作平台和信息窗口。新媒体运用于团组织的日常运作和服务提供，大大提高了团组织的活动能力，有力地推动了团组织扩大服务范围，更有效地服务青年。

二、建立教育引导大学生网上阵地，加强网络思想引领

信息网络已经成为社会思潮传播的主要途径，各种思潮通过网络广泛传播，给共青团的教育引导工作带来挑战。同时，互联网的即时互动、跨边界传播、开放性、形式和内容丰富等特点，使网络成为弘扬主旋律、开展青少年思想引领的重要载体和阵地，为共青团的教育引导工作提供了良好条件和广阔空间。

近年来，各级团组织运用网络开展的思想引领工作吸引了大量青少年的主动参与 。比如，通过“民族魂”、“血铸中华”等爱国主义教育网站群，开展爱国主义教育，访问量达到2.6亿人次，在广大青少年中有力弘扬了爱国主义精神。2009年国庆期间，团中央开展了“传挂灯笼、祝福祖国”活动，即网友在自己的QQ签名中点亮红灯笼，发表祝福祖国的留言，共有2 900多万名青少年网友参与活动。此外，还开展了“我与祖国共奋进——身边的变迁”网络视频征集展播活动，共吸引了1 039万人次的关注。2010年5月4日，团中央主办了“我与祖国共奋进——伴我成长的歌声”青春歌会，通过互联网和手机进行了现场直播，共有115万人在线观看了节目。新媒体如QQ、MSN的运用加强了大学生与亲朋好友之间的联系，拓展了大学生的人际关系，同时也满足了大学生情感交流方

面的需求。与旧媒体相比人们可以通过网络了解相互的心情，给予一些告诫和安慰，更好地保持关系，不至于因为距离而中断联系。所以我们应充分认识新媒体在青年思想引领中的巨大作用，它为团组织更及时准确了解当代青年的思想特点与变化，使教育引导工作更加贴近青年发挥了重要作用。

三、优化青少年网络文化环境，促进青少年健康上网

新媒体在促进青少年发展的同时，不良信息、网络沉迷、网络犯罪等对青少年的健康成长也带来了负面影响。优化青少年网络文化环境，帮助和促进青少年健康上网已经成为共青团在维护青少年权益方面的重要工作内容。

2001年，共青团中央、教育部、文化部、国务院新闻办公室等部门共同制定和发布了《全国青少年网络文明公约》，在青少年中倡导正确的网络行为。十多年来，共青团各方面力量始终致力于优化青少年网络环境，教育引导青少年文明、健康、安全上网。比如，中国青少年网络协会于2006年6月启动了“最受青少年喜爱的绿色网站”评选活动，为构建绿色、文明的青少年网络体系进行了探索。中国青少年研究会在2010年9月份，面向全国青少年发布了《青少年网络素养教育读本》，在青少年中普及网络素养知识，为青少年健康安全地使用网络提供建议和参考。2010年在全团范围内重点开展主题为“互联网与青少年健康成长”的“共青团与人大代表、政协委员面对面”活动，在各级“两会”上发出积极呼吁，推动涉及青少年权益问题的解决，形成有利于青少年健康成长的网络环境。山东科技大学信息科学与工程学院从事大学生思想政治教育研究的刘老师自2007年起，就开始尝试大学生思想工作进网络，他负责的计算机专业学生孙某某因为生活懒惰，自制力差，痴迷网络游戏，主动学习意识差，在大一结束就出现了4门主干课不及格的现象，学习成绩排在班级后5名，其学习情绪和学习动力受到严重影响，态度也日渐表现出不积极、不配合，听之任之的消极现象，利用传统的教育方式与其谈话做思想工作，但收效不甚明显。于是，刘老师通过E-mail和博客让其撰写成长日记，记录个人学习、工作和生活的体会，不断鼓励和激励其学习，让其摆正生活和学习的态度，在接下来的学习中该同学成绩得到了较快提高，从“孤家寡人”变成了朋友一大帮的阳光学子。

新媒体的出现有利于大学生丰富自我、完善自我。网络传播速度快，言语思维表达较开放，这些都比较符合青年大学生的心理特点，大学生运用这些充分表达自己的观点看法，同时也通过新媒体了解更多的新事物、新思想，开阔了眼界

和思维，对激发想象力、创造力都有一定好处。如微博的出现，人们可以随时分享身边的新鲜事物并加以简短的描述，可以让大家更加关注身边的事物，是很好的自我展示平台，而且微博上还有一些好的电影、书籍的推荐，精彩的文章。新媒体技术的发展促使我们积极吸引青年、凝聚青年。这就要求共青团宣传工作要充分运用新媒体工具把共青团的动态信息迅速有效地传递出去，通过信息的广泛传播，为推进社会主义和谐校园建设和维护社会稳定发挥积极的作用。通过开设“考研专栏”、“健康人生”、“网上报告厅”等专栏丰富校园生活，运用网络满足更多青年在学习、就业创业等方面的迫切需求，打造共青团服务青年的网络品牌，也可以运用网络为困难青年群体提供更多、更好的服务。家庭困难学生、网络成瘾学生等都是学校共青团工作中需要时刻帮扶救困和服务的重点对象，通过网络、手机短信等当代青年熟悉的沟通方式，更容易使其接受，产生成效。这些工作是针对网络发展普及过程中出现的影响青少年健康成长的问题的积极应对，对在全社会形成关心重视青少年网络权益保护的气氛和在青少年中提倡健康网络行为、营造健康的网络环境发挥了良好作用。

四、依托网络和手机建团，创新团组织建设形式

我们应适应新媒体环境，运用新媒体技术创新工作手段和载体。把新媒体技术主动运用于高校共青团工作的宣传阵地、舆论阵地、学习阵地，构建新媒体服务高校共青团工作的新平台和新阵地。要充分发挥网络媒体、手机媒体等新载体的功能，不断探索新的团工作的手段和载体，以互动式、体验式、引导式、渗透式的方式开展高校共青团工作，实现虚拟空间与现实空间的和谐统一。伴随着新媒体的发展和新媒体运用的不断拓展，各级团组织积极探索并结合共青团的实际需要，不断创新新媒体的运用方式，其中在组织建设上的新媒体运用，是共青团新媒体运用创新实践的一个亮点。

中国共青团要力争使基层组织网络覆盖全体青年，使各项工作和活动影响全体青年。要实现这个目标，团员青年广泛频繁的流动是共青团必须面对的一个重要挑战。为把不断流动的团员青年纳入组织体系和服务体系，基层组织探索出网络建团和手机建团的组织建设新形式。2008 年，佛山团市委在网络社区上建立了团组织，把活跃在网络上的与团组织失去联系的团员青年重新组织起来。该组织的成立在网上完成，组织的领导成员由团员网友在网上选举产生，向网上的团员颁发电子团员证，并且在网上组织团员青年参与到团的活动中来。现

在许多基层团组织都已开始网络团组织建设。也是在2008年，四川省攀枝花市委与中国移动四川攀枝花分公司签订了“手机建团”合作协议，通过手机短信，与团员和青年保持联系，把他们纳入组织体系。现在这一做法也已被广泛借鉴。就山东科技大学信息科学与工程学院来说，学院团委积极运用微博新媒体平台主动开展学团工作，打造“红网工程”，建立了校团委、院团委、团支部（学生会和学生社团）三级联动的团组织微博体系。截至目前，学院团委各级团组织、团干部在新浪、腾讯等开通的微博被学院3/4以上学生所关注，而且数字一直在增加，在吸引学生关注，凝聚、引导、服务学生等方面起到了积极作用。学院让微博做辅导员，构建学校与学生个体间的良性互动；让微博做宣传窗口，改进学生的社交方式，激发学生参与意识；用微博打造校企交流、公众交流新平台。校园微博的开通让学生跨越现实生活的社交障碍，让大家免除了传统的社交过程。学生在这种社交方式中避免了现实生活中的尴尬，可以与自己关注已久的“朋友”在一种轻松、愉悦的状态下相处。校园微博改进了学生间的社交方式，缩短了人与人之间的距离。正因如此，学院很多学生社团相继开设了自己的微博，以其不同的定位和风格，引来“粉丝”的围观，形成微博交流的亮丽校园风景。静语计算机协会通过微博沟通编程心得，体会参赛收获，吸引了400多名粉丝，壮大了协会的力量。ACM编程竞赛协会、天文爱好者协会、口才协会等社团均设立了自己的微博，社团活动非常活跃。2012年4月，《齐鲁晚报》也以《高校让微博当辅导员》为题，报道了辅导员通过微博平台做好学生工作的事迹。通过与学生建立互动的微博体系，可加强对大学生的教育、管理和服务，通过吸引学生关注，来发挥其凝聚、引导、服务学生的作用，拓展教育的覆盖面。

网络团组织、手机团组织，对于减少组织建设的成本和将流动团员重新纳入组织体系有重要帮助。在虚拟空间成立的团组织，由团员青年自主运作，打破了硬件条件制约，对流动团员来说，不管他流动到哪里，只要在上网，参与网络活动，就可以与自己的组织保持联系。新媒体在团组织建设中的引入和应用，使共青团找到新的组织建设形式，有力地拓宽了工作领域，扩大了组织覆盖。

五、山东科技大学运用新媒体开展引导青年工作的实践

近年来，为贯彻关于“不断提高共青团运用互联网、手机等新媒体开展工作的能力和水平”的重要指示精神，山东科技大学各级团组织按照团中央的统一部署，围绕“构建共青团新媒体和校园文化工作系统化格局”的目标，积极探索运

用新媒体开展青年工作的新载体、新路径，全面推进微博应用工作，推动引导青年工作由“内容供应”向“产品供应”全面转变。

2012年9月26日，山东科技大学举行了隆重的共青团微博工作体系启动仪式，要求学校团委、校区和学院团委、团支部开通和建设微博，构建山东科技大学共青团三级微博工作体系，利用新媒体进一步推动团的各项工作向前发展。校领导与宣传部、校团委、研究生学院、学生工作部等部门负责人及各学院党委副书记、团委书记、团支部书记出席了仪式，校团委书记王震宣读了《关于创建山东科技大学共青团微博工作体系的意见》，信息学院团委书记刘强和资环学院采矿09-3团支部杨宗凯同学作为代表发言，对基层团组织运用微博开展工作情况进行了交流和经验介绍。与会人员观看了团中央制作的《共青团新媒体和文化成果交流博览会专题片》。校领导对学校共青团积极运用微博等新媒体开展工作给予肯定，希望全校各级团组织解放思想，开拓创新，积极发挥微博在共青团工作中的作用，向团员青年展示共青团组织的朝气蓬勃和工作实效，将团员青年吸引和凝聚在团组织周围；精心部署，落实到位，构建指导有力、流程顺畅的微博工作机制，在学校各级党委的支持和指导下，落实好负责人员和工作流程，切实发挥微博工作体系的作用；严谨求实，加强研判，确保共青团微博工作体系的良性发展，加强舆论引导和舆情观测，及时掌握学生思想动态，做好有关应急处理工作。学校各级团组织要创建好微博、使用好微博、管理好微博、监督好微博、维护好微博，充分发挥共青团微博工作体系的职能作用，将学校共青团工作推向深入。

启动仪式后，学校各级团组织依托各大微博服务平台，积极构建共青团微博工作体系。

一是广泛动员各级团组织和团干部开通组织或个人认证微博。目前，学校共青团系统在新浪、腾讯两个网站的微博总数已达3000余个，位居山东省高校第二名。通过专人负责，定期检查监督等手段，已经初步构建起了学校、学院、班级、个人四级微博工作体系。

二是在微博上主动贴近青年网络话语体系和表达方式。学校各级团组织和团干部通过原创发布、转发点评、微直播和微访谈等多种形式，与在校学生进行直接、平等的交流沟通，增强共青团微博与青年的互动。比如，积极参加团中央组织开展的“中国梦 我的梦”网络传递活动，参与人数超过3万人。

三是注重结合团的工作来提高微博吸引力。学校各级团组织努力打造本地微博的特色内容，把团的重点工作和活动，特别是与青年关联度高、互动性强的活动，借助微博平台予以生动呈现，使微博平台成为共青团面向青年的重要组织和动员方式。

四是通过关注青年思想热点来营造良好的舆论氛围。学校各级团组织的微博重点关注青年对重大理论和社会现实问题的关切，适时发出正面理性的声音，引导青年形成正确的社会观察结论，使团组织微博成为传播积极健康向上信息和文明理性表达意见的新平台。目前，共青团微博初步形成一批网上意见领袖，在青年中具有一定影响。专职团干部个人认证微博中，有多人在两个网站的粉丝总数超过 1 万，他们及时发现涉及共青团组织和学校的网上热点，回应关切、解疑释惑。

第五节　共青团工作中新媒体运用的发展趋势

一、组织新媒体运用的三个层次

共青团工作中，要掌握和运用好新媒体，真正发挥新媒体的作用，必须顺应和利用新媒体的特点。从新媒体的特征和应用实践来看，当前新媒体的组织运用可以分为三个层次。

一是通过新媒体建立组织的数字化信息平台，如内部办公网络、组织信息网络等。这种主要针对组织成员和组织内部应用的新媒体运用形式，对一个组织来说，是最基础的新媒体运用。我国的各级政府、各种学校、大大小小的企业等都建立了内部办公网络。中国共青团的门户网站“中国共青团网”将全国的县级团组织网络接入其中，建立了共青团中央发文系统、共青团全文检索系统、共青团信息报送系统、共青团邮件服务平台、直属单位信息交换平台等服务组织内部各层级需要的系统。这种形式属于组织对新媒体的基础层次的运用。

二是建立自己的网络媒体。这一层次的组织新媒体运用，是建立组织自己的主要面向组织服务对象或者面向社会公众的新媒体阵地。比如，中国共青团的“中青在线”、“中国青少年维权网”、“青春中国”等网站，都属于这一层次的新媒体运用。

三是运用并非为组织所掌握的各种形式的其他新媒体，如各大门户网站的博客、微博、社交网站（SNS）、视频网站、搜索引擎等。便利性是新媒体的一个突出特点，其意义就在于我们可以免费或以较低成本使用海量的网络共青团资源，包括众多信息发布渠道和沟通渠道。对一个组织来说，这是新媒体的重要价值所在。虽然这些新媒体并不为组织所掌握,但却可以为组织所运用,充分运用这些新媒体能以较小的成本广泛传达组织的声音,塑造组织的社会形象,服务组织对象,拉近组织与公众的心理距离。因此,组织运用好新媒体意义重大。相对于前两种新媒体的运用,这是成本最低的一种运用形式,同时,也是最讲究艺术和最高层次的新媒体运用形式。

二、抓住新媒体便利性与草根性特点,拓宽新媒体运用渠道

2008 年美国总统大选中,奥巴马对新媒体的运用已经成为利用新媒体进行政治营销的一个典型案例。在竞选中,奥巴马的团队建立了奥巴马的个人竞选网站,这跟我们自主建立组织网络媒体或门户网站一样,属于第二层的新媒体应用。而对他竞选成功来说,最关键的是充分利用了博客、视频网站、社交网络、搜索引擎、手机短信等新媒体渠道。这些新媒体渠道成为他竞选成功的坚实平台和公众了解他的重要窗口,在竞选中成本虽小,却为获胜发挥了关键作用。为什么这些新媒体渠道有如此重大的意义和重要作用?其原因在于这些媒体形式受众群体庞大,草根性的特点突出。在这些媒体上信息传播迅速、范围广、受众多、影响大。

奥巴马的成功,对青年组织的一个最主要的启示是,要吸引凝聚青年,就必须利用好被青年广泛运用的各种形式的新媒体渠道,通过青年人所偏好的沟通方式和渠道与青年保持沟通联系。对中国共青团来说,其门户网站和各种团属网站的影响力无法与一些商业网站,特别是新浪、搜狐、网易三大门户网站相匹敌,其吸引的青年受众也无法达到这些网站的规模。同样一条讯息,挂在新浪首页上一天,其传播范围可能比挂在团属网站上一年的传播范围还大。这些网站上有许多免费的渠道和资源,吸引了大量的青年。共青团利用好这些渠道和资源,对吸引凝聚青年、开展青年工作都将发挥重要作用。正因为这些新媒体资源和渠道的重要作用,我们看到许多组织虽然建立了自己的网站,但仍然非常重视这些体制外的新媒体资源。比如,北京市公安局也有自己的门户网站和信息网络,他们利用博客和微博,不仅推动了其工作,而且塑造了形象,拉近了警民关系,受到了广泛好评。

共青团的新媒体运用已有许多丰富实践,也发挥了重要作用,但在第三个层次的运用上,却明显不足,在新媒体资源和渠道运用上不够充分。今后的趋势和发展方向,应该重点抓住第三个层次的新媒体运用,要充分应用博客、微博、视频

网站、社交网络、搜索引擎、QQ弹出窗口等新媒体形式。比如，可以开设博客、微博与青年沟通，在社交网络上设立账号让青年加为好友，制作视频上传视频网站，在“天涯”等有影响的论坛上设置账号发布信息、征集意见、发起讨论，在青少年喜爱的游戏中建立账号和角色与青少年互动，购买搜索引擎的搜索关键词等。随着3G手机的兴起，基于3G的应用越来越多，吸引了大量青年参与。对共青团工作的新媒体运用来说，这也是今后的发展方向。比如，可以和运营商合作，推出团属网站的手机版，在手机中嵌入团的信息、服务等。

这些新媒体运用，需要讲究方法。要实现好这些运用，需要建立专门的团队，如由专门的团队来管理博客、微博、社交网站账号等。同时，共青团作为一个组织，不是特定的个人，使用这些新媒体工具时在身份标识上要能够为青年所接受和喜爱，拉近与青年的距离。为此，可以设计代表共青团的卡通形象，在这些新媒体工具中作为全团统一的新媒体形象来使用。

三、充分发挥新旧媒体的综合效应，推动高校共青团工作的多媒体融合

高校共青团在运用传统媒体的基础上，应该充分运用新媒体技术，使其融合发展，以满足不同形式、不同群体、不同需求下开展团的工作需要。在实现多种媒体间的优势互补发挥其综合效应上：一方面，高校共青团工作者要正确认识和把握新旧媒体的特点，有针对性地开展工作，充分发挥传统媒体导向鲜明、公信力较强的优势；另一方面，要运用多种媒体进行融合，实现优势互补，全方位地开展高校共青团工作。手机媒体、网络媒体在信息传播上时效性强、互动方式多样，可即时、滚动地传播信息，可开辟“手机论坛”、“网络访谈”等栏目就大学生关心的热点、难点问题进行讨论。报纸、杂志等具有周期长、受版面限制、互动方式有限等缺点，可以与网络媒体、手机媒体、电视媒体相融合，以电子杂志、手机报、校园广播、校园电视台等形式发布信息。通过多媒体间的融合，校园媒体才能逐步被打造成传播校园文化和弘扬校园精神的重要渠道，成为加强高校共青团工作的重要阵地以及全面服务师生的重要平台。

总之，新媒体对共青团工作来说，是最重要的战略工具。共青团在新媒体运用上，有广阔空间。总体来看，虽然共青团的新媒体运用实践已有10多年的时间，但在新媒体工具推动共青团事业发展上，离现实需求尚有一定差距，需要加强研究、统筹规划、不断推进。随着新媒体的不断发展和各级团组织不断探索和实践，新媒体必将被越来越广泛地引入共青团工作中，推动共青团工作向前发展。运用

好新媒体的优势和特点，不断加强新媒体的运用，必将扩大团组织的社会影响，有力地增强团组织对青年的吸引力和凝聚力，并对推动共青团事业发展发挥重要作用。

共青团对学生组织工作的指导

共青团对学生组织的工作指导，主要是指共青团对学生会工作的指导。共青团与学生会都是党领导下的群众组织。共青团受党的委托，担负着指导和帮助学生会的责任和义务。在新的历史时期，高校团组织要加强对学生会的指导和帮助，处理好与学生会的关系，就要求高校团组织必须在了解学生会的工作性质、任务和特点的基础上，掌握正确的工作原则和方法，从而对学生组织进行有效的指导和帮助。

第一节　学生会接受高校共青团指导的必要性

一、学生会的任务

学生会是大学生进行自我教育、自我管理、自我服务的群众性组织。《中华全国学生联合会章程》规定，高等院校的学生会和研究生会的基本任务是：遵循和贯彻党的教育方针，组织同学开展学习、科技、文体、社会实践等多种活动，促进学生全面发展；维护校规校纪，倡导良好的校风、学风，促进同学之间、同学与教职员工之间的团结，协助学校建设良好的教学秩序和学习、生活环境；组织同学开展勤工助学、公益劳动等自我服务活动，协助学校解决同学在学习和生活中遇到的实际问题；沟通学校党政与广大同学的联系，通过学校各种正常渠道，反映同学的建议、意见和要求，参与涉及学生的学校事务的民主管理，维护同学的正当权益。

我国高等学校的在校学生逾千万，他们是全国青年中有知识、有影响的部分，更是历史重任、祖国未来、民族希望的直接承担者。他们的政治素质、理论水平和道德状况如何，直接关系着国家未来的盛衰兴亡。

我国大学培养出的学生绝大多数是合格的，他们有较高的政治觉悟，较好的精神面貌和较扎实的文化知识，在社会主义现代化建设的各个岗位上，正发挥着骨干和中坚作用。但我们应当看到，由于当下学生年纪轻，思想比较单纯和可塑性大，他们较容易受到不良思想的影响。这就给共青团和学生会工作提出了新的更高的要求。共青团和学生会组织应加强工作，采取一切有效的方法，通过一切可能的途径对学生进行思想政治教育。现阶段，共青团和学生会要教育、引导同学在一系列重要的原则问题上保持清醒的认识，即：坚持走改革开放的强国之路，必须以坚持四项基本原则为立国之本；发扬爱国主义传统，必须与建设有中国特色的社会主义伟大实践密切结合；发扬社会主义民主，必须从中国的国情出发，在法治的轨道上循序渐进地推进。从而引导同学确立为建设有中国特色的社会主义现代化而奋斗的坚定信念，为振兴中华勤奋主动地学习，认清国情，投身实践，自觉加速自身成长的社会化过程，走当代青年学生成才的必由之路。

二、学生会应接受团的指导和帮助

（一）理论依据

学生会应接受共青团组织的指导和帮助，这主要是因为：

1. 共青团组织与学生会在政治上属于不同的层次

尽管他们都是在党的领导下的青年组织，可相比较而言，共青团组织在政治上具有更大的先进性，他是“先进青年的群众组织，是中国共产党的助手和后备军”。学生会是高等学校中全体学生的群众组织。为了学生会正常有序开展，学生会应该接受共青团组织的指导和帮助。

2. 共青团组织和学生会在组织上具有不同的形式

共青团组织是通过较为严密的组织系统来开展工作，力图以广大团员的模范作用来带动全体学生奋发向上。学生会并没有共青团那样严密的组织系统和组织制度，它不可能独立担当团结教育广大学生的使命，只有在共青团组织的有效指导和帮助下，才能更好地开展工作。

3. 共青团组织和学生会在人员构成上有不同的要求

在学校中，共青团组织和学生会的成员都是青年学生，但是学生会是所有学生（不分民族、性别和宗教信仰）都应当参加的组织，而共青团组织的成员则必须具备团章规定的团员条件。

（二）实际条件

共青团与学生会这两个群众组织虽然在性质上有较大的区别，但在高校的学生工作中，其工作内容、形式等均有很多相似或共同之处，两者之间工作联系紧密，工作配合广泛。在目前高校团员数占学生总数95%以上的情况下，学生会很多方面的工作与团的工作是一致的。这就决定了这两个群众组织之间的密切关系和工作上的配合关系。共青团作为先进青年的群众性组织，它不仅具备群众性，而且更具先进性，这就赋予了共青团指导、帮助学生会开展工作的责任和义务。

另外，从学生会工作的性质和特点来看，学生会干部全部由学生中间的骨干分子所组成，他们与共青团中的专职干部比较，相对年龄较小，阅历偏浅，认识问题的能力和掌握政策的水平都有限。而且，学生会干部，首先是学生，其次才是干部。他们在校期间，必须以学习为主，尽管投入社会工作可以锻炼培养他们各方面的能力，但所花费时间毕竟不能过多。所以，从事学生会工作的时间和精力都是很有限的。加之学生会干部一般流动性较大，任期长则2～3年，短则一年半载，这样，单靠学生会干部本身的力量，往往很难保证学生会工作的高效率和工作上的连续性。因此，学生会工作无论是在一些原则问题上，还是在遇到工作中的某些具体的困难时，都是难以离开共青团的指导和帮助的。可见，学生会组织自觉地接受党的领导，积极主动地争取团组织的指导和帮助，是有其必然性的。

高校共青团在学校学生工作中起着积极而重要的作用。对高校团干部的配备，上级领导部门十分慎重。要求团的干部德才兼备，既具有较高的思想政治觉悟、一定的政策理论水平和良好的道德修养，又具备较强的组织工作能力，合理的知识结构。虽然共青团干部也都很年轻，但相对于学生会干部来说，他们毕竟受党的教育和培养的时间要长些，政治理论水平较高。特别是校级团的专职干部的主要精力都是放在学校团的工作上，对学生工作的一般情况比较了解和熟悉。因此，团的专职干部从时间、精力上就有了相对的保证。而团的工作与学生会的工作在工作目标和工作对象上有很大一部分重叠，工作内容和工作形式又有很多相似之处，这就确定了团委对学生会指导和帮助的实际可能性。

从各地高校处理团委与学生会之间关系的经验和教训来看，学生会只有主动接受团委的指导和帮助（或者是团委主动地对学生会的工作进行指导和帮助）时，两个组织（包括两个组织的负责人）的工作才配合默契，学校的学生会工作和团的工作才会开展得有声有色，学生会的积极作用就能充分地发挥。

学生会组织在受共青团的指导的同时又具有相对的独立性。它要根据自己的特点，发挥优势，开展形式多样、丰富多彩的活动，要积极反映学生对学校教学、科研、教改、后勤等方面的意见、建议和要求，维护同学的正当权益，组织同学积极参加社会实践活动，促进同学之间、同学与教师之间的团结，组织和领导学生社团的各种活动。正因为如此，在高校中既需要建立共青团组织，也需要建立学生会组织，他们互相不能取代。在日常工作中，团组织要善于指导和帮助学生会的工作，既不要管得太死，又不能不闻不问；学生会则要主动配合团组织完成团结教育青年一代的任务。

高校团组织负有指导学生会工作的责任，但在指导过程中，应当注意克服两种倾向：一是把“指导”理解成为“领导”，或者把学生会当做共青团组织的下属单位来使用，或者把学生会当做共青团组织的工作机关，事无巨细，件件都要插手，似乎不这样就显示不出共青团的指导作用，使学生会无法开展独立的工作，也使学生会干部产生依赖思想，不去积极主动地开展工作。二是忽视共青团组织对学生会的指导帮助作用，两个组织各抓各的事，这样既不利于互相配合做全体学生的工作，又容易使学生会工作偏离正确的轨道。

加强共青团对学生会的指导和帮助，既有理论上的依据，又有实际的需要，同时也具备了必要的环境和条件。因此，团的干部应抛开一切不应有的个人杂念，积极、大胆、主动地承担起对学生会工作上的指导和帮助的责任，从培养人才、学校工作需要的角度去认真地把这项工作做细做好。

第二节　高校共青团指导和帮助学生会的原则和内容

一、指导和帮助学生会的工作原则

（一）宏观指导、微观开放的原则

“指导”不是领导。指导既要求共青团从政治上保证学生会工作方向的正确导向，又要从学生会的工作特点出发，充分发挥学生会的积极性，使其能够独立、大胆、生动活泼地开展各项有益于大学生成才的活动。因此，共青团在指导学生会的工作时，要坚持宏观指导，对学生会工作的指导思想、主要干部的配备及选拔、全校性的有影响的大型活动以及经费的预算和使用等，均要严格把关。而对于学生会的日常工作及活动，不管是完全放开搞活，让学生会任其自然、不加任何指导，还是事无巨细、事事必问的做法都是不可取的，而应该是宏观指导，微观

放开，抓大放小。

（二）坚持疏导、杜绝堵压的原则

由于学生会与共青团在高校的工作内容、形式、对象、范围等方面都有很多相一致的地方，学生会与共青团在某些工作方面会不可避免地形成一些冲突和矛盾。同时，学生会干部往往因为工作能力或工作经验的不足，会在工作中出现这样或那样的失误。作为指导和帮助学生会工作的共青团干部，不能因为学生会的某些工作效果不尽己意或不符合学校党政部门的要求，就实行强堵硬压的办法。这样做，往往不但解决不了问题，反而会增加学生会干部的逆反心理，造成口服心不服，甚至是心不服口也不服的局面。因此，对学生会所出现的这样或那样的失误和问题，我们要从爱护、关心学生会干部的角度出发，进行耐心细致的疏导工作，帮助他们分析问题的严重性和出现的不良后果，使他们认清问题，自己主动纠正错误。这样做，不仅会使学生会干部客观地认识到自己工作上的不足，自觉地接受共青团的指导和帮助，同时也有利于培养提高他们的工作能力和水平，增强学生会组织自身的威信。

（三）激励为主、批评教育为辅的原则

学生会干部既是干部，又是学生。他们在担任学生工作的同时，还要完成繁重的学习任务，肩上的担子很重，需要得到别人的理解和信任。因此，为了最大限度地调动学生会干部在工作中的积极性和创造性，共青团在指导和帮助学生会工作的过程中，要坚持以激励为主、批评教育为辅的原则。凡是学生会在工作中所取得的成绩，无论大小，均要在不同场合加以肯定。而对学生会的工作中所出现的失误，无论是主观原因还是客观原因，尽可能地通过总结工作的形式去引导学生会干部自觉地去吸取经验。

（四）尽心尽力、尽职尽责的原则

从某种意义上讲，学生会的工作，实际上是高校共青团工作的一个重要组成部分。因此，在共青团帮助学生会工作时，要把学生会的工作当成共青团自己的工作去做。只有这样，共青团帮助学生会工作时，才能自觉地做到尽心尽力、尽职尽责，千方百计地为学生会工作扫清障碍，保证学生会所开展的各项工作顺利完成。

为了使共青团指导和帮助学生会的工作卓有成效，高校团委在安排这项工作任务时，一定要选派得力的团干部负责。一般在高校共青团委中，应委派一名团委副书记直接参与对学生会的具体指导和帮助，这样才能真正做到指导有方、帮助得力。

二、指导和帮助学生会的主要内容

（一）干部的配备及选拔

高校学生会干部是高校学生中的佼佼者。一般来说，他们应该具备的条件是：① 自觉地坚持四项基本原则和改革开放政策理论，自觉贯彻落实科学发展观；② 有较强的学习进取精神，学习成绩优良；③ 有全心全意为学生服务的思想，不计较个人得失；④ 善于统一大家的思想，能在同学中较好地贯彻正确的方针；⑤ 有较强的组织工作能力，工作能独当一面，并善于调动其他同学的工作积极性；⑥ 有良好的个人修养和道德标准，能以身作则，并注意团结各种类型的同学。高校共青团在指导这项工作时，主要是按照民主集中制的组织原则，协助学生会按照民主程序，在公开的前提下，引入竞争机制，采取推荐、自荐、竞选等不同形式，通过民主选举，由广大学生把自己信赖的、符合条件的同学推选到学生会中来，组成强有力的学生会领导班子。

（二）工作计划的制订与实施

学生会工作的效果如何，很大程度上取决于工作计划的制订。学生会在制订工作计划之前，高校共青团委要向学生会全面传达学校党委及行政部门对学生会工作的意见以及对学生会干部的要求，并指导学生会深入到学生中去，搞好调查研究，掌握第一手资料，分析广大学生的需求愿望和开展工作的实际可能性。在此基础上，团委指导学生会通过讨论确定学生会工作的指导思想，进而逐项拟订工作计划和具体安排、落实的措施及其总结形式等问题。团委要帮助学生会做好对计划落实情况的检查督促工作，以保证计划的实施。同时，要随时对计划实施的情况进行总结，遇有重大的问题则要组织咨询、修订，以便不断提高工作效率。

（三）大型活动决策的正确性

学生会的主要工作之一就是组织既生动活泼又富有一定教育意义的活动，学生会的性质决定了学生会组织的活动应将思想性、知识性、趣味性融为一体。从某种意义上讲，活动就是学生会的生命。因此，活动决策的正确与否是学生会活动成败的关键所在。一般来说，除有重大政治影响或耗资较大、涉及面较广的活动外，其他活动应完全由学生会自行决策。也就是说高校团委应把主要注意力放在学生会大型活动的决策上。为了保证学生会组织大型活动的成功，团委在指导时，应该把握如下因素：

思想性。权衡活动是否符合党的路线、方针、政策，是否有利于陶冶同学们的情操;是否有利于指导同学们按照人才成长的要求健康发展。

知识性。看活动是否有助于同学们获取新的知识,是否有利于调动同学们在学习上的积极性和创造性。

趣味性。衡量活动的形式是否活泼、新颖,是否可以给同学们带来欢乐和美的享受,丰富同学们的课余生活。

教育性。看活动的内容和形式是否达到了寓教于乐的目的,同学们是否可以从活动中得到思想上的启迪。

可行性。衡量活动是否影响同学们或组织者正常的学习,活动中消耗的人力、物力、财力与活动的意义、效果相比是否值得;活动的时机是否成熟,活动是否会产生较大的副作用,活动需要其他部门配合的地方是否得到了落实等等。

总之,大型活动决策的正确与否,关系到活动本身的成效,更关系到学生会工作的威信。因此,事先一定要多调查,听取意见,反复审核,把问题考虑得尽可能详细一些,以便争取多方面的支持和帮助,保证活动的健康发展。

(四)经费、设备器材的合理使用和管理

经费是学生会活动的命脉。没有经费,学生会的活动将难以开展;有了经费,如果使用不当,也会给学生会的工作带来一些矛盾。有时甚至因为经费导致学生会的工作指挥失灵,上下左右怨声载道。设备器材的管理同样如此,管理得法,会使其充分发挥作用,管理不善,不仅会使学校蒙受公共财物的破坏和损失,影响学生会工作的正常开展,甚至会被人乱挪乱拿,据为己有,其结果是既坑了学校,也害了个人。因此,指导和帮助学生会做好经费的合理使用和设备器材的妥善保管,不仅仅是加强学生会的工作,而且也是对学生会干部的爱护,对其健康成长的帮助。

目前,某些高校对学生会经费的使用赋予了很大的自主权。但是,学生会到底应该怎样去使用经费,除了按财务制度规定,限制一定的使用范围外,重要的是团委必须与学生会具体研究,帮助他们事先作出活动经费预算。对于某些固定的大型活动的开支,可以实行计划单列。其余经费用于哪些方面,也应该定出一个原则性的意见,对经费实行分项划块包干,做到心中有数。在可能的情况下,可以制定《学生活动经费管理和使用条例》,对那些随意购买、乱发纪念品或奖品的现象,予以制止。团委要指导学生会按条例严格把关,勤俭节约,真正做到合理开支。

随着校园文化、社团活动的蓬勃兴起,学校对学生活动所必配备的音响设备、摄影器材、电视录像、计算机、VCD、乐器、家具等设备也日益增多,随之而来迫切需要解决的就是这些设备器材的管理和使用问题。从某些高校的情况看，由于学生活动设备器材的管理不善，给学校造成了很大的损失和浪费，如学生对设备器材爱护不够，有的设备器材缺乏必要的、严格的检查验收手续，损坏设备器材的赔偿制度落实不够等。高校共青团应主动把这些设备器材的管理工作承担起来，使设备器材的保管权与使用权适当分离。团委指定专人负责保管，完善学生会活动使用器材的借用手续，健全损坏赔偿制度，有效地提高设备器材的利用率，延长其使用寿命。

总而言之，高校共青团在指导和帮助学生会工作的过程中，要牢牢把握以上几项工作内容。这样，方能使学生会的工作沿着正确的轨道前进，并与共青团的工作积极配合，互相支持，为学校的人才培养工作作出积极贡献。

第三节　高校共青团对学生会干部的关心和培养

学生会干部是学生会工作的组织者和领导者，是实现学校与学生之间联系的桥梁和纽带，是学校开展学生工作所必须依靠的力量。因此，指导和帮助学生会工作就必须把关心和培养学生会干部提到议事日程上来。

一、关心和培养学生会干部的必要性

指导和帮助学生会的工作，也包括对学生会干部的关心和培养。而对学生会干部的关心、爱护和培养，使他们在工作、学习中逐渐趋向成熟，又是对学生会工作最大的指导和帮助。

学生会干部是辛苦的。他们首先必须跟其他同学一样，以一个普通学生的身份参加学校、班级的一切活动，如按时起床、出操、上课、交作业、做实验、参加实习、考试等，即作为一个学生应该做到的，他们都必须做到，不能有半点马虎。其次，学生会干部还要承担一定量的社会工作，以致时常牺牲自己的娱乐、休息，甚至是学习的时间。所以说，学生会干部的辛苦和工作理应受到全体同学以及学校各有关部门的理解。作为与学生会干部联系密切的共青团干部，更应该理解他们，关心和爱护他们，加强对他们的培养和教育，引导他们尽快成长起来。这样，才能使学生会干部感受到团组织的温暖，从而更好的激发起他们工作的热情，更加努力地把学生会工作做好。

学生会干部大都是学生中的佼佼者，他们在政治上积极要求进步，有较高的

政治思想觉悟，以“为同学服务，在同学中贯彻党的路线、方针和政策”的信念从事学生会工作。同时，他们也希望在学生会工作的实践中，利用学生会工作接触面广的特点和有机会独立组织、领导学生参加课余活动的有利条件，去锻炼、培养自己的组织工作能力、语言表达能力、社交协调能力等，从而把自己培养成不仅具有一定的专业知识，而且又具有一定管理才能的优秀人才。正是由于学生中这一成才需求心理，才把一部分品学兼优的学生带头人吸引到学生会干部队伍中来。因此，无论是从指导和帮助学生会的工作，还是从培养更多更好的德才兼备的全面发展人才的角度来说，加强对学生会干部的关心和培养都是十分必要的。

二、关心和培养学生会干部的主要途径

（一）在政治上对他们关心

高等学校教育的任务就是为国家培养出大批德才兼备的建设人才。学生会干部相对于在校学生整体素质而言，基本上是属于一个较高层次的。他们大都有较高的思想觉悟和政策理论水平，在政治上大都积极要求进步。因此，高校团委要因势利导，从政治上关心他们的成长，加强对他们的培养和考察，并将培养和考察情况及时地通报到管理学生干部的党、团组织。有条件的学校，可以在团委学生会单独成立党、团支部。通过党、团支部加强对学生干部的考察，并根据考察情况做好推荐优秀团员入党的工作。这样做，不仅有效地加强了共青团对学生会的指导和帮助，而且更重要的是极大地调动了学生会干部的积极性和进取心。对那些不具备推荐条件或经推荐后未被接受为预备党员的学生会干部，团委要责成有关人员及时地找他们交心谈心，为他们指出今后努力的方向，并鼓励他们不要灰心丧气，要进一步严格要求自己，争取早日实现自己的政治愿望。总之，在团委学生会中建立党、团支部，是对学生会干部政治上的关心，也是使他们尽快成长起来的有效途径。

除此之外，对学生会干部的评优表彰也要十分重视，要讨论制定出符合学生干部实际情况的评优表彰条件，在同等情况下，应优先考虑学生干部的入选。

（二）在学习上对他们支持

学生会干部的主要任务仍然是学习，学习成绩不好不能算一个优秀学生会干部。因此，高校共青团委要关心学生干部的学习情况，经常向其所在班及任课教师进行多方面的了解。一旦发现他们学习成绩下降，就要协助他们找出原因，

并适时加强辅导。如果纯属社会工作量过大而影响了学习，团委则应该采取果断措施，减少其工作量甚至暂时停止其社会工作。绝不能因为担心学生会工作受到影响而耽误了学生会干部的学业。要认识到，支持学生会干部搞好学习本身就是关心和爱护学生会干部，就是支持和帮助学生会的工作。

（三）在工作上对学生会干部加强指导

由于学生会干部大都缺乏实际工作的锻炼，尽管他们在工作中热情高、干劲大，但往往由于经验不足而使工作成效不明显。然而，学生会干部总的来看肯钻研、勤思考，对新鲜事物接受能力较强。只要他们注重加强有意识的锻炼，一般来说，工作能力和水平的提高还是比较快的。在这当中，团委干部要加强对他们工作上的指导，特别是在学生会工作的方式方法上，要引导他们从工作实际出发，多交流，多探讨，并经常和他们交流一些工作中成功的例子和失败的教训；要帮助他们学会团结他人，最大限度地发挥其学生干部的作用，学会协调各方面力量去实现既定的工作目标；特别还要指导他们学会在工作实践中不断认真地总结和提高。

（四）在生活上对学生会干部热情帮助

学生会干部常常因为工作而牺牲了自己的休息、娱乐的时间，甚至有时连吃饭都被耽误了。团委干部应该十分注意这些问题对学生会干部工作积极性的影响，热情地帮助他们解决生活上的后顾之忧。并随时了解他们的身体状况、家庭经济状况等，帮助他们解决那些因工作或其他原因所引起的生活上的困难，使他们真正感到组织上的关怀，从而尽心尽力的做好学生会工作。

（五）在理论上对学生会干部加强培训

学生会干部的工作，大多是凭一股子热情去干的。他们往往对具体工作干得较多，但在应用理论系统地、有效地指导自己工作的方面却达不到应有的高度。为了从理论上提高学生会干部的领导工作水平，使他们能用系统的理论去指导学生会的工作，团委要根据本校实际情况，定期举办学生干部培训班，通过讲座、参观、访问、讨论等形式，让他们既学习理论知识，又相互交流工作经验，取长补短，使学生会干部在培训班中的培养学习既具有理论性，又不失针对性和实用性，达到不断提高学生会干部领导艺术的目的。

第十一章 共青团应用文写作

公文写作，即公务文书的写作，是文件的拟稿工作，它是机关制发文件的第一个工作环节，同时是共青团干部需要具备的基本技能之一。

在这一章中，主要讲解公文写作的基础知识和写作要求，选录了其中几类共青团常用的应用文，由浅入深，详细介绍共青团应用文的写作要求和方法，以使共青团干部全面通晓常用公文的种类和写作手法，使公文处理工作更加规范化、制度化和科学化，从而提高共青团应用文写作质量和效率。

第一节　公文写作基础知识

一、公文的定义和分类

（一）定义

公文，是公务活动中所形成和使用的文字材料，是方针、政策、法规、政令、信息和情况的表现者、运载者，是机关实施管理的基本手段和重要工具，发挥着上令下达、下情上报和信息沟通的重要作用。公文贯穿机关管理工作的始终。

（二）分类

（1）按照制文机关的种类划分为：党务机关公文、行政机关公文、司法机关公文、军事机关公文、企事业单位公文和社会团体公文。本章讲的重点是党政机关公文中的共青团公文的写作。

（2）按照行文方向划分为：上行公文、平行公文和下行公文。草拟公文前，必须弄清楚行文方向，才能确定文种、内容和措辞等。

（3）按照保密程度划分为：绝密公文、机密公文、秘密公文、内部材料和普通公文。我们在起草或者管理公文时，必须要按照该公文的秘密等级来处理，涉及秘密问题的，不能泄密。

（4）按照紧急程度划分为：特提公文、特急公文、加急公文、平急公文和普通公文。

（5）按照使用范围划分为：通用公文和专用公文。决定、通知、通报、报告、请示、批复、意见、函和会议纪要等全是通用公文；司法类公文、经济类公文、任免类公文、议案、提案和建议，等等，属专用公文。本章讲的，主要是通用公文。

（6）按照规范性和颁发程序的规范程度、行政约束力的强弱划分为：规范性公文和非规范性公文。

规范性公文有15种：命令、决定、公告、通告、通知、通报、议案、报告、请示、批复、意见、函、纪要、公报和决议。

非规范性公文：除规范性公文以外的公文。常用的非规范性通用公文有调查报告、工作计划类、工作总结类、提案、建议、说明、讲话稿、简报信息、书信类、启事类、条据类、表格类和大事记，等等。

（三）机关公文要素

机关公文由版头、份号、密级、紧急程度、发文字号、签发人、标题、主送机关、正文、附件、发文机关署名、成文日期、印章、印发传达范围、主题词、抄送机关和印制版记组成。

（四）公文处理工作

公文处理包括拟制、办理、管理和立卷归档在内的一系列衔接有序的工作。

二、公文的几项基本功能

（一）规制令使作用

公文是各级各类领导机关发号施令的手段，是实施领导、处理公务的工具，发挥规范控制、令行禁止和组织协调的作用。

（二）明事通情作用

各级各类领导机关在实施管理职能、开展公务活动中，在上下左右之间，需要经常沟通情况、交流意见，以求共识共作。公文作为明事通情手段在机关工作中广为应用。

（三）参谋决策作用

各级各类领导机关在决策和决策实施过程中，离不开信息的搜集、处理和运用，离不开调查研究和征求意见。公文以其法定的渠道和效率满载各种信息为资治辅政服务。

（四）宣传舆论作用

各级各类领导机关在实施领导、处理公务中需要有效的宣传舆论的支持，而公文的贯彻执行是宣传舆论的核心。

（五）商洽联络作用

各级各类领导机关之间有许多事情需要商洽、介绍和联络，以便互相理解、支持和配合，发挥整体效应。此中，公文写作承担不可或缺的作用。

（六）存储凭证作用

公文是各级各类领导机关职能活动的真实记录，是统一思想、处理问题的基本依据，公文在执行的时候是这样，成为档案之后仍然是这样。

三、公文写作的共性要求

公文不同于其他文字作品，它的写作、制发和处理必须按照固有的规定、特定的体例格式来进行。

（一）确定文种

这是写作公文首先要明确的。我们在写作公文前，要弄清楚这个文件具有或者说应该发挥什么作用，是在什么背景下写这个文件材料的。根据写作的背景、目的、受文对象确定采取哪个文种。

（1）要对重要事项或者重大行动作出安排，奖惩有关单位及人员，变更或者撤销下级机关不适当的决定事项，选择决定文种。如党中央决定在全党开展讲政治、讲正气、讲团结的“三讲”活动，这对党的建设来说，是件大事，所以用决定文种；学校每年都会下发各种表彰决定，如《关于表彰第十一国旗护卫队“国旗卫士标兵”和“优秀国旗手”的决定》，这对学校团委来说是件大事，所以采用决定文种。

（2）要向社会公众或者全校师生宣布重要事项或决定，适用公告。如山东科技大学第五届学生乒乓球比赛混双八强成绩公告。

（3）我们要将上级的文件批转给下级执行，或者要求下级从哪些方面作好哪件工作时，一般采取印发通知的方式。

（4）向上级机关汇报工作、反映情况、答复上级机关的询问时，选用报告类文种，如工作报告、情况汇报，等等。

（5）向上级机关反映并请求帮助解决困难和问题，选用请示。

（6）答复下级机关的请求事项，选用批复。

（7）我们要对某项重要工作或者某个重要问题提出见解和处理办法，一般选用意见。如《关于进一步加强和改进学生工作干部队伍作风建设的实施意见》。

（8）不相隶属的机关之间，也就是说不存在直接的行政管理关系的机关之间，商洽、询问或答复问题，一般用函。

（9）明确通过会议形式决定的事项、记录会议精神，选用会议纪要。

（10）命令文种，主要适用于依照有关法律公布行政法规和规章（如主席令、国务院令），宣布施行重大强制性行政措施，这些法规、规章要省级以上的国家机关才能制定和通过，因此，在市、县两级，一般不涉及命令文种。

以上是一般原则，具体采用哪类文种，要根据具体情况来确定。

（二）规范写作

公文写作要努力做到"七个规范"：

1. 主题规范

主题是文章所要表达的中心思想。任何文章都要有主题，公文也不例外。公文主题的提炼标准，就是集中单一、鲜明显露。要求一文一事，一个主题，且主题鲜明突出。主张什么，反对什么，要鲜明直接，不能含糊，不能让人产生歧义。

2. 使用材料规范

公文材料的选用标准必须是真实典型，新鲜有力。所谓真实，就是实实在在存在的、反映当前事物本质规律的真实。我们分析问题时，所列举的现象，不是假的、人为编造的，也不是偶然现象和个别现象。所谓典型，就是既是个性特征，又是共性特征。新鲜有力，就是我们所列举分析的问题、提出的办法，必须是符合当前实际的，必须是有说服力的。在这个信息飞速发展的时代里，如果总是一成不变、不思进取，不思考、不调研，无论是写公文还是做工作，都做不到"有的放矢"。

3. 文章格式规范

公文普遍的结构格式是：公文标题—主送机关—正文—结尾—成文时间。

标题：公文标题的写法一般是发文机关 + 事由 + 文种。例如，某县国土局要向市国土局写一个请求帮助解决地质灾害防治经费的请示，标题就是"××县国土资源局关于请求帮助解决地质灾害防治经费的请示"。

主送机关的写法：一是只写受文机关的名称；二是只能写一个主送机关，其他需要送达的受文机关采取抄送方式；三是用统称或者规范的简称，如市政府、市人民政府都是规范的简称；四是行文关系，只能逐级行文，一般不能越级行文。

正文的写法：正文是主送机关以下、结束语之前的部分。正文是一篇公文用笔最多、最重要的部分。一般是在主送机关之后，先写一段或几句导语，说明写这篇公文的原因、根据或者目的。正文要做到逻辑层次清楚有序，说理简洁准确，用语规范。

结尾：正文写完后，一般要写几句号召的话，或者表决心、态度的话。请示要说“妥否，请批示”；意见要说“以上意见若无不妥，请批转执行”；通知和报告可以不要结尾，说完就落款结束；讲话稿类的一般要有号召的话语；汇报材料一般要有表示感谢和今后打算、态度的语言等。

4. 文字表述规范

公文的用语用字要求简明、准确、朴实、得体、通俗、易懂，体现字面意义而非联想意义，讲求陈述性、写实性，而非描绘性、虚拟性。一般以概述为主，据事说理，言之有物。

5. 标点符号使用规范

该用逗号用逗号，该用句号用句号，这需要慢慢积累琢磨。要注意：转发上级或下级文件时，标题一般不用标点符号，此外，标题中不要过多出现“通知”两个字，比如省、市层层转发国务院一个文件的通知，到县级，可直接说“转发国务院 ××× 文件”的通知。

6. 数字和计量单位使用规范

一般使用阿拉伯数字，前后要统一，不能有时用大写，有时用小写。

7. 印制规范

包括印制格式、排版、用纸规格、紧急程度、发文机关、发文字号、印制份数、发送单位、印制机关等要素标志。需要特别注意的是以下几点：

印制格式（印制方式）：两种，红头文件和白头文件。红头就是用红色的字标识单位的文件头、简报、信息等，一般适用于正式形成的请示、报告、意见、通知、函等文件。白头就是不使用特定的文件用纸，直接排版印制，一般会议印发的讲话稿、汇报材料等用白头印制。调查报告、对内的工作方案既可印制成红头，也可印制成白头，视具体情况定。红头文件将拟文单位、成文时间等落款在结尾处，白头文件一般把拟文单位、成文时间放在标题下。

签发：公文的制作签发程序很严谨，不是谁写谁签都行的。重要文件要“一把手”或单位主持工作的领导签发，一般文件由“一把手”、分管领导或主要领导委托的领导签发

印鉴：即盖章，也有讲究。首先是不能盖倒；其次是要盖在单位落款和成文

时间之间，具体有下套、中套两种盖法。联合行文的落款盖印，一般每排平行落两个单位的名称，依次往下排，盖印时不能相互侵占。

成文时间：领导签发的时间，而不是拟稿的时间和印制时间，印制时间在版记部分专门有一栏。

行文层次序数的写法及排版：一个正式的文件材料，除总标题外一般有四个层次，总标题用二号华文中宋字体。第一个层次，是大标题，一般用三号黑体，写成“一、××××”；第二个层次是小标题，用“（一）××××”来表示，三号楷体；第三个层次用阿拉伯数字表示，即“1. ××××”，可以三号仿宋加粗以醒目；第四个层次用“（1）××××”表示。

第二节　几种常见团内应用文写作

一、团内常用公务性文书

根据2012年7月1日开始实施的《党政机关公文处理工作条例》规定，行政公文种类包括以下15种：决定、通知、通报、报告、公告、通告、议案、请示、批复、意见、函、纪要、公报、命令、决议。本小节着重讲解其中常用的几种。

（一）决定

1. 定义和适用范围

决定，是对重要事项或重大行动作出决策或安排，并要求机关各部门和下级机关或有关单位贯彻执行的指令性公文。适用于对重要事项或者重大行动作出安排，奖惩有关单位和人员，变更或者撤销下级机关的决定。

2. 分类

根据具体用途和内容的不同，决定一般有以下两类：

知照性的决定：是指将决定事项知照给有关单位和人员的决定。如表彰决定、处分决定、机构设置决定、人事安排决定、发布法规性事项或对某一具体事项做出安排的决定等，如《全国人民代表大会常务委员会关于教师节的决定》。

指挥性决定：是对于重要事项或者重大行动做出安排的决定。常见的有规定性决定、规范性决定、指导性决定、指示性决定、具有有关法令性质的决定、处理重大问题的决定和安排重要行动的决定等。

3. 写作格式和注意事项

（1）写作格式。

标　题:《×××× 关于 ×××× 的决定》

决定的原因和目的：如：目前……（事实依据），根据……（理论依据），为了……（目的主旨），现决定……（意图主旨）。具体……如下：

决定的内容：对具体事项做出安排的决定要写清安排的步骤。

希望与要求。

加盖公章，注明日期。

（2）注意事项。决定的写作要求内容严肃，事实准确，行文周密；决定的写作要有政策和法律依据，同时结合实际；决定事项要明确突出，以利于贯彻施行。

范例

关于授予大学生文明礼仪宣讲演示团"青年文明号"的决定

为深入贯彻落实中共中央、国务院《关于进一步加强和改进大学生思想政治教育的意见》，创新思想政治教育的方法和手段，切实加强对大学生基础文明素质教育，促进大学生全面发展，经学校批准于 2005 年 1 月组建并成立了山东科技大学大学生文明礼仪宣讲演示团。

大学生文明礼仪宣讲演示团利用课余时间走进社区，走进广大师生中，面向校内外广泛开展宣讲演示活动。自 2 月 27 日在学校教代会闭幕式上进行首场汇报演示以来，先后为驻区高校师生、开发区中小学生、社区、驻地官兵、企业等宣讲 20 余场，观众达 2.4 万余人。宣讲演示的形式为，由宣讲员讲解礼仪知识，同时由示范员现场进行动作表演。宣讲演示的内容主要包括微笑、握手、交换名片、介绍、打电话及站姿、坐姿、步态、鞠躬等各种常见礼仪，从不同的角度展示文明礼仪的基本规范和要求。……

为充分发挥好文明礼仪宣讲演示团的作用，宣讲团全体成员发扬"科大发展，我在其中"的主人翁精神，扎实做好训练和宣讲演示工作。他们放弃节假日和业余休息时间，在指导老师的精心指导下，同心协力、自我加压、刻苦训练，不断丰富演示内容，创新表演形式，努力提高演示效果。在他们身上集中体现了当代青年学生勤于学习、善于创造、甘于奉献的精神风貌，为我校广大团员青年树立了良好的榜样。

大学生文明礼仪宣讲演示团通过开展宣讲演示活动，为青岛市创建文明城市、促进"文明山东"建设，对进一步宣传学校、扩大学校的社会影响、展示我校大学生良好的精神风貌，作出了积极的贡献。经校团委研究，决定授予山东科技大学大学生文明礼仪宣讲演示团"青年文明号"荣誉称号。

希望大学生文明礼仪宣讲演示团全体成员珍惜荣誉，再接再厉，扎实工作，不断取得新的更大的成绩。

附：大学生文明礼仪宣讲演示团成员名单（略）

共青团山东科技大学委员会

二〇〇五年六月十三日

（二）通知

1. 定义和适用范围

通知用于发布法规、规章，转发上级机关、同级机关和不相隶属机关的公文，批转下级机关的公文，要求下级机关办理某项事务等。通知的应用极为广泛，下达指示、布置工作、传达有关事项、传达领导意见、任免干部、决定具体问题，都可以用通知。上级机关对下级机关可以用通知，平行机关之间有时也可以用通知。

2. 分类

根据适用范围的不同，通知可以分为六大类：

发布性通知：用于发布行政规章制度及党内规章制度。

批转性通知：用于上级机关批转下级机关的公文给所属人员，让其周知或执行。

转发性通知：用于转发上级机关和不相隶属的机关的公文给所属人员。

指示性通知：用于上级机关指示下级机关如何开展工作。

任免性通知：用于任免和聘用干部。

事务性通知：用于处理日常工作中带事务性的事情。

3. 写作格式

（1）印发、批转、转发性通知。

标题：单位名称 + “印发” / “批转” / “转发” + 原标题 + “的通知”

主送机关：注明主送机关。

正文：对印发、批转、转发的文件提出意见，写明所印发、批转、转发的目的和意义，并提出希望和要求。

落款：注明发文单位和发文时间。

（2）事务性通知。

标题：单位名称 + “关于” + “事由” + “的通知”

主送机关：注明主送机关。

正文：写明发文缘由、具体事务和执行要求。如会议通知，内容一般写明召开会议的原因、目的、名称、通知对象、会议时间、地点等等。

落款:注明发文单位和发文时间。

范例

关于组织观看大型校园青春剧《向前,向前》的通知

各学院团委:

为进一步丰富校园文化生活,加强在校大学生的思想教育工作,校团委特邀请青岛市话剧院到我校进行大型校园青春剧《向前,向前》表演。现将相关事宜通知如下:

一、演出时间

5月27日 下午4:40

二、演出地点

繁星广场

三、演出内容

第六届全国校园青春剧优秀剧目展演《向前,向前》

编剧:张志华　导演:黄港

剧情简介:当80后老师遇上了90后学生,当从小就做着将军梦的女老师遇上了对前途完全失去信心的学生,当女老师在第一堂课上就被学生整得大败而归、痛哭流涕,后来的故事会是怎样的呢?

在这所普通的高中里、在海滨浴场的浪涛间、在满城的樱花树下、在充满激情的真人CS大战中,一群90后高三生和他们的80后老师一起成长着,伴随他们成长的是那首耳熟能详的军歌"向前,向前,向前……"。

四、相关要求

各学院团委负责组织观众,自带马扎、院旗,于5月27日下午4:30前在繁星广场指定区域坐好,并做好本院观众秩序工作。

附件:现场座区划分表

共青团山东科技大学委员会

二〇〇九年五月二十六日

(三)通告

1. 定义和适用范围

通告是在一定范围内公布应当遵守或周知的事项时使用的公文。通告不同于公告,它主要用于有关单位开展业务工作需要。

通告一般用于一般性事项而非重大事项,只在国内一定范围内公布而不向

全国公布，可以由各级机关、人民团体、企事业单位发布。

2. 分类

周知性通告：传达告知业务性、事务性事项，一般没有执行要求，仅供人们知晓。

规定性通告：公布国家有关政策、法规或要求遵守的约束事项，告知对象必须严格遵照执行，用于公布带有强制性的行政措施。为确保某一事项的执行与处理，它将提出具体规定，以要求相关单位与个人遵守。×

3. 写作格式和注意事项

（1）写作格式：

标题的写法有四种："通告"、"关于 ××× 的通告"、"××× 关于 ××× 的通告"、"××× 的通告"。

原由：主要阐述发布通告的背景、根据、目的、意义等。通告常用特定承启句式"为……，特通告如下"或者"根据……，决定……，特此通告"引出通告的事项。

通告事项：通告事项是通告全文的核心部分，包括周知事项和执行要求。撰写这部分内容，首先要做到条理分明，层次清晰。如果内容较多，可采用分条列项的方法；如果内容比较单一，也可采用贯通式方法。其次要做到明确具体，需清楚说明受文对象应执行的事项，以便于理解和执行。

结语：用"特此通告"或"本通告自发布之日起实施"表达。

（2）注意事项：不能把通告写成通知，发文目的要明确，通告事项要符合政策规定，通告语言要通俗简练。

范例

关于电视直播全国十届人大三次会议记者招待会的通告

为了方便广大师生及时了解两会记者招待会的相关内容，校团委将开放大学生活动中心一楼大厅，并通过电视或投影对会议进行现场直播，现将记者招待会时间安排通告如下：

1. 外交部部长李肇星就国际形势和我国的外交政策答记者问

时间：3 月 6 日上午 10:00–11:00

地点：人民大会堂三楼大厅

2. 国家发展和改革委员会主任马凯、中国人民银行行长周小川、中国银行业监督管理委员会主席刘明康、国土资源部副部长李元就经济社会发展与宏观调控答记者问

时间:3月7日上午10:00-11:00

地点:人民大会堂一楼新闻发布厅

3. 财政部部长金人庆、国家税务总局局长谢旭人就财政税收工作答记者问

时间:3月9日下午3:00-4:00

地点:人民大会堂一楼新闻发布厅

4. 农业部部长杜青林、国家发展和改革委员会副主任姜伟新、科学技术部副部长李学勇、财政部副部长朱志刚就农业、农村和农民问题答记者问

时间:3月10日上午10:00-11:00

地点:人民大会堂一楼新闻发布厅

5. 温家宝总理会见中外记者并回答提问

时间:3月14日上午10:30-11:30

地点:人民大会堂三楼大厅

校团委将根据广大同学的需要,及时将两会重要内容进行电视直播,联系电话:86057831;联系人:张老师。

共青团山东科技大学委员会

二〇一〇年三月五日

(四)报告

1. 定义和适用范围

报告,是下级机关向上级机关汇报工作情况的陈述性公文。报告的主要特点是重陈述和有主见。

报告使用范围很广。按照上级部署或工作计划,每完成一项任务,一般都要向上级写报告,反映工作中的基本情况、工作中取得的经验教训、存在的问题以及今后工作设想等,以取得上级领导部门的指导。

2. 分类

按照内容涉及的范围,报告可分为综合报告和专题报告。按照行文目的的不同,可将报告分为呈报性报告和呈转性报告。

3. 写作格式和注意事项

(1)写作格式:

标题:包括事由和公文名称。

主送机关:发文单位的直属上级领导机关。

正文:结构与一般公文相同。从内容方面看,报情况的,应有情况、说明、结论三部分,其中情况不能省略;报意见的,应有依据、说明、设想三部分,其中意见

设想不能省去。从形式上看，复杂一点的要分开头、主体、结尾。开头使用多的是导语式、提问式，给出总概念或引起注意。主体可分部分加二级标题或分条加序码。

结尾：可展望、预测，亦可省略，但结语不能省。

（2）注意事项：情况确凿、观点鲜明、想法明确、口吻得体，不要夹带请示事项；注意结语；呈转报告的要写上“以上报告如无不妥，请批转各地参照执行”；最后写明发文机关、日期。

范例

关于推荐山东省学联第十次代表大会代表的报告

共青团山东省委、山东省学生联合会：

在收到鲁青联〔2008〕92号《关于召开山东省学生联合会第十次代表大会的预备通知》后，我校团委立即向主管学校领导作了汇报，并按照文件要求对代表推荐工作进行了详细认真的布置安排。

经过酝酿推荐建议候选人、综合表现确定预备候选人、差额选举产生正式代表等过程，并经校学生会、所在院系党组织和校团委审核，最终确定×××等三名同学作为正式代表参加省学联第十次代表大会。

同时报经学校党委同意，×××同志作为省学联第十次代表大会列席代表，学校作为省学联委员候选单位。

特此报告

共青团山东科技大学委员会

山东科技大学学生会

二〇〇八年十二月五日

二、团内常用事务性文书

共青团事务性文书主要包括以下几种：工作计划、规划、纲要、安排、方案、设想、打算、工作要点、总结、大事记、会议记录、调查报告、述职报告、简报等。本小节主要讲解几种常用的事务性文书。

（一）计划

计划是管理的一项重要职能，任何组织中的各项管理活动都离不开计划。计划通过将组织在一定时期内的活动任务分解给组织的每一个部门、环节和个人，从而不仅为这些部门、环节和个人在该时期的工作提供了具体的依据，而且为解决组织目标的实现提供了保证。

狭义的计划是应用写作广义工作计划中最适中的一种。这个特点表现在：时间一般在一年、半年左右；范围一般都是一个单位的工作或某一大项重要工作；内容和写法要比规划具体、深入，要比设想正规、细致，要比方案简明、集中。

1. 计划的具体写法

计划由于大多以一个单位的工作内容为范围，只在单位内要求执行，所以一般不以文件形式下发，因而除标题和正文外，往往还要在题下或文后标明“××××年××月××日制订”字样，以示郑重。计划的标题也是“四要素”写法，其中哪一个要素都不应省略。正文写法，由于计划是对一个单位的全面工作或某一项重要工作的具体要求，所以写作要比规划和设想都要具体、详细得多。一般包括以下几方面内容：

一是开头：或阐述依据，或概述情况，或直述目的，要写得简明扼要。

二是主体：即计划的核心内容，阐述“做什么”（目标、任务）、“做到什么程度”（要求）和“怎样做”（措施办法），这三项内容既要写得全面周到，又要写得有条不紊，具体明白。全面工作计划一般采取“并列式结构”（任务、措施分说）。

三是结尾：或突出重点，或强调有关事项，或提出简短号召，当然也可不写结尾。

2. 注意事项

不论哪种计划，写作中都必须注意掌握以下五条原则：

对上负责的原则。要坚决贯彻执行党和国家的有关方针、政策和上级的指示精神，反对本位主义。

切实可行的原则。要从实际情况出发定目标、定任务、定标准，既不要因循守旧，也不要盲目冒进。即使是做规划和设想，也应当保证这些规划和设想是可行的，能基本做到的。

集思广益的原则。要深入调查研究，广泛听取群众意见，博采众长，反对主观主义。

突出重点的原则。要分清轻重缓急，突出重点，以点带面，不能眉毛胡子一把抓。

防患未然的原则。要预先想到实行中可能发生的偏差，可能出现的故障，有必要的防范措施或补充办法。

（二）规划

规划是计划中最宏大的一种：从时间上说，一般都要在三五年以上；从范围上说，大都是全局性工作或涉及面较广的重要工作项目；从内容和写法上说，往往是粗线条的，比较概括，如《××省经济和社会发展十年规划》、《××省工业结构调整规划》等。规划是为了对全局或长远工作作出统筹部署，以便明确方向，激发干劲，鼓舞斗志；相对其他计划类公文而言，规划带有方向性、战略性、指导性，因而其内容往往更具有严肃性、科学性和可行性。这就要求写作者必须首先进行深入的调查和周密的测算，在掌握大量可靠资料的基础上，根据党、国家和具体单位的发展方针确定发展远景和总体目标，然后充分吸收有关意见，以科学的态度，反复经过多种方案的比较、研究和选择，确定各项指标和措施。

规划因具有严肃性，所以一般都是通过“指示性通知”来转发的，其格式都是由“标题”和“正文”两部分组成，一般不必再落款，也不用写成文时间。规划的标题是“四要素”写法：单位名称＋时间期限＋内容范围＋“规划”。如《××省“八五”期间经济发展规划》。规划的正文一般都比较长，大致有以下几方面内容：

一是前言，即有关的背景材料，也就是制订规划的起因和缘由。这是制订规划的依据，因此不能简单地罗列事实，而应把诸多有关情况经过认真地综合、分析，找出其有得因素和不得因素。这样才会使人相信下面所提的规划目标言之有据，有可靠性。

二是指导方针和目标要求。这是规划的纲领和原则，是在前言的基础上提出的，因此既要写得鼓舞人心，又要写得坚定有力，要用精练的语言，概要地阐述出来。

三是主要任务和政策、措施。这是规划的主体和核心，是解决“做什么”和“怎样做”的问题，因此任务要提得明确，措施要提得概括有力。这部分写作通常有两种结构：对于全面规划或任务项目较多的规划，因其各项任务比较独立，没有多少共同的完成措施，一般采用以任务为主线的“并列式结构”（措施都在各自的任务之后分别提出）；对于专题规划或任务较单一的规划，因其任务项目较少而其项目之间的联系又较大，一般采用任务、措施分说的“分列式结构”。

四是结尾，即远景展望和号召。这部分要写得简短、有力、富有号召力。

（三）设想

设想是计划中最粗略的一种：在内容上是初步的，多是不太成熟的想法；在写法上是概括地、粗线条地勾勒。但时间不一定都是远的，范围也不一定都是很大的。一般说来，时间长远些的称“设想”，范围较广泛的称为“构想”，时间不太长、范围也不太大的则称为“思路”或“打算”。设想是为制订某些规划、计划作出准备的，是一些初步想法。设想在严肃性、科学性和可行性方面的要求相对差一些，因为它是为正式的规划或计划作准备，要么是给各级领导看的，要么是交群众讨论的，不必也没时间考虑得太周密，只要基本成形就可以，且在提出任务或目标时，往往还有一些简短的论述语句。设想与规划一样，在内容的写法上都是比较原则和概括，不可能也没有必要写得太细、太具体。

设想的具体写法：设想因具有超前性，所以其写作要求并不十分严格，其格式也不大一样：如果是给领导看的，就要严肃一些，随报告报送，不必落款，也不必写行文时间；如果是交给群众讨论的，或者不以通知或报告的形式转发或上报，就要落款并写明具体行文时间。设想的标题可以是“四要素”，也可以是“三要素”，或省略单位名称，或省略时间期限，还可以是“两要素”即省略单位名称和时间期限，如《关于机构改革的初步设想》。设想的正文一般有两种写法：第一种是只讲目标、要求的条项并列式写法，适用于时间较长远的“设想”或工作计划的最初构思或打算。第二种是按规划、计划、方案或安排的格式结构，只是内容粗略一些的想法，适用于预备性计划，即只是征求意见的“构想”、“思路”或“打算”。

（四）工作总结

1. 定义

工作总结，就是把一个时间段的工作进行一次全面系统的总检查、总评价、总分析、总研究，分析成绩、不足、经验等。总结是应用写作的一种，是对已经做过的工作进行理性的思考。总结与计划是相辅相成的，要以工作计划为依据，订计划总是在总结经验的基础上进行的。其间有一条规律：计划—实践—总结—再计划—再实践—再总结。

2. 分类

根据不同的分类标准，可将总结分为许多不同的类型。

按范围分：有班组总结、单位总结、行业总结、地区总结等。

按内容分：有工作总结、教学总结、学习总结、科研总结、思想总结、项目总结等。

按时间分：有月份总结、季度总结、半年总结、年度总结、一年以上的时期总结等。

按性质分：有全面总结、专题总结等。

区分以上总结的种类，目的在于明确重心、把握界限，为构思写作提供方便。但上述分类不是绝对的，相互之间可以相容、交叉。如《×× 大学 1999 年度工作总结》，按性质讲是工作总结，按范围讲是单位总结，按时间讲是年度总结，按内容讲是全面总结。同时，大学的工作总结不可能不涉及教学和科研，那么它也包含了教学总结和科研总结的成分。这说明在总结的分类上，应灵活掌握，不必过于拘泥形式。

3. 写作格式和注意事项

（1）写作格式。总结的标题：总结的标题分为单标题和双标题两种。单标题又可分为公文式标题和文章式标题。公文式标题：单位名称 + 时限 + 总结内容 + 文称。如标题下或文末有单位署名，标题可省略单位名称等。文章式标题一般是直接标明总结的基本观点，常用于专题总结。双标题是同时使用上述两种标题：一般正题用文章式标题；副题采用公文式标题，补充说明单位、时限、内容等。

总结的正文：和其他应用文体一样，总结的正文也分为开头、主体、结尾三部分，各部分均有其特定的内容。

开头：总结的开头主要用来概述基本情况。包括单位名称、工作性质、主要任务、时代背景、指导思想，以及总结目的、主要内容提示等。作为开头部分，应以简明扼要的文字写明在本总结所包括的期限内的工作根据、指导思想以及对工作成绩的评价等内容。它是工作总结的引言，便于把下面的内容引出来，只要很短的总结文本的一段文字就行了。

主体：这是总结的主要部分，内容包括成绩和做法、经验和教训、今后打算等方面。这部分篇幅大、内容多，要特别注意层次分明、条理清楚。

结尾：结尾是正文的收束，应在总结经验教训的基础上，提出今后的方向、任务和措施，表明决心、展望前景。这段内容要与开头相照应，篇幅不应过长。总结正文写完以后，应该在正文的右下方，写上总结单位的名称和总结的年月日。

（2）注意事项。一是要重视调查研究，熟悉情况：总结的对象是过去做过的工作或完成的某项任务，进行总结时，要通过调查研究，努力掌握全面情况和了解整个工作过程，只有这样，才能进行全面总结，避免以偏概全。

二是要热爱本职工作，熟悉业务：热爱本职工作，事业心强，是做好工作的前提，也是搞好总结的基础。写总结涉及本职业务，如果对业务不熟悉，就难免言不及义。

三是要坚持实事求是的原则：总结是对以往工作的评价，必须坚持实事求是的原则，就像陈云同志所说的那样，“是成绩就写成绩，是错误就写错误；是大错误就写大错误，是小错误就写小错误”。这样才能有益于现在，有益于将来。夸大成绩，报喜不报忧，违反作总结的目的，这类思想应该被摒弃。

范例

二〇〇八年共青团工作总结

在学校党委和上级团组织的领导下，学校团委以邓小平理论和“三个代表”重要思想为指导，高举中国特色社会主义伟大旗帜，深入贯彻落实科学发展观，团结和带领全校团员青年，求真务实，开拓创新，圆满完成各项工作任务。现将2008年共青团工作总结如下。

一、深入学习中国特色社会主义理论，加强学生思想教育，学生思想道德素质不断提高

（略）

二、深入开展形式多样的科技创新活动，加强学生创新能力培养

（略）

三、广泛开展社会实践及青年志愿者活动，引导学生在实践中锻炼成长

（略）

四、创新学生素质拓展平台，广泛开展文化艺术活动，促进学生综合素质提高

（略）

五、夯实共青团组织基础，不断增强团组织凝聚力和号召力

（略）

共青团山东科技大学委员会

二〇〇八年十二月二十五日

（五）工作要点

1. 定义和特点

工作要点是针对未来一个时期工作的简明扼要安排，多用于领导机关对下属单位布置工作和交代任务。它的特点具有指导性、预见性、可行性、约束性。

2. 写作格式和要求

（1）写作格式：

标题：单位名称 + 时间区间 + “工作要点”

正文：要坚持（某一方针政策）为指导，认真贯彻（某一文件精神），全面落实（某一原则措施），深入实施（ ），以（ ）为基础，以（ ）为核心，以（ ）为重点，以（ ）

为目标，努力开创（ ）新局面。

（2）写作要求：

内容高度概括，既包括全盘工作，又突出重点任务，不展开观点，只择其要者而述之，条理清楚，层次分明，实事求是，既有定性要求，也有定量指标，语言朴素准确；措施有创新性、可操作性，简明实用；每个事项的做法、程序、要求交代清楚。

（六）计划、总结、要点的区别

1. 从时间跨度看

工作规划、工作要点、工作计划之间是依次缩小的关系。工作规划一般为三年以上，工作要点一般为一年，工作计划多则一年，少则一月、一周、一小时。

2. 从衔接关系看

工作规划、工作要点、工作计划之间是依次承接的关系。“规划”的层次最高，涉及的多是战略方针、战略任务、战略布局、战略措施和重大政策等宏观问题。“要点”的层次次之，涉及的多是工作的总体思路与各项主要工作、重要活动的大致安排等中观问题。“计划”的层次最低，涉及的多是具体工作的内容、步骤、程序、要求等微观问题。“规划”依赖“要点”去部署，“要点”依赖“计划”去细化并落实。如一个单位的五年规划，就应该是该单位制订五年内各个年度工作部署与安排即工作要点的指南，工作要点制订之后还要制订许许多多的具体工作的计划。

3. 从可操作性看

工作规划、工作要点、工作计划之间是依次增强的关系。“规划”是对未来工作的目标性安排，是将来要实现的蓝图，缺乏可操作性。“要点”是对年度主要工作的安排，即对将要进行的工作的安排，略具可操作性。“计划”是对当前工作与活动的安排，是立即要付诸行动的，最具可操作性。

4. 从详略程度看

工作规划、工作要点、工作计划之间是依次细化的关系。工作规划的内容最为概括。工作要点则主要就干什么事情、达到什么目标、做怎样的时间安排加以部署，相对规划要具体一些。工作计划则十分具体细致，比如同样是对会议的安排，在“要点”中只要说明什么时候召开什么会议、达到什么目的即可，会议计划则要拟定会议的名称、内容、地点、日程、议程、人员、住宿、交通、座次、材料准备和经费开支等许多具体内容与细节。

范例

二〇〇九年共青团组织工作要点

2009年共青团组织工作的总体思路是：高举中国特色社会主义伟大旗帜，以邓小平理论和“三个代表”重要思想为指导，深入贯彻落实科学发展观，全面贯彻党的十七大、十七届三中全会和团十六大精神，落实团十六届二中全会和《共青团工作五年纲要（2009～2013）》确定的有关工作任务，坚持并进一步深化“党建带团建”，以改革创新精神扎实推进加强团的基层组织建设，切实加强团员团干部队伍建设，充分激发各级团组织内在活力，增强团组织对广大青年的吸引力和凝聚力，为共青团事业发展提供有力的组织保障。

一、加强统筹协调和督促指导，推动团的基层组织建设实现新突破和新发展

（略）

二、修订完善团内工作制度，切实加强和改进团的各项基础工作

（略）

三、按照“政治上要过硬、作风上要扎实、自律上要严格”的要求，加强团干部队伍建设

（略）

四、落实增强团员意识长效机制，保持团员队伍的持久生机与活力

（略）

五、深化青年人才工作，加强对青年人才工作的指导和协调

（略）

共青团山东科技大学委员会

二〇〇九年一月

三、团内常用其他类文书

（一）入党申请书

写入党申请书时，要注意以下问题：

（1）要认真学习党章和有关党的基本知识，了解党，认识党，树立正确的入党动机。要联系思想实际谈自己对党的认识，向党组织交心，切忌只抄书抄报，不谈真实思想。

（2）要对党忠诚老实，如实向党组织说明自己的政治、历史、本人经历等有关情况，不得隐瞒或伪造。

（3）才入党申请书一般应由本人书写。如因文化程度低或其他特殊原因，不能亲自书写的，可以由本人口述，别人代写，但要说明不能亲自书写的原因，经申请人签名盖章后交给党组织。

范例

入党申请书

尊敬(敬爱)的党组织：

我志愿加入中国共产党，拥护党的纲领，遵守党的章程，履行党员的义务，执行党的决定，严守党的纪律，保守党的秘密，对党忠诚，积极工作，为共产主义奋斗终生，随时准备为党和人民牺牲一切，永不叛党。（入党誓词）

中国共产党是中国工人阶级的先锋队，同时是中国人民和中华民族的先锋队，是中国特色社会主义事业的领导核心，代表中国先进生产力的发展要求，代表中国先进文化的发展方向，代表中国最广大人民的根本利益。党的最高理想和最终目标是实现共产主义。中国共产党以马克思主义、毛泽东思想、邓小平理论、“三个代表”重要思想和科学发展观作为自己的行动指南。（党的性质）

马克思列宁主义揭示了人类社会历史发展的普遍规律，它的基本原理是正确的。坚持马克思主义的基本原理，走中国人民自愿选择的适合中国国情的道路，中国的社会主义事业必将取得最终的胜利。以毛泽东同志为主要代表的中国共产党人，把马克思列宁主义的基本原理同中国革命的具体实践结合起来，创立了毛泽东思想。毛泽东思想是马克思列宁主义在中国的运用和发展，是被实践证明了的关于中国革命和建设的正确的理论原则和经验总结，是中国共产党集体智慧的结晶……（对党的认识）

……（个人的成长历程及思想成长过程）(略）

……（表决心)(略）

申请人：

年　月　日

（二）感谢信

1. 定义

感谢信是集体单位或个人对关心、帮助、支持本单位或个人的集体或个人表示衷心感谢的函件。

2. 分类

（1）按感谢对象的特点来分。

写给集体的感谢信：一般是个人处于困境时，得到了集体的帮助，并在集体的关心和支持下，自己最终克服了困难，渡过了难关，摆脱了困境，所以要用感谢信的方式表达自己的感激之情。

写给个人的感谢信：可以是个人、单位，也可以是集体，为了感谢某个人曾经给予的帮助或照顾而写的。

（2）按感谢信的存在形式来分。

公开张贴的感谢信：包括可在报社登报、电台广播或电视台播报的感谢信，是一种可公开张贴的感谢信。

寄给单位、集体或个人的感谢信：这种感谢信直接寄给单位、集体或个人。

3. 写作格式和注意事项

（1）写作格式：

一是感谢的事由：概括叙述感谢的理由，表达谢意。

二是写清对方的事迹：具体叙述对方的先进事迹，叙述时务必交代清楚人物、事件、时间、地点、原因和结果，尤其重点叙述关键时刻对方给予的关心和支持。

三是揭示意义：在叙述事实的基础上指出对方的支持和帮助对整个事情成功的重要性以及体现出的可贵精神。同时表示向对方学习的态度和决心。

四是结语：写感谢信结束时表示敬意的话、感谢的话。

五是落款：感谢信的落款署上写信的单位名称或个人姓名，并且署上成文日期。前者在上，后者在下。

（2）注意事项：内容要真实，评誉要恰当。感谢信的内容必须真实，确有其事，不可夸大溢美。感谢信以感谢为主，兼有表扬，所以表达谢意时要真诚。评誉对方时要恰当，不能过于拔高，以免给人一种失真的感觉。

用语要适度，叙事要精练。感谢信的内容以主要事迹为主，详略得当，篇幅不能太长，所谓话不在多，点到为止。感谢信的用语要求是精练、简洁，遣词造句要把握好一个度，不可过分雕饰，否则会给人一种不真实、虚伪的感觉。

范例

感谢信

本人于2013年9月17日丢失钱包一个，内含大量现金、身份证以及银行卡等物品，被测绘学院遥感2班的刘汝涛、尹相杰、王云鹏三位同学捡到，他们在网上发布信息，最终将钱包归还给我。我对这几位同学深表感谢，并希望同学们向他们学习，做一个拾金不昧的好青年。

感谢人：×××

2013年9月22日

（三）证明信

1. 定义

证明信是以行政机关、社会团体、企事业单位或个人的名义凭借确凿的证据证明某人的身份、经历或某件事情的真实情况时所使用的一种专用书信。证明信一般也直接称作证明。

2. 写作格式和注意事项

（1）写作格式：

标题："证明"或"有关××问题的证明"。

称谓：另起一行写上单位名称，之后加冒号。

正文：被证明的事实。

结尾：一般写"特此证明"。

落款：出具证明的单位署名、日期，加盖公章。

（2）注意事项：

证明信的作用贵在证明，是持有者用以证明自己身份、经历或某事真实性的一种凭证，所以证明信要突出它的凭证的作用；同时证明信是一种专用书信，尽管证明信有好几种形式，但它的写法同书信的写法基本一致，大部分采用书信体的格式。

范例

证　明

××××：

兹证明，贵单位×××同志于2006年9月至2010年6月曾在我校××专业学习，圆满完成学习任务，业已毕业。

特此证明。

此致

敬礼

×××学院（公章）

×××年××月××日

（四）聘书

1. 定义和适用范围

聘书是聘请书的简称。它是用于聘请某些有专业特长或有名望、具权威的人完成某项任务或担任某种职务时的书信文体。聘书在应用写作中起着重要的作用。

一般来讲聘书适用于以下一些情况：

学校、工矿企业等在需要某方面有特长或有专业技能的人才时，发出聘书。在这种情况下，往往是用人单位承担了某项工作，靠自己本单位或现有的人才资源无法顺利完成任务；或者由于企业的发展，事业的扩大，需重新聘用一些有专长、在工作中起重大作用的人。总之，这是一种对专业人才所发的聘书。

社会团体或某些重要的活动为了提高自身的知名度、扩大影响力，常常聘请一些有名望的人加盟或参与，以期更好地开展活动。如聘请名人作顾问、作指导、作为某项比赛的评委等均属于这种情况。

2. 写作格式和注意事项

(1) 写作格式。聘书一般已按照书信格式印制好，中心内容由发文者填写即可。完整的聘书的格式一般由以下几部分构成。

标题：聘书往往在正中写上“聘书”或“聘请书”字样，有的聘书也可以不写标题。已印制好的聘书标题常用烫金、大写的“聘书”或“聘请书”字样组成。

称谓：聘请书上被聘者的姓名称呼可以在开头顶格写，然后再加冒号；也可以在正文中写明受聘人的姓名称呼。常见的印制好的聘书则大都在第一行空两格写“兹聘请××……”。

正文：首先交代聘请的原因和请去所干的工作，或所要去担任的职务。其次，写明聘任期限。如“聘期两年”、“聘期自××××年××月××日至××××年××月××日”。再次，说明聘任待遇。聘任待遇可直接写在聘书之上，也可另附详尽的聘约或公函写明具体的待遇，这要视情况而定。另外，正文还要写上对被聘者的希望。这一点一般可以写在聘书上，但也可以不写，而通过其他的途径使受聘人切实明白自己的职责。

结尾：聘书的结尾一般写上表示敬意和祝颂的结束用语。如“此致——敬礼”等。

落款：落款要署上发文单位名称或单位领导的姓名、职务，并署上发文日期，同时要加盖公章。

(2)注意事项:

聘书要郑重严肃,对有关招聘的内容要交代清楚。书写要整洁、大方、美观。

聘书一般要短小精悍,语言要简洁明了、准确流畅,态度要谦虚诚恳。

聘书是以单位名义发出的,所以一定得加盖公章,方视为有效。

范例

聘请书

兹聘请 ××× 为 ××× 社团指导老师。聘任期为一学年,聘期　　年　月　日——　　年 月 日。

此聘

共青团 ××× 大学委员会

大学生社团联合会

二〇一〇年十一月

山东科技大学共青团工作介绍

近年来，在学校党委和上级团组织的关怀和指导下，山东科技大学共青团紧紧围绕学校中心工作，以加强大学生思想政治教育为重点，以素质养成教育为主线，以提升学生科技创新能力为关键，以打造校园文化品牌为抓手，以深化社会实践和志愿服务工作为依托，以夯实团的组织建设为统揽，求真务实、开拓创新、科学发展，竭诚服务青年学生成长成才。

三年来，学校团委获"全国暑期'三下乡'社会实践先进单位"等国家级荣誉称号1次、"山东省红旗团委"等省级荣誉称号12次；先后55个基层团委或学生集体获"山东省五四红旗团委"等省级以上称号，13人获"中国青年志愿者优秀个人奖"等国家级荣誉称号，331人获"山东青年五四奖章"等省级以上荣誉称号。2014年，"大学生舆情24小时预警应对机制建设"被团中央确定为全国学校共青团重点工作创新试点，学校团委被确定为团中央学校部直接联系点，团中央学校部对学校共青团工作直接给予指导。

一、把握共青团的根本属性，切实做好大学生思想引领工作

学校共青团紧扣时代主题，结合学校实际工作和青年学生特点，先后开展"学习贯彻十八大精神，我为名校建设做贡献"、"爱党爱国铭于心　知校荣校践于行"、"文明修身我先行　砥砺品行树新风"、"学习和践行社会主义核心价值观"等一系列特色鲜明的主题教育活动。主题教育活动集政治性、思想性、群众性、社会性为一体。在"五四"、"七一"、"十一"等重要节日，采用文艺汇演、红歌比赛、主题演讲、征文比赛、报告会、图片展等学生喜闻乐见的形式，深入开展思想引领

工作。为更好地组织全校团员青年学习和践行社会主义核心价值观，学校团委按照“一月一主题”的原则和思路，设计和开展了“勤学、修德、明辨、笃实”主题学习活动、“为祖国勤学修德　以实践明辨笃实”主题实践活动、“青春逐梦　信仰领航”主题团日活动、“以青春之我，创建文明之校园”主题文化活动、“以身作则　率先垂范　我为社会主义核心价值观代言”主题培训活动、“科大好青年”主题评选活动等，各级团组织共举办活动123场。围绕“三观”、“三热爱”，组织广大团员青年认真学习贯彻党的十八大三中、四中全会精神和习近平总书记系列重要讲话，引导团员青年深入了解党的方针政策、自觉学习政治理论、全面把握国情。围绕激励成长主题，组织开展“写一封家书”感恩教育活动，增强青年学生的感恩意识、责任意识、自立意识和健全人格，青岛校区14000余名学生采用邮寄、捎带、电子邮件等形式寄送家书，向父母亲友抒发入学和军训感受，表达感恩情怀。围绕榜样教育，开展“身边的感动”校园感动人物评选活动，经过自主报名、组织推荐、网络投票、考察公示等环节，评选出10名校园感动人物，充分展现当代大

”青春颂　科大情　中国梦“大学生合唱比赛

共青团山东科技大学委员会文件

校团字〔2014〕15号

关于在全校团员青年中深入开展学习践行社会主义核心价值观主题教育活动的通知

各校区团委，各学院团委，后勤服务总公司团委：

根据团中央和校党委的有关文件精神，为进一步贯彻落实党的十八大和十八届三中全会精神、习近平总书记系列重要讲话，用社会主义核心价值观引领广大团员青年全面发展、成长成才，经研究，决定在全校范围内深入开展学习践行社会主义核心价值观主题教育活动。现将有关事宜通知如下：

一、组织学习、加强宣传，使广大团员青年深刻理解社会主

关于在全校团员青年中深入开展学习践行社会主义核心价值观主题教育活动的通知

共青团山东科技大学委员会

签发人：王　震

〔2012〕25号

关于开展“写一封家书”感恩教育活动的通知

各学院团委：

按照青岛市委高校工委、青岛市关工委的安排部署，经研究决定，在我校2013级新生中举办“写一封家书”感恩教育活动，有关事宜通知如下：

一、活动意义

以科学育人为主题，以社会主义核心价值体系教育为主线，旨在以书信的方式为刚入学新生提供一个抒发入学和军训感受、表达对父母感恩情怀的平台和途径，并以此引导广大团员青年要加深与父母及亲友的情感沟通，不断增强感恩意识，责任意识、自立意识和健全人格，树立远大目标，为祖国建设、学校发展、父母期望而奋发成才。

二、活动对象

青岛校区2013级本科新生

关于开展“写一封家书”感恩教育活动的通知

"身边的感动"校园感动人物事迹报告会

学生坚忍不拔的生活态度和积极向上的精神风貌。围绕理想教育，开展"与信仰对话——校园人生分享会"活动，邀请专家学者、校院领导、身边典型、杰出校友等与学生对话交流人生信仰、分享人生经验，党委书记袁俊平教授、校长任廷琦教授分别做客该活动，与广大团员青年面对面交流，各级团组织每年平均举办对话活动37场。围绕文明修身教育，开展大学生文明礼仪宣讲演示活动，先后在校内外开展活动66次，受教育观众达11万人次。大学生文明礼仪宣讲演示团先后获得全国"百优社团"、山东省大学生思想政治工作创新奖、山东省高校优秀校园文化成果奖等，被山东卫视、齐鲁电视台、《光明日报》、《大众日报》、山东广播电台等多家媒体宣传报道。

"与信仰对话——校园人生分享会"之"我与书记面对面"活动

"与信仰对话——校园人生分享会"之"我与校长面对面"活动

根据当前青年学生的思想特点，学校团委积极开创思想引领新载体，不断增强思想政治教育的针对性和实效性。通过“红网工程”建设，开辟了共青团微博工作体系、“致青春·山东科技大学学生之家”微信平台、《青春视角》校园视频栏目、北极星网、《科大学子》电子刊、团干部飞信群等网上思想教育阵地。北极星网连年被评为校“明星网站”，日点击量2000余次。共青团微博工作体系实现了校级、学院、团支部相统一的三级团的网络化组织体系和信息化工作机制，全校1170个团支部全部开通微博，学校团委微博已拥有听众4564个，广播数量达到717条。“致青春·山东科技大学学生之家”微信平台发布各类团情、学情快讯282条，关注量近5000人，通过火车票预定、成绩查询、天气预报、权益投诉等功能服务广大师生。《青春视角》栏目出品学生自编、自导、自制视频6部，从学生视角去记录和解读祖国发展、社会进步、学校建设和个人成长。全校各级团组织

▶ 文明礼仪宣讲团赴中国石油大学宣讲演示 ◀

▶ 做文明小学生暨山科大文明礼仪宣讲团演出 ◀

▶ 北极星网站 ◀

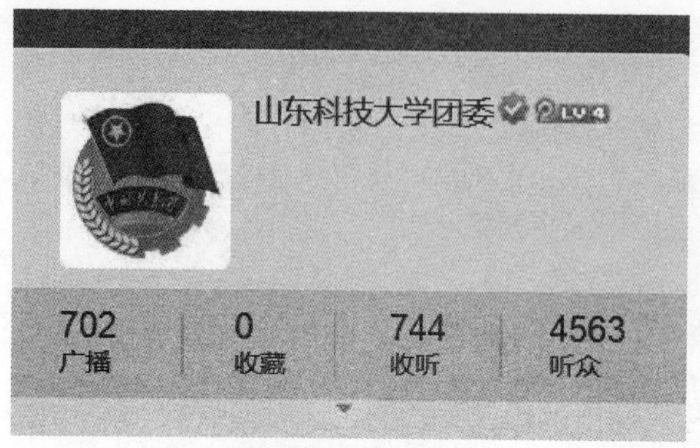

▶ 校团委微博 ◀

▶ 致青春·学生之家微信平台 ◀

▶《青春视角》视频栏目 ◀

组建了团干部飞信群及QQ群，通过即时通讯，与学生深入交流，畅谈心扉。先后通过微博微信平台，开展“三行小诗伴我行 文明修身我先行”主题教育活动、“我为核心价值观代言”校园风采巡展、“我的大学生活，我的校园见闻”等线上主题教育活动21次。出版《科大学子》电子刊120余期。

二、打造共青团的工作亮点，实现学生科技创新工作新突破

学校团委历来重视学生科技创新工作，现已在校内形成了以“挑战杯”、“创

青春”等高水平竞赛为龙头，以学生专利研究和科研立项为依托，以丰富多彩的校内科技学术活动为载体的学生科技创新工作格局。先后通过“创意沙龙”、专利成果展示会、“创新思想与方法”专题培训、知名专家报告会等形式多样、覆盖面广的科技学术活动，激发学生参与科技创新的积极性和主动性；通过完善学生专利研究及申请资助工作，引导学生结合所学专业开展项目申报及研究，进一步提高申报专利的水平和质量，每项专利研究在一年内完成申报、受理、授权、取得证书的所有环节，逐渐缩短取得专利授权的时间；成功组织和备战“挑战杯”等系列学生科技创新竞赛，在获奖层次上取得了突破。

三年来，依托“一院一赛”，开展“扬帆科海”科技论坛、学生科技成果展、测量技能大赛、数学建模大赛、三维建模大赛、化学实验技能大赛、地质技能大赛、结构设计大赛等形式多样的科技竞赛活动近100项。修订完善了《山东科技大学学生科技创新工作管理办法》。在“创青春”全国大学生创业大赛等320项校外高水平学术科技竞赛中，获省级以上奖励2646项，其中，国家级奖励1062项、省部级1584项。2014年，在全国大学生创业大赛中获得1金、4银、4铜，创历史最好成绩。学校连年获得“挑战杯”山东省大学生课外学术作品竞赛优秀组织奖、“创青春”山东省大学生创业大赛优胜杯和优秀组织奖。机电学院学生孙朝阳被共青团中央、全国学联授予“第八届中国青少年科技创新奖”。本专科学生在各类刊物上发表论文195篇。学生申请专利756项、授权472项。资助校级学生科研立项550余项、院级科研立项4000余项，累计投入科研资金54万余元。

▶ 校领导参观学生科技创新成果展 ◀

▶ 山东省大学生机器人大赛 ◀

三、扩大共青团的活动影响，全力打造校园文化活动品牌

学校团委坚持以培育精品活动、创建活动品牌为重点，坚持“大型活动学校

西海岸大学生科技文化艺术节
山东科技大学科技创新成果展

志愿服务活动

学生所获专利证书

化、届次化，中型活动学院化、特色化，小型活动社团班级化、经常化”的运作体系，广泛开展融思想性、时尚性、互动性为一体的具有我校特色的校园文化活动，全力打造校园文化活动品牌。在活动内容上涵盖青年学生的思想、情感、兴趣、利益关注点等，在形式上积极探索、吸取、凝聚青年学生喜闻乐见的文化新形式和文化新载体，实现活动内容和形式的有机统一，不断扩大学生活动的影响力，着力培养学生人文素养。

三年来，举办“我的中国梦”文艺演出、“青春因我们而美丽”迎新晚会、“庆国庆 唱青春 共筑梦”大学生合唱比赛、“我的中国梦·奋斗的青春最美丽”朗诵比赛等特色文化项目87个。以“弘扬五四精神，展现青春风采”为主旋律，举办山东科技大学第七届大学生科技文化艺术节，开展手机短信大赛、励志主题演讲比赛、大学生魔术大赛等大型活动35场。举办山东科技大学第八届大学生科技文化艺术节和第四届社团文化节，“两节”共历时5个月，累计举办汉字听写大会、百米长卷书画展、创意设计大赛、孝文化节等全校大型活动48项，涵盖主题教育、文化艺术、科技创新、社团活动等四大类别。开展“走下网络、走出宿舍、走向操场”主题课外体育锻炼活动。建立覆盖校、院、团支部的多层次组织机制，开通微信、微博、网络“三走”活动专题宣传窗口，营造线上线下齐动员的浓厚氛围。举办定向越野赛、学生全明星篮球对抗赛等大型体育锻炼活动12项、175场次，覆盖学生62726人次，在全校掀起了远离网络、强身健体的热潮。组织学生积极参加第十三届山东省大学生科技文化艺术节，获一等奖16项，二等奖29项，三等奖46项，11名教师被评为优秀指导教师，

▶“我的中国梦”高雅艺术高校巡演走进山科◀

▶ 第七届大学生科技文化艺术节之大学生合唱比赛 ◀

▶ 大学生排球赛 ◀

学校荣获优秀组织奖。选派优秀社团参加山东省大学生社团节，共264人参加10项比赛活动，获一等奖1项、二等奖1项、三等奖2项、优秀奖5项。

学校团委高度重视学生组织的建设，将学生骨干培养纳入到共青团组织建设的重要内容，建有校院两级学生会组织，支持学生会按照章程独立自主地开展工作。进一步指导学生组织抓好工作制度建设，完善工作机制，确保学生组织的健康发展。鼓励学生组织围绕学校工作重点独立开展工作，增强“自我服务、自我管理、自我教育”的意识。共评选“我心目中的好老师”358名。2014年，出台《山东科技大学学生社团管理细则》，完成全校学生社团重新成立注册工作，构建了学生社团专业学科类、综合实践类、公益传播类、文化艺术类、体育爱好类共计91个学生社团的主体结构。社团活动更加规范、有序、健康。

▶ 青春梦想起航——迎新文艺演出 ◀

▶我的未来不是梦——大型文艺演出◀

▶ 大学生男子篮球赛 ◀

四、发挥共青团的社会功能，深化社会实践和志愿服务工作的育人作用

教育部和团中央在《关于加强高校实践育人工作的若干意见》中提出，社会实践活动是实践育人的主要形式之一。学校团委始终贯彻理论学习、创新思维、社会实践相统一的理念，充分发挥社会实践和志愿服务工作的育人作用，组织开展暑期“三下乡”、“四进社区”等社会实践活动，结合专业特点，以重大活动、重大事件、重要节庆日为契机，围绕一个主题，广泛开展社会调查、科普宣传、公益劳动、志愿服务等活动；开展岗位体验、社会兼职等社会角色体验类实践活动，促进学生了解和适应社会；发挥志愿者注册管理系统的作用，完善志愿者注册和应急招募制度；积极拓展境外实践渠道，为青年学生开阔视野、交流文化搭建平台；以转变就业观念和提高就业竞争力为重点，以山东蓝色半岛经济区建设为契机，积极促进校企合作，广泛开展就业创业实践活动。通过实践，不断提高学生环境适应能力和沟通合作能力，倡导学生积极投身和谐社会的建设和管理，充分发挥和增强团组织的社会功能。

三年来，围绕“青春践行中国梦”、“为祖国勤学修德，以实践明辨笃实”等主题，组织重点服务队 449 支开展暑期“三下乡”社会实践活动，其中，国家级重点团队 1 支、省级重点团队 26 支、校级重点服务队 263 支，分别奔赴北京、西藏、甘肃、山西等近 50 个省市、60 个地市，先后共 11000 余名学生参与。2014 年，学校重点择优资助了 12 个校级品牌建设项目。学校团委连续被评为全国大中专学生志愿者暑期“三下乡”社会实践活动先进单位或山东省大中专学生志愿者暑期“三下乡”社会实践活动优秀组织单位，共 45 支团队被评为省优秀服务队，60 名教师被评为省优秀指导者，129 名同学被评为省优秀学生。组织“调研山东”团队近 30 支，并组织承办“调研山东”十大重点项目——“山东省保障性住房建设的新思路”课题的调研工作。每年 9 月，各级团组织组织开展“实践归来话成就”座谈会，总结当年暑期“三下乡”社会实践活动，学校团委则通过实践活动图片展、优秀团队报告会、媒体报道展等形式对当年暑期社会实践活动进行展示，并通过评选社会实践优秀团队、优秀个人及优秀社会实践调查报告等形式，对当年社会实践活动进行总结表彰。《人民日报》、《中国青年报》、《大众日报》、新华网、凤凰网、人民网等媒体多次对我校社会实践工作进行报道。

学校团委着力建设志愿服务品牌。我校目前拥有注册志愿者 11774 余人，志愿者服务站 34 个，志愿者服务基地 31 个，民间志愿者组织 44 个。2013 年 3 月 5 日，在第 14 个“中国青年志愿者服务日”来临之际，为进一步整合志愿服务

资源，将学雷锋活动常态化开展，学校在尤洛卡广场挂牌设立“学雷锋广场”，并将每学期双周周六定为“学雷锋日”。“学雷锋日”志愿服务活动主要围绕小电器维修、电脑知识宣传、应急救护培训、野外自救知识培训、校园环境维护、健康知识宣传、义卖、课桌文化清理、失物招领等内容开展，参与对象为大学生志愿者联合会、各学院青协及各公益类社团，受益对象为全校广大师生员工以及驻地人民群众。全年共组织集中学雷锋志愿服务活动 50 余次，开展活动 62 项，参与志愿者 1100 人次，受益人数 7000 人。2014 年，选拔 100 名志愿者参加青岛世园会志愿服务工作，累计志愿服务时间 18000 余小时。 三年来，我校先后有 2 个集体、3 名个人被评为省级志愿服务先进集体和个人，1 个集体、2 名个人被评为青岛市志愿服务先进集体、先进个人。“小草学堂”公益项目被评为首届中国青年志愿服务项目大赛金奖，“信连心·共成长”公益项目获优秀奖。秦谭被评为第十届中国青年志愿者优秀个人奖。学校团委被评为青岛世园会志愿服务

▶ 校领导参加青年志愿者服务活动 ◀

▶”爱心书包”发放活动◀

▶ 大学生青年志愿者服务于群众 ◀

优秀组织单位，2名学生被评为青岛世园会优秀志愿者。大学生志愿者联合会获青岛市第五届十大“微尘公益之星（团体）”荣誉称号。自2009年以来共有58名大学生参加志愿服务西部计划。

▶ 校领导看望亚沙会志愿者 ◀

五、夯实共青团的组织建设，激发共青团青春活力

学校团委不断规范和加强团的基层组织建设，进一步强化团的组织职能，学校团委着力做好“四新”，即探讨优秀团员新标准、探索团建新形式、倡导团干部新作风、激发团组织新活力。在深入探讨新时期优秀团员标准的基础上，开展五四评比等争先创优活动，抓好典型教育；积极探索学生社团建团、青年自组织建团、青年兴趣组织建团以及联合建团、依托建团等团建新形式，不断扩大团组织的覆盖面；按照“修品行、善学习、勤思考、实做事”的要求，不断加强团干部的自身建设。

三年来，为进一步夯实团的基层组织建设，实施山东科技大学“青春集结号”团支部成长计划和共青团工作“十百千计划”。“青春集结号”团支部成长计划着力打造“团员凝心工程”和“支部聚力工程”，为全部团支部配备发放《山东科技大学团支部成长记录册》，不断完善团支部组织建设，增强团支部的战斗

▶ “青春集结号”——团支部成长记录册◀

▶ 共青团工作“十百千”计划◀

堡垒作用。共青团工作“十百千计划”,以打造“十项校级精品活动、一百项校区(学院)品牌活动、一千项团支部特色活动”为内容,以工作有抓手、有品牌、有特色、有载体为目标,以工作执行力度、落实程度、反馈效度为考量,对重点工作一抓到底、务求实效,先后共开展校团委精品活动20项,校区(学院)团委品牌活动207项,团支部特色活动2138项。召开五四表彰大会,先后表彰1706个集体和20337名个人。深入推进榜样教育,探索“科大好青年”创优品牌建设,用先进典型引导青年学生奋发成才。2014年,“大学生舆情24小时预警应对机制建设”被团中央确定为全国学校共青团重点工作创新试点,学校团委被确定为团中央学校部直接联系点,团中央学校部对我校共青团工作直接给予指导,全年直接向团中央报送《共青团信息简报》6期、《大学生舆情信息简报》5期。

▶ 山东科技大学代表团参加青岛市青年联合会第十届委员会第一次全体会议◀

▶ 团支部书记培训班◀

▶ 乔英云老师获山东省五四青年奖章 ◀

▶ 学生孙朝阳获第八届中国青少年科技创新奖 ◀

▶ 全国煤炭行业五四红旗团委颁奖现场 ◀

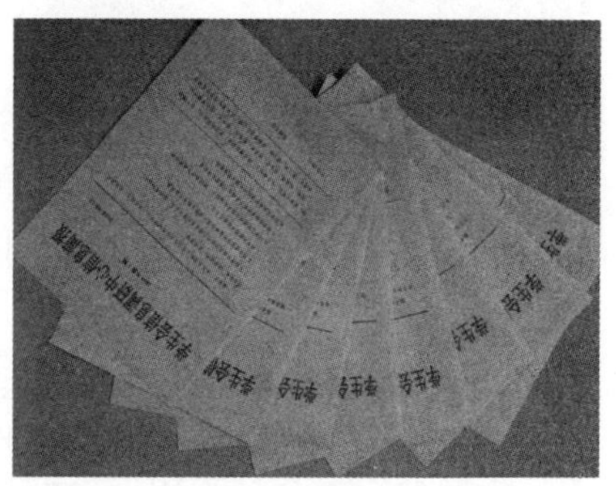

▶ 学生会信息调研中心信息简报 ◀

深入开展"'走进青年、贴近青年、服务青年'——团干部恳谈日"活动，及时掌握学生的思想和生活动态，帮助解决学生的实际问题。构建了信息收集、处理和反馈为一体的良好运作机制，建立了以专题调研为主的校长信息联络员、以动态搜集信息为主的共青团信息联络员、以促进伙食质量提高为主的大学生伙食监督管理委员等渠道，共编发信息简报 140 余期。为切实提高团干部的组织意识和工作水平，自 2006 年开始举办学生拔尖人才培训班，至今共举办 13 期，培养学生骨干 3462 名。2013 年，组建了团干部讲师团，开办了基层团干部培训班，目前校级团支书培训班已有 417 名学员顺利结业。

今后，学校团委将紧紧围绕学校中心工作，认真思考和把握新时期团的建设和工作方向，按照"工作内容分层次、上水平，实现校－院点面结合；工作载体多元化、求突破，实现学生活动百花齐放；品牌工作深内涵、显特色，为团的工作锦上添花"的工作思路，不断提高共青团工作科学化水平，更好地履行团的工作职能，更好地服务青年学生成长成才。

附录1

中国共产主义青年团章程

总则

中国共产主义青年团是中国共产党领导的先进青年的群众组织，是广大青年在实践中学习中国特色社会主义和共产主义的学校，是中国共产党的助手和后备军。

中国共产主义青年团坚决拥护中国共产党的纲领，以马克思列宁主义、毛泽东思想、邓小平理论、“三个代表”重要思想和科学发展观为行动指南，解放思想，实事求是，与时俱进，求真务实，团结全国各族青年，为把我国建设成为富强民主文明和谐的社会主义现代化国家，为最终实现共产主义而奋斗。

中国共产主义青年团在中国共产党领导下发展壮大，始终站在革命斗争的前列，有着光荣的历史。在建立新中国，确立和巩固社会主义制度，发展社会主义的经济、政治、文化的进程中发挥了生力军和突击队作用，为党培养、输送了大批新生力量和工作骨干。党的十一届三中全会以来，共青团根据党的工作重心的转移，紧密围绕改革开放和经济建设开展工作，为推进社会主义现代化建设事业作出了重要贡献，促进了青年一代的健康成长。

中国共产主义青年团在现阶段的基本任务是：高举中国特色社会主义伟大旗帜，坚定不移地贯彻党在社会主义初级阶段的基本路线，以经济建设为中心，坚持四项基本原则，坚持改革开放，用社会主义核心价值体系教育青年，在建设中国特色社会主义的伟大实践中，造就有理想、有道德、有文化、有纪律的接班人，不断巩固和扩大党执政的青年群众基础，努力为党输送新鲜血液，为国家培养青年建设人才，团结带领广大青年，自力更生，艰苦创业，积极推动社会主义经济建设、政治建设、文化建设、社会建设、生态文明建设，为全面建成小康社会、加快推进社会主义现代化、实现中华民族伟大复兴的中国梦贡献智慧和力量。

中国共产主义青年团加强思想政治工作，坚持对青年的教育和引导，组织青年学习马克思列宁主义、毛泽东思想、邓小平理论、“三个代表”重要思想和科学发展观，广泛开展党的基本路线教育，爱国主义、集体主义和社会主义思想教育，社会主义道德教育，近代史、现代史教育和国情教育，民主和法制教育，增强青年的民族自尊、自信和自强精神，树立正确的理想、信念和世界观、人生观、价值观，进一步增强对中国特色社会主义的道路自信、理论自信、制度自信。对团员还必须进行中国特色社会主义共同理想和共产主义远大理想教育。努力帮助青年学习现代科学文化知识，吸收和借鉴人类社会创造的一切文明成果，抵御资本主义和封建主义腐朽思想的侵蚀，不断提高青年的思想道德素质和科学文化素质。

中国共产主义青年团带领青年在经济建设中发挥生力军和突击队作用，充分调动和发挥青年的积极性和创造性，组织青年参加改革开放和完善社会主义市场经济体制的实践，促进科教兴国战略、人才强国战略和可持续发展战略的实施，树立科学技术是第一生产力的观念，掌握和运用先进的科学技术，学习和适应现代管理方式，诚实劳动，勇于创新，为发展社会生产力，增强综合国力，提高人民生活水平，实现我国经济发展的战略目标建功立业。

中国共产主义青年团充分发挥党联系青年的桥梁和纽带作用，积极协助政府管理青年事务，在维护国家和人民利益的同时代表和维护青年的具体利益，围绕党的中心任务，开展适合青年特点的独立活动，关心青年的工作、学习和生活，切实为青年服务，向党和政府反映青年的意见和要求，开展社会监督，同各种危害青少年的现象作斗争，保护和促进青少年的健康成长。

中国共产主义青年团高举爱国主义旗帜，坚决维护和发展全国各族青年之间的团结友爱，加强同香港特别行政区青年同胞、澳门特别行政区青年同胞、台湾青年同胞和海外青年侨胞的团结，按照“一国两制”的方针，共同促进香港、澳门长期繁荣稳定和祖国统一大业的完成。

中国共产主义青年团在维护我国的独立和主权，坚持和平友好、独立自主、相互学习、平等合作、共同发展的基础上，积极发展同世界各国青年组织的交往和友好关系，反对霸权主义和强权政治，维护世界和平，促进人类进步。

中国共产主义青年团要完成现阶段的基本任务，必须以改革创新精神全面推进团的建设，不断提高团的建设科学化水平。要发扬优良传统和作风，生动活泼、富于创造性地开展工作，把共青团建设成为团结教育青年的坚强核心。团的建设必须贯彻以下基本要求：

（一）坚持党的基本路线不动摇。全团要用邓小平理论、“三个代表”重要思想、科学发展观和党的基本路线统一思想和行动，团的各项工作都必须服从和服务于经济建设这个中心；必须把坚持改革开放和坚持四项基本原则统一起来，使党的基本路线在团的工作中得到全面贯彻。

（二）坚持党建带团建。把党的要求贯彻落实到团的建设之中，使团的建设纳入党的建设总体规划。

（三）坚持先进性与群众性的统一。教育、引导青年坚定正确的政治方向，发挥团员的模范作用；广泛团结青年，与青年保持密切的联系。

（四）坚持把竭诚服务青年作为团的一切工作的出发点和落脚点，更好地吸引和凝聚青年。

（五）坚持民主集中制。民主集中制是共青团根本的组织原则。要充分发扬民主，尊重团员主体地位，切实保障团员的民主权利。要实行正确的集中，加强组织性和纪律性，保证团的决议得到有效的贯彻执行。

（六）坚持不懈地抓好基层建设。基层组织是团的一切工作的基础。团的领导机关要确立基层第一的观念，发扬务实、求实的作风，深入基层，服务基层，不断增强基层活力。

中国共产主义青年团中央委员会受中国共产党中央委员会领导，团的地方组织和基层组织受同级党的委员会领导，同时受团的上级组织领导。

第一章　团员

第一条　年龄在十四周岁以上，二十八周岁以下的中国青年，承认团的章程，愿意参加团的一个组织并在其中积极工作、执行团的决议和按期交纳团费的，可以申请加入中国共产主义青年团。

团员年满二十八周岁，没有担任团内职务，应该办理离团手续。

团员加入共产党以后仍保留团籍，年满二十八周岁，没有在团内担任职务，不再保留团籍。

第二条　团员必须履行下列义务：

（一）努力学习马克思列宁主义、毛泽东思想、邓小平理论、“三个代表”重要思想和科学发展观，学习团的基本知识，学习科学、文化、法律和业务知识，不断提高为人民服务的本领。

（二）宣传、执行党的基本路线和各项方针政策，积极参加改革开放和社会主义现代化建设，努力完成团组织交给的任务，在学习、劳动、工作及其他社会活动中起模范作用。

（三）自觉遵守国家的法律法规和团的纪律，执行团的决议，发扬社会主义新风尚，实践社会主义荣辱观，提倡共产主义道德，维护国家和人民的利益，为保护国家财产和人民群众的安全挺身而出，英勇斗争。

（四）接受国防教育，增强国防意识，积极履行保卫祖国的义务。

（五）虚心向人民群众学习，热心帮助青年进步，及时反映青年的意见和要求。

（六）开展批评和自我批评，勇于改正缺点和错误，自觉维护团结。

第三条 团员享有下列权利：

（一）参加团的有关会议和团组织开展的各类活动，接受团组织的教育和培训。

（二）在团内有选举权、被选举权和表决权。

（三）在团的会议和团的媒体上，参加关于团的工作和青年关心的问题的讨论，对团的工作提出建议，监督、批评团的领导机关和团的工作人员。

（四）对团的决议如有不同意见，在坚决执行的前提下，可以保留，并且可以向团的上级组织提出。

（五）参加团组织讨论对自己处分的会议，并且可以申辩，其他团员可以为其作证和辩护。

（六）向团的任何一级组织直至中央委员会提出请求、申诉和控告，并要求有关组织给以负责的答复。

团的任何一级组织或个人都无权剥夺团员的权利。

第四条 接收团员必须严格履行下列手续：

（一）申请入团的青年应有两名团员做介绍人。

（二）介绍人应负责地向被介绍人说明团章，向团的组织说明被介绍人的思想、表现和经历。

（三）要求入团的青年要向支部委员会提出申请，填写入团志愿书，经支部大会讨论通过和上级委员会批准，才能成为团员。被批准入团的青年从支部大会通过之日起取得团籍。

第五条 新团员必须在团旗下进行入团宣誓。誓词如下：我志愿加入中国共产主义青年团，坚决拥护中国共产党的领导，遵守团的章程，执行团的决议，履行团员义务，严守团的纪律，勤奋学习，积极工作，吃苦在前，享受在后，为共产主义事业而奋斗。

第六条　团员由一个基层组织转移到另一个基层组织，必须及时办理组织关系转接手续。

第七条　对于模范履行团员义务、在社会主义现代化建设和保卫祖国的事业中有显著成绩的团员，团的组织应当给以奖励。

奖励分为：通报表扬，由团的中央、省、市（地）、县级委员会和基层团委授予优秀共青团员称号。

第八条　对于不执行团的决议、违反团章的团员，团的组织应当本着惩前毖后、治病救人的精神，进行批评和帮助，情节严重的，给以纪律处分。

处分分为：警告，严重警告，撤销团内职务，留团察看，开除团籍。

留团察看的时间为六个月或一年。团员在留团察看期间没有选举权、被选举权和表决权，不得作青年入团的介绍人。留团察看期满，改正了错误的，应当及时恢复其团员的上述权利；坚持错误不改的，应当开除团籍。

第九条　对团员的纪律处分，必须经支部大会讨论通过，报上级委员会批准。

对团员给以开除团籍的处分，必须经县级委员会或被县级以上团的委员会授权的团的基层委员会批准。

第十条　团的组织对团员作出处分决定，必须严肃慎重，实事求是。支部大会在讨论决定对团员的处分时，除特殊情况外，应当吸收本人参加，认真听取他的意见。决定后如果本人不服，可以提出申诉，有关团组织必须负责处理或者迅速转递，不得扣压。

第十一条　团员有退团的自由。团员要求退团应向支部委员会递交书面报告，由支部大会决定除名，并报上级委员会备案。

团员没有正当理由，连续六个月不交纳团费、不过团的组织生活，或连续六个月不做团组织分配的工作，均被认为是自行脱团。团员自行脱团，应由支部大会决定除名，并报上级委员会批准。

第二章　团的组织制度

第十二条　中国共产主义青年团是按照民主集中制组织起来的统一整体。团的民主集中制的基本原则是：

（一）团员个人服从组织，少数服从多数，下级组织服从上级组织。

（二）团的全国领导机关，是团的全国代表大会和它产生的中央委员会。地方各级团的领导机关，是同级团的代表大会和它产生的团的委员会，团的各级委员会向同级代表大会负责并报告工作。

（三）团的各级领导机关，除它们派出的代表机关外，都由选举产生。

（四）团的各级领导机关应当经常听取并认真处理下级组织和团员的意见；团的下级组织既要向上级组织请示、报告工作，又要独立负责地解决自己职责范围内的问题。团的各级组织要使团员对团内事务有更多的了解和参与。

（五）团的各级委员会实行集体领导和个人分工负责相结合的制度。

第十三条　团的各级委员会可以根据工作需要，设立适当的工作部门。团的县级以上各级委员会可以派出代表机关。

在团的各级代表大会闭会期间，同级党的组织和上级团的组织认为有必要时，经过共同研究，取得一致意见，可以调动或指派团组织的负责人。

第十四条　团的各级代表大会的代表和委员会的产生，要体现选举人的意志。选举采用无记名投票的方式。候选人的产生要广泛发扬民主，候选人名单要充分酝酿讨论。可以直接采用候选人数多于应选人数的差额选举办法进行选举，也可以采用差额选举办法进行预选，产生候选人名单，然后进行等额正式选举。选举人有了解候选人情况、要求改变候选人、不选任何一个候选人和另选他人的权利。任何组织和个人不得以任何方式强迫选举人选举或不选举某个人。

团的中央和地方各级委员会委员、候补委员中的专职团干部调离团的岗位，其委员或候补委员的职务自行卸免。委员缺额由候补委员按得票多少依次递补，卸免和递补须经全会确认。

第十五条　团的县级和县级以上委员会在必要时可以召集代表会议，讨论和决定需要由代表大会解决的重大问题。代表会议可以增选委员会的部分成员。增选委员会委员和候补委员的数额，不得超过该级代表大会选出的委员和候补委员总数的三分之一。代表会议代表的名额和产生办法，由召集代表会议的委员会决定。

第十六条　有关全团性的工作，由团的中央委员会作出决定，统一部署。

各级团组织的报刊和其他宣传工具，必须宣传党的路线、方针和政策，宣传团的上级组织和本级组织的决议与工作任务，反映青年的意见和要求。

第三章　团的中央组织

第十七条　团的全国代表大会每五年举行一次，由中央委员会召集，在特殊情况下，可以提前或延期举行。

全国代表大会代表的名额及产生办法，由中央委员会决定。

第十八条　团的全国代表大会的职权是：

（一）审查和批准中央委员会的工作报告；

（二）讨论和决定全团的工作方针、任务和有关重大事项；

（三）修改团的章程；

（四）选举中央委员会。

在全国代表大会闭会期间，中央委员会执行全国代表大会的决议，领导团的全部工作。

第十九条　团的中央委员会全体会议选举常务委员若干人，组成常务委员会；选举第一书记一人和书记若干人，组成书记处。中央委员会全体会议由常务委员会召集，每年至少举行一次。在中央委员会全体会议和常务委员会闭会期间，书记处行使中央委员会的职权。

第四章　团的地方和军队的组织

第二十条　团的省、自治区、直辖市、省辖市、自治州代表大会每五年举行一次。

团的县（市、旗）、自治县、市辖区代表大会每三年举行一次。

团的地方各级代表大会由同级团的委员会召集。在特殊情况下，经同级党的委员会和团的上级委员会批准，可以提前或延期举行。

第二十一条　团的地方各级代表大会的职权是：

（一）审查和批准同级委员会的工作报告；

（二）讨论和决定本地区团的工作任务和有关重要事项；

（三）选举同级委员会；

（四）选举出席上一级团的代表大会的代表。

团的地方各级委员会在代表大会闭会期间，执行上级团组织的指示和同级团的代表大会的决议，领导本地方团的工作，定期向上级团的委员会报告工作。

第二十二条　团的地方各级委员会全体会议选举各该级委员会的常务委员会和书记、副书记。团的地方各级委员会全体会议由常务委员会召集，每年至少举行一次。在委员会全体会议闭会期间，由常务委员会行使委员会的职权。

团的地方各级委员会的组成，必须经同级党的委员会和上级团的委员会批准。

第二十三条 中国人民解放军和中国人民武装警察部队中团的工作，是军队和武警部队政治工作的重要组成部分。中国人民解放军和中国人民武装警察部队中团的组织在本单位党组织和政治机关的领导下，根据团的章程和军队有关规定进行工作，由中国人民解放军总政治部负责管理。

第五章 团的基层组织

第二十四条 企业、农村、机关、学校、科研院所、街道社区、社会组织、人民解放军连队、人民武装警察部队中队和其他基层单位，凡是有团员三人以上的，都应当建立团的基层组织。

团的基层组织，根据工作需要和团员人数，经上级团的委员会批准，分别设立团的基层委员会、总支部委员会、支部委员会。

在基层委员会、总支部下建立支部。如果工作需要，在基层委员会下也可以建立总支部。在一个支部内可以分若干个小组。

支部委员会、总支部委员会由团员大会选举产生，每届任期两年或三年，其中大、中学校学生支部委员会每届任期一年。基层委员会由团员大会或代表大会选举产生，每届任期三年至五年。

第二十五条 团的基层组织设置应从实际出发，可以不完全与党组织和行政建制对应。适应街道社区、非公有制经济组织、社会组织等单位和领域的特点，适应团员青年流动和分布聚集的特点，灵活设置团的组织。

第二十六条 团的基层组织是团的工作和活动的基本单位，应该充分发挥团结教育青年的核心作用。它的基本任务是：

（一）组织团员和青年学习马克思列宁主义、毛泽东思想、邓小平理论、“三个代表”重要思想和科学发展观，学习党的路线、方针和政策，学习科学、文化、法律和业务。

（二）宣传、执行党和团组织的指示和决议，参与民主管理和民主监督，充分发挥团员的模范作用，积极创先争优，团结带领青年积极投身改革开放和现代化建设，为社会主义经济建设、政治建设、文化建设、社会建设、生态文明建设作贡献。

（三）教育团员和青年学习革命前辈，继承党的优良传统，发扬社会主义道德风尚，树立与改革开放和社会发展相适应的新观念，自觉抵制不良倾向，坚决同各种违法犯罪行为作斗争。

（四）了解和反映团员与青年的思想、要求，维护他们的权益，关心他们的学习、工作、生活和休息，开展文化、娱乐、体育活动。

（五）对要求入团的青年进行培养教育，做好经常性发展团员工作，收缴团费，办理超龄团员的离团手续。

（六）对团员进行教育、管理和服务，健全团的组织生活，开展批评和自我批评，监督团员切实履行义务，保障团员的权利不受侵犯，表彰先进，执行团的纪律。

（七）对团员进行党的基本知识教育，推荐优秀团员作党的发展对象；发现和培养青年中的优秀人才，推荐他们进入更重要的生产和工作岗位。

第六章　团的干部

第二十七条　团的干部是团的工作的骨干。共青团要按照德才兼备、以德为先的原则，大胆选拔年轻干部，保持团干部队伍年轻化的优势，努力实现团干部队伍的革命化、知识化和专业化，在“保留骨干、以资熟手”的同时，不断为党和国家输送年轻干部。

第二十八条　团的各级领导干部要做团员和青年的表率，模范地履行团员的各项义务，刻苦学习、勤奋工作、勇于创造、自觉奉献，做党放心、青年满意的干部。

（一）政治上要坚强。具有相应的马克思列宁主义、毛泽东思想和邓小平理论的水平，自觉实践“三个代表”重要思想，带头贯彻落实科学发展观，坚持讲学习、讲政治、讲正气，坚决执行党的基本路线和各项方针政策，立志改革开放，献身社会主义现代化建设事业。

（二）学习要刻苦。带头学习政治、经济、文化、历史、法律、科学技术和现代管理知识，不断提高思想政策水平和实际工作能力。

（三）工作要勤奋。有强烈的革命事业心和责任感，勤于思考，勇于创新，知难而进，积极主动地在青年中开展工作，努力做出实绩。

（四）作风要扎实。朝气蓬勃，实事求是，发扬民主，敢想敢干，深入基层，调查研究，讲实话，办实事，求实效，不搞形式主义，不沾染官僚习气，热心为青年服务，做青年的知心朋友。

（五）品德要高尚。顾全大局，公道正派，团结同志，助人为乐，诚实谦虚，清正廉洁，有自我批评精神，自觉接受团员和青年的监督。

第二十九条 团的各级组织负有协助党管理团干部的责任。要加强对团干部的选拔和培养，建立正规的培训制度，办好各级团校和培训班；建立和健全团干部的考核和监督制度；主动向有关党委和团委推荐下级或同级团组织负责人人选，对团干部的调动提出建议。

团的各级组织要关心团干部的工作、学习、生活和休息，努力帮助他们解决实际问题，积极为他们的成长和转业创造条件。

对工作有显著成绩的团干部，团的组织应当给予表扬和奖励。

第三十条 团干部要认真了解党组织工作全局，主动汇报团的工作情况，积极负责地发表意见，结合团的工作实际，创造性地完成党组织交给的任务。

第七章 团旗、团徽、团歌、团员证

第三十一条 中国共产主义青年团团旗旗面为红色，象征革命胜利；左上角缀黄色五角星，周围环绕黄色圆圈，象征中国青年一代紧密团结在中国共产党周围。团的重要会议以及团日活动可以使用团旗。

第三十二条 中国共产主义青年团团徽的内容为团旗、齿轮、麦穗、初升的太阳及其光芒，写有“中国共青团”五字的绶带。它象征着共青团在马克思列宁主义、毛泽东思想的光辉照耀下，团结各族青年，朝着党所指引的方向奋勇前进。团的组织和团员应按规定使用团徽。

第三十三条 中国共产主义青年团团歌为《光荣啊，中国共青团》。

第三十四条 中国共产主义青年团团员证封面为墨绿色，象征着青春和朝气蓬勃的青年运动；封面上方印有红色烫金团徽，象征着共青团是团结教育青年的核心。团的组织和团员应按规定管理和使用团员证。

第八章 团的经费

第三十五条 团的经费来源主要是：团员交纳的团费、党和政府以及企事业单位关于青少年事业的经费和团的工作经费、团属经济实体收益、正当的社会资助和团组织的其他合法收入。

第三十六条 团费的交纳和管理使用办法由中央委员会统一规定。

第三十七条 团属经济实体，必须认真执行国家的有关法律法规和政策，努力为社会经济发展服务，为青少年健康成长服务，为团的事业服务。

第九章　团同少年先锋队的关系

第三十八条　中国少年先锋队是中国少年儿童的群众组织，是少年儿童学习中国特色社会主义和共产主义的学校，是建设社会主义和共产主义的预备队。中国共产主义青年团受中国共产党的委托领导中国少年先锋队的工作。共青团要发扬“全团带队”的传统，健全少先队组织的各级工作机构，支持少先队创造性地开展活动，保护和关心少年儿童的成长，坚持以社会主义思想和共产主义精神教育少年儿童，引导他们听党的话，好好学习，天天向上，爱祖国，爱人民，爱劳动，爱科学，爱护公共财物，锻炼身体，培养能力，努力成长为社会主义现代化建设需要的合格人才，做共产主义事业的接班人。

中学共青团组织应加强对少先队员入团前的培养教育，少先队组织应积极推荐优秀少先队员作团的发展对象。

第三十九条　团的组织选派优秀团员或者聘请思想进步、作风正派、知识丰富、热爱少年儿童的教师、先进人物以及其他人员，担任少年先锋队的辅导员，并从思想上、工作上、生活上关心他们，帮助他们不断提高政治和业务水平。对有显著成绩的辅导员和少先队工作者，应当给予表扬和奖励。

附录 2

山东科技大学共青团工作相关规章制度

山东科技大学团员证管理细则

为了加强我校团员证的管理，使团员证制度发挥应有的作用，根据团中央组织部颁发的《中国共产主义青年团团员证管理暂行条例》，制定本细则。

第一章 团员证及其功能

第一条 中国共产主义青年团团员证是团员政治身份公开的、法定的证明。中国共产主义青年团团员证的封面为墨绿色，象征着青春和朝气蓬勃的青年运动；正面上方印有红色烫金团徽，象征着共青团是团结教育广大青年的核心。团员证内容包括：团员自然情况、团籍注册、团的组织关系转接、团内奖励、超龄离团、备注等栏目。

第二条 中国共产主义青年团团员证的功能是：(1) 证明团员资格和政治身份；(2) 转接团员组织关系；(3) 方便团员参加团内活动；(4) 团内荣誉记载；(5) 进行年度团籍注册；(6) 作为团员参加团内民主选举和表决的资格证明；(7) 作为团员超龄离团后的永久纪念。

第二章 团员证的颁发

第三条 共青团山东科技大学委员会为团员证的颁发单位，经团委授权的各二级基层团组织有权办理颁发团员证的具体事宜。

第四条 团员证应贴有团员本人照片，填写团员的自然情况后，加盖骑缝钢印方为有效。

第五条 新发展团员的团员证和补办团员的团员证其编号由校团委统一编排。团员证编号一律使用阿拉伯数字，团员证编号共七位：AB—CDEFG。AB表示基层团委（团总支），CD是学生的年级（教工的进校时间），EFG为顺序号。团员证编号填写在团员入团志愿书备注栏内。团员证编号一经确定，在转移组织关系时不再变动。

第六条 团员证的颁发对象必须具有团籍。包括履行团章手续入团的中国共产主义青年团团员，担任团的各级领导职务的中国共产党党员。

第七条 新团员入团后，由团委及时颁发团员证。新团员在其被批准入团后，各分团委（团总支）一周内到校团委办理团员证。团组织应通过郑重的方式将团员证颁发给本人。

第三章　团的组织关系

第八条 团员入学和毕业离校时需持团员证到团委转接组织关系。团的档案在新生入学时应转入学校，在毕业时由学校随毕业生档案一同转出。如果没有正当理由，在入学六个月之后仍未将组织关系和档案转入我校的则视为自行脱团。

第九条 团员在校内部调动需要转接组织关系时，须持团员证到所在单位团委（团总支）办理转接组织关系手续。各单位团委（团总支）可直接互转团员组织关系，并须在团员证“组织关系转接”栏内填写团员转出转入组织关系的时间，注明团费收缴情况，并加盖公章。

第十条 在新生入学或校内转接组织关系时，如团籍档案齐全，丢失团员证的团员可凭组织关系介绍信转接组织关系，并申请补办团员证。

第十一条 临时外出的团员（不超过半年）不转接团的组织关系，团员证起“团员证明信”的作用。

第四章　团员持证参加团内及有关社会活动

第十二条 团员证是团员政治身份的证明。团员在参加需要证明团员身份的团内或有关社会活动时，应出示团员证。

第十三条 团员参加基层团组织召开的团员大会选举和进行重要问题表决时，应携带团员证。需要时，由团组织凭团员证认定团员的选举权、被选举权和表决权。

第十四条 临时外出团员，在一个地区或单位连续工作或学习达半年以上者，凭团员证与所到地区或单位的团组织取得联系，并申请参加团的活动，经同意后可到指定的团组织参加活动，并向组织交纳团费。

第五章 年度团籍注册

第十五条 团员证每年注册一次，注册时间为每年的 1 月份，团员必须在规定时间内向所在团组织申请，到校团委注册。

第十六条 各分团委（团总支）组织以团支部为单位到校团委进行年度注册，对符合条件的团员，由团委在“团籍注册”栏内填写注册时间，加盖注册专用图章，并同时进行上一年度的团员民主教育评议注册。

第十七条 受团内警告、严重警告、撤销团内职务处分的团员，如能正常参加团的活动，按时交纳团费，应予以注册。团员受留团察看处分，察看期间其团员证应由分团委（团总支）收回，不予注册。察看期满，恢复团员权利后，将团员证发还本人并及时注册。

第十八条 没有正当理由，团员连续六个月不缴纳团费、不参加团组织生活或连续六个月不做团组织分配的工作，经帮助教育，能认识并改正错误、主动要求参加团籍注册手续者，可以予以注册。其中经教育仍不改正的，为自动脱团，不予注册。

第十九条 除组织上的原因外，团员没有按时办理团籍注册手续的，分团委（团总支）应及时提醒。超过规定时间一年未注册的团员证，即为失效，按自动脱团处理。

第二十条 团籍年度注册后，各团支部和分团委（团总支）要根据注册情况及时修订《团员花名册》，做好团内年终统计工作。在每年年初及时将团员证的年度注册情况汇总为《团员登记表》报校团委。

第六章 团员团内奖励记载

第二十一条 团员获得校级以上团内奖励的，团组织应将其所受奖励的时间、地点及种类在团员证“团内奖励”栏内注明，并须加盖校团委公章方为有效。

第二十二条 团员获得校团委授予的“优秀团员”、“优秀团干部”等荣誉称号后，由校团委统一进行“团员荣誉注册”，在团员证“团员荣誉记载”栏内加盖荣誉注册章。

第七章 团员入党和超龄离团

第二十三条 团员入党在预备期内仍有团籍，毕业(或工作调动)时应持团员证转接团的组织关系。

第二十四条 团员入党转为正式党员后，如果没有担任团内职务，不再保留团籍。团的基层委员会应在其团员证“备注”栏内注明该同志转为中共正式党员的时间，并加盖公章。

第二十五条 团员年满二十八周岁办理超龄离团手续时，应持团员证到校团委办理超龄离团手续，在“团员超龄离团”栏内注明该同志的超龄离团时间，并加盖公章。

第二十六条 团员入党转为正式党员或团员超龄离团，团员证可以留作永久性纪念，由本人妥为保存，但不得继续使用。

第八章 团员证日常管理

第二十七条 各基层单位团委(团总支)负责团员证管理的日常工作。

第二十八条 各基层单位团委(团总支)应建立《团员证登记册》、《发展新团员、转入组织关系登记册》，并及时进行登记，以准确掌握团员的变化和团员证颁发、转移、注销等情况。每年团员数的统计，以在册团员数为准。

第二十九条 团员遗失团员证，应及时报告团组织，在确认无法找回时，团员本人写明情况，由各基层团委(团总支)到校团委办理补发手续，其团员证由团员自费购买。新证由校团委重新编号。

第三十条 团员自行脱团或被开除团籍，各单位团委(团总支)应收回其团员证，并在团员证登记册上注明，上缴校团委销毁。

第九章 附则

第三十一条 本细则自二〇〇三年四月起施行

山东科技大学团费收缴管理实施办法

为了进一步完善团费的收缴和管理制度，更好地促进团的各项活动的开展，根据团中央和团省委《关于团费交纳和管理使用的规定》的精神，经研究制定本办法：

一、目的意义

团员按照《团章》规定向团组织交纳团费，不仅为团的活动提供部分经费，也是保持与团组织经常联系，增强组织观念和履行团员义务的一项重要内容。各团总支、团支部应经常对团员进行这方面的意识教育，使团费交纳成为每个团员一种自觉自愿的行为。

二、团费标准

1. 学生团员每月交纳团费 0.1 元。

2. 团员除按规定交纳团费外，本人自愿多交不限。

3. 保留团籍的共产党员，从取得预备党员资格起，可不交纳团费，自愿交纳团费者不限。

4. 青年教工团员按以下标准执行：月工资（指工资条中的前两项之和）在 400 元以下者（含 400 元），交纳月工资收入的 0.5%；月工资在 400 元以上者，交纳月工资收入的 1%。

三、特殊团费

1. 特殊团费是广大团员青年响应团组织号召，支持希望工程、资助贫困学生、为重大灾难事故捐款等自愿交纳的团费。

2. 特殊团费不做统一规定，由团员青年自愿交纳。

四、收缴办法

1. 团员每月向所在团支部交纳一次团费，团支部每月汇总后交所在分团委（团总支）。

2. 各分团委（团总支）按照 80% 的比例，将所收团费上交校团委。

3. 各单位应指定专人负责团费收缴。收缴团费手续应健全，严格履行签字、交接等手续。

五、使用管理

1. 校团委对全校团费进行统一管理。除按规定比例上交上级团组织外，其余由学校团委统一使用。

2. 团费主要用于团的活动、奖励和订阅资料等方面的开支，不得挪作他用。

3. 团委对团费严格管理、建立账目，定期公布使用情况和接受有关部门检查。

六、本办法自二〇〇四年七月一日起执行。

团员奖惩条例

第一条 为加强团员管理，提高团员队伍素质，充分发挥团员的模范带头作用和团组织的战斗堡垒作用。根据《团章》有关条款，结合我校共青团工作的实际情况，特制定本条例。

第二条 奖惩类别

（一）对于模范履行团员义务、为党团组织赢得荣誉者，团组织给予奖励。奖励分为：通报表扬，授予“优秀共青团员”称号。

（二）对于不执行团的决议、违反团章和校规校纪的团员，团组织除进行批评教育外，视情节轻重，给予纪律处分。处分分为：警告，严重警告，撤销团内职务，留团察看，开除团籍。违反校规校纪，情节较轻，不足以给予团内处分的，给予通报批评。

第三条 坚持党的基本路线，充分发挥团员模范带头作用，具备下列条件之一者，经校团委研究，将授予“优秀共青团员”称号：

（一）在自己的岗位上努力学习，积极工作，作出突出贡献，为学校争得荣誉者；

（二）在救死扶伤、抢险救灾、奉献社会等事件中表现突出者；

（三）坚持原则，见义勇为，敢于同坏人坏事作斗争，为团组织赢得崇高荣誉者。

第四条 对具备下列条件之一者，团委将进行通报表扬：

（一）在校园文化、科技创新、社会实践及青年志愿者等团内各项活动中，有突出贡献者；

（二）在教学、科研、管理、服务等学校事务中，积极参与并作出一定贡献者；

（三）在推动社会主义精神文明建设方面有一定的贡献，如在拾金不昧、助人为乐、社会公益等方面事迹突出者；

（四）对团的工作提出合理化建议被采纳，取得明显效应者。

第五条 对具备下列情况之一者，给予警告或严重警告处分：

（一）违反校规校纪，受到警告或严重警告处分者；

（二）不执行团的决议，一学期内无故三次（含三次）不参加团的组织生活者。

第六条 对具备下列情况之一者，给予留团察看或开除团籍处分：

（一）受到学校行政记过以上（含记过）处分者；

（二）有反对四项基本原则的言行者；

（三）策划组织煽动闹事、危害社会和校园稳定者；

（四）扰乱学校正常教学秩序和社会秩序、破坏安定团结者；

（五）损害团的声誉、损坏团的形象者；

（六）组织或参与非法传销、进行邪教或封建迷信活动者；

（七）泄露国家秘密，造成后果者；

（八）违犯国家法律、法令或受到司法或公安部门处罚者。

第七条 有下列情况之一的团干部给予撤销团内职务或留团察看处分：

（一）由于工作失职造成重大失误者；

（二）处事不公，引起团员强烈不满者；

（三）缺乏团干部素质，起不到带头作用，在群众中造成不良影响者。

第八条 有下列情形之一者，从重或加重处分：

（一）违纪后，态度恶劣者；

（二）对检举人、证人威胁和打击报复者；

（三）在处分期间有违纪行为者；

（四）受到团内处分两次以上者。

第九条 团干部犯有以上条款，首先应撤销团内职务，再视情节给予相应处分。

第十条 留团察看的时间为六个月或一年，团员在留团察看期间没有选举权、被选举权和表决权，不得作青年入团的介绍人，其团员证应交校团委保管；留团察看期满，改正了错误的，可按期解除处分，恢复其团员上述权利；坚持错误不改的，予以开除团籍。

第十一条 奖惩的报批程序及管理。

（一）团小组讨论酝酿、形成奖惩的初步意见报团支部。

（二）召开团员大会讨论形成支部大会决议，报校区（学院）团委。

（三）团内警告、严重警告处分由校区（学院）团委审批，履行有关手续后行文公布，报校团委备案。

（四）团内奖励、撤销团内职务、留团察看、开除团籍处分由校团委审批：

1. 校区（学院）团委研究奖惩意见后，形成书面报告，连同当事人的相关材料（须经其本人签字）、旁证材料、支部决议报校团委；

2. 召开校团委会议研究决定，履行有关手续后行文公布。

（五）对受到奖惩的团员，团支部书记或组织委员要在支部大会上宣读文件，并装入本人档案。

第十二条 本条例未列举的其他行为应给予奖惩的，可参照本条例相关条款类推处理。

第十三条 本条例解释权在校团委。

第十四条 本条例自二〇一二年十月起施行。

“青春集结号”团支部成长计划

（试行）

为进一步做好新时期共青团工作，明确基层团支部工作的基本任务，充分发挥基层团支部的战斗堡垒作用，结合我校实际情况，特制订“青春集结号”团支部成长计划。

一、指导思想

以邓小平理论、“三个代表”重要思想、科学发展观为指导，通过“团员凝心工程”和“支部聚力工程”的实施，进一步加强团员意识教育，全面焕发基层团支部的活力，不断增强团组织的创造力、凝聚力、战斗力，团结和带领团员青年为实现中华民族伟大复兴的中国梦而奋斗，为实现建设高水平科技大学的科大梦而拼搏。

二、主要内容

"青春集结号"团支部成长计划包含"团员凝心工程"和"支部聚力工程"两部分。通过"团员凝心工程",进一步加强团员意识教育,强化团员对团支部的向心力;通过"支部聚力工程",进一步规范基层团支部的组织建设,明确团支部的工作职能,增强团支部的凝聚力和吸引力。

1. 团员凝心工程。每位团员青年按照《团员成长量化指标》(见附件1),设定成长目标,明确努力方向,根据团中央《开展团员教育评议活动的意见》,通过自评、互评、综评,确定成长等级,成长等级分为优秀、合格、基本合格、不合格,评定为优秀的,可参选团内先进个人的评比。

2. 支部聚力工程。每个团支部按照《团支部成长量化指标》(见附件2)设定成长目标,明确发展方向,按照团中央关于团支部达标升级工作的要求,进行考核评定,确定团支部的成长等级,成长等级分为一级、二级、三级,评定为一级团支部,可参加先进团支部的评选,先进团支部的前30%为红旗团支部。

三、实施步骤

1. 目标制定阶段:每个学期初,组织团员和团支部分别根据《团员成长量化指标》和《团支部成长量化指标》确定目标,制定具体措施和实现途径。团员个人成长计划递交所在团支部备案,团支部成长计划详细填写于《山东科技大学团支部成长记录册》。

2. 具体实施阶段:各团支部和团员根据设定目标,逐步成长。通过主题团日活动的形式,进行成长回顾和自我小结。团员向所在团支部报送个人总结;团支部按时填写《山东科技大学团支部成长记录册》。

3. 考核评定阶段:每年3月份,组织各团支部和团员对上一年的成长效果进行分值计算,认定成长级别,并进行公示。

(1) 根据"团员凝心工程"中的《团员成长量化指标》,团员计算个人得分为自评环节(《团员成长量化指标》中第四至第八项);成立团支部考核评定委员会进行个人得分材料的审核,并开展互评(《团员成长量化指标》中第一至三项);个人最后得分报所在团支部,由支委会进行综合评定后确认等级,并进行公示。原则上得分排名前30%的为优秀。

(2) 根据"支部聚力工程"中的《团支部成长量化指标》,团支部计算得分为自评环节,团支部得分 = 团支部成长量化指标得分 × 60% + 团员成长量化指标得分平均分 × 40%。团支部得分在学院进行公示为互评环节,学院团委设立考核评定委员会，对团支部进行等级认定为综评环节。原则上得分排名前30%为一级团支部，中间50%为二级团支部，后20%为三级团支部。

4. 通报表彰阶段：每年5月份，进行荣誉表彰。

（1）团员成长等级评定为优秀的，在团员证上进行优秀注册，并可参加团内先进个人的评选。

（2）团支部成长等级评定为一级的，可参加先进团支部的评选，原则上先进团支部的数量不超过团支部总数10%；先进团支部的前30%，为红旗团支部；所有的团支部可根据《团支部成长量化指标》中的突出项目得分，选择申报其他先进集体（如志愿服务先进集体等）。

（3）一票否决。发生下列情况之一者，取消团内先进集体和先进个人的评选资格：违反校规校纪，受到通报批评以上处分的；发生有损共青团形象且情节严重的。

四、工作要求

1. 高度重视，理清思路。各级团组织要高度重视，在认真研读文件内容、明确实施步骤的基础上，指导基层团支部开展好工作，确保“青春集结号”团支部成长计划的顺利实施。

2. 贯彻执行，公平公正。各级团组织要认真对待评定材料的收集、汇总、计算得分、公示等工作，要严格贯彻执行文件的有关要求，严禁弄虚作假，保证此项工作的严肃性和公平性。

3. 注重宣传，做好引导。在评定过程中涌现出的先进集体和个人，各级团组织要在网络、校报、宣传栏、广播等媒体上进行大力的宣传，树立榜样。同时发挥成长计划的引导作用，实现每位团员青年和各个团支部的全面成长。

附件：1.《团员成长量化指标》；

2.《团支部成长量化指标》。

附件1

团员成长量化指标

类　别	具体内容	评分办法	得　分
一、组织观念	政治信念坚定	高举中国特色社会主义伟大旗帜，用先进理论武装头脑；坚持四项基本原则和党的基本路线；政治上、思想上、言论上、行动上与党中央保持一致	10分
	遵纪守法	遵守国家的法律、法规和各项政策，严格遵守学校纪律；自觉履行团员义务，执行团的决议，遵守团的纪律	
	参加集体活动	积极参加团支部、院、校集体活动	
二、学习成绩	学习成绩	学习态度端正，学习成绩优良	学习成绩绩点
三、思想政治	理论社团	参加校级社团	1分
		参加院级社团	0.5分
	思想汇报	每学期撰写思想汇报	0.5分
	团校党校培训	顺利完成培训，并合格结业	1分
	政治理论竞赛	国家级活动	2分
		省级活动	1.5分
		校级活动	1分
		院级活动	0.5分
四、志愿服务	参加公益类社团	参加校级社团	1分
		参加院级社团	0.5分
	参加志愿服务	参加班、院、校、省等各级志愿服务活动	0.2分
五、社会实践	社会实践	参加全国重点团队	2分
		参加全省重点团队	1.5分
		参加校级重点团队	1分
		参加院(部)级团队	0.5分
	自主创业	税务部门颁发执照	2分

续表

类　别	具体内容	评分办法	得　分
六、科技创新	学术活动	参加学术讲座	0.2/次
		参加科研立项、科技文化竞赛等科技类项目	院级0.5分，校级1分，省级1.5分，国家级2分，国际2.5分
	科技论文	检索论文(SCI、EI等)	10分
		国外公开发行外文期刊	8分
		国内核心期刊	6分
		公开发行刊物及会议论文集	4分
		有独立见解的专业科技报告	1分
	专利	国家发明专利	10分
		实用新型专利	2分
		外观设计专利	1.5分
七、校园文体活动	参加各类文体艺术活动	国家级活动	2分
		省级活动	1.5分
		校级活动	1分
		院级活动	0.5分
八、学生组织	校级学生组织	主席、副主席	2分
		部长、副部长	1.5分
		干事	1分
	院级学生组织	主席、副主席	1.5分
		部长、副部长	1分
		干事	0.5分
	团学干部	担任班、团干部	团支部书记、班长1.5分，团支委、班委及其他学生干部1分

附件2

团支部成长量化指标

考核项目	考核内容	评分办法
一、班子建设	支委会机构健全，干部齐备，分工明确	提交支委会名单及工作分工，按3、2、1得分
	支委述职及改选情况	定期述职得2分，按期改选得2分
	支委获奖、违纪情况	有1人次获奖得1分；违纪1人次扣1分
	支委参加团的培训、学习情况	每年每参加1人次得1分
	支委的群众威信情况	群众满意得3分、基本满意得2分、不满意得1分
二、制度建设	团员证管理制度、支部改选制度、团员参加团的组织生活制度、述职报告制度、团员教育评议制度	建设一项制度得3分
三、团员队伍素质	全部必修课学习成绩优良(80分以上)率	全部优良得4分，优良率80%及其以上3分，优良率70%及其以上得2分，优良率60%及其以上得1分，优良率60%以下不得分
	团内通报表扬	校级通报每人次得1分，院级通报每人次得0.5分，集体加倍
	违纪情况	校级通报每人次扣1分，院级通报每人次扣0.5分，集体加倍
	推优入党情况	申请率在90%以上(含90%)得4分，每降低十个百分点减1分；参加校院党课不及格每人减1分
四、组织生活	支部大会	每月至少1次，少1次扣1分
	支委会	每两周至少1次，少1次扣0.5分
	民主生活会	每学期至少1次，少1次扣4分
	团课	每学期至少1次，少1次扣2分
五、团务工作	团员证注册	按时进行团员教育评议中合格团员注册和缓期注册，按时进行红旗团支部、先进团支部、优秀团员、优秀团干部等团内荣誉的注册得5分，不按时注册或漏注每人次扣1分，扣完为止；按时办理新生和毕业生的团关系转入和转出工作及新生团档建立工作得5分，未按期办理或漏转每人次扣1分，扣完为止
	支部上交团费情况	按时向上级团组织上交团费，不按时交每次扣1分，扣完为止

续表

考核项目	考核内容	评分办法
六、支部获奖	国家级	团支部集体获奖或被授予荣誉称号得6分
	省级	团支部集体获奖或被授予荣誉称号得4分
	校级	团支部集体获奖或被授予荣誉称号得3分
	院级	团支部集体获奖或被授予荣誉称号得1分
七、团内活动	思想政治活动	团支部每学期至少开展一次政治学习、报告会、主题团日等思想政治教育类活动，开展一次得2分，不开展扣1分
	科技实践活动	团支部每学期要开展科技创新和社会实践类活动各2次，少一次扣1分
	志愿服务活动	团支部每学期开展志愿服务活动2次，少一次扣0.5分
	文化体育活动	团支部每学期开展文化体育活动3次，少一次扣0.5分
八、其他	积极完成上级团组织交办工作	由学院考核评定委员会视情况进行考核，20分

关于开展共青团先进集体、先进个人评比表彰活动的意见

为进一步加强团的自身建设，充分发挥新时期共青团组织的战斗堡垒作用和共青团员的先锋模范作用，不断增强基层团组织的凝聚力和战斗力，通过争先创优、评比表彰全面提升共青团员的整体素质，经研究，决定继续开展共青团先进集体、先进个人评比表彰工作。

一、评比表彰内容

（一）先进集体

1. 红旗团委、先进团委。

2. 红旗团支部、先进团支部。

3. 团的活动先进集体：① 先进"双学"小组；② 先进青年志愿者服务队；③ 社会实践活动先进集体；④ 科技创新活动先进集体；⑤ 文体活动先进集体；⑥ 社团活动先进集体；⑦ 主题教育活动先进集体；⑧ 宣传工作先进集体；⑨ 最佳团日活动示范集体。

（二）先进个人

1. 十大杰出青年（教工）。

2. 优秀团员、优秀团干部。

3. 优秀团员标兵、优秀团支部书记。

4. 团的活动先进个人：①"双学"标兵；② 学习标兵；③ 科技创新标兵；④ 文艺标兵；⑤ 健身标兵；⑥ 宣传标兵；⑦ 实践标兵；⑧ 青年志愿者标兵。

二、评比方法步骤

（一）先进集体的评比

1. 红旗团委、先进团委的评比。根据每年基层共青团工作考核成绩评定红旗团委和先进团委。

2. 红旗团支部、先进团支部的评比。先进团支部在达标一类团支部中产生，数量不超过本单位团支部总数的10%。从先进团支部中评出各方面工作走在全校前列的红旗团支部，一般占先进团支部数量的30%。每年3月份开展。

先进团支部的评选按自评、工作考核、材料展览、答辩评议四个步骤进行。

(1) 团支部根据《山东科技大学红旗(先进)团支部条件》(详见附件1)认真总结自身工作,形成申报材料,将单项得分情况汇总成表格,打出自评分,经校区(学院)团委审查后报校团委。

(2) 校区(学院)团委根据支部申报材料,进行审核考评。

(3) 团支部将一年来的工作总结、典型活动等,利用微博、展板等平台进行统一展示,进行集中观摩。

(4) 校区(学院)团委书记组织学院领导及有关负责人组成评议委员会,通过观看材料展览,支部书记现场答辩,进行评议打分。

(5) 最后按自评10%、展览20%、答辩评议30%、考评40%计算出团支部总分。

3. 团的活动先进集体的评比。① 各项工作制度健全,措施得力,效果明显。② 在学校重大活动中作出突出贡献或取得优秀成绩。③ 团支部向校区(学院)团委递交申报表,校区(学院)团委分别按照学生人数/1 000(四舍五入)的数量推荐候选先进集体。

(二) 先进个人的评比

1. 十大杰出青年(教工)的评比。

(1) 校区(学院)团委在广泛征求意见的基础上,形成初步名单,经同级党组织审批,拟定1名"十杰"候选人,向校团委进行推荐。

(2) 填写《山东科技大学十大杰出青年候选人推荐表》并上交校团委,一寸彩色照片一张(贴在登记表上),并附150字左右的简要事迹材料(纸质和电子版)。

(3) 校团委组织召开评委会,根据候选人的事迹材料,投票选出山东科技大学十大杰出青年。

2. 优秀团员、优秀团干部的评比。

(1) 团小组酝酿。团小组长组织召开团小组会,每个成员把一年来的思想表现、学习水平和工作成绩等情况向大家汇报,在此基础上,推选本小组先进个人候选人,并报支部大会讨论。

(2) 团支部讨论。召开团支部大会,各小组长分别介绍本组候选人的先进事迹和存在的不足,全体团员投票表决,确定本支部先进个人候选名单,并上报校区(学院)团委。

(3) 校区(学院)团委考核。校区(学院)团委对候选人进行综合考核(详见附件2),研究确定出先进个人初步名单,经校区(学院)党委同意后报校团委。优秀团员名额为30名团员以下的支部推荐3名，30～40名团员的支部推荐4名，40名团员以上的支部推荐5名；优秀团干部每个团支部推荐1名。

（4）校团委审批。校团委根据校区（学院）团委上报名单，经审核、公示后，确定优秀团员、优秀团干部名单。

3. 优秀团员标兵、优秀团支部书记的授予

依据优秀团员标兵、优秀团支部书记的授予条件（详见附件2），经校区（学院）团委审核公示后，报请校团委批准，自动授予“优秀团员标兵”、“优秀团支部书记”称号。

4. 团的活动先进个人的评比

团员青年向校区（学院）团委递交申报表，校区（学院）团委根据工作和表现情况，分别按照学生人数 /1 000（四舍五入）的数量推荐候选先进个人，校团委审核评定。

三、评比时间

共青团先进集体、先进个人评比表彰活动，每年三、四月份在团支部达标升级工作结束后进行，“五四”青年节期间召开大会进行表彰。

四、奖励办法

1. 凡被评为先进集体和先进个人，均予以表彰、奖励并颁发证书，有关资料存入本人档案。

2. 评出或授予的优秀团员、优秀团干部、优秀团员标兵、优秀团支部书记，在其团员证“团内奖励”栏内注明。

3. 被评为团内先进个人，并且已向党组织递交了入党申请书的，可优先向党组织推荐。

五、注意事项

1. 开展共青团先进集体和先进个人评比表彰活动，是我校共青团工作的重要内容，各校区（学院）团委要本着实事求是的态度，坚持走民主渠道，对照考核标准，认真考核、评定。

2. 开展共青团先进集体和先进个人评比表彰活动，是激励先进、鞭策后进的有力措施，各单位在评比过程中要教育引导团员青年总结经验，找出差距，取人之长，补己之短，在全校团员青年中形成争先创优的蓬勃正气。

3. 在一年内，出现下列情形之一者，不能被评为先进个人：

（1）有反对四项基本原则言论、行为，有严重思想政治错误者；

（2）不愿做团组织分配的工作，不积极参加团支部和上级团组织举办的活动者；

（3）一年内受过团内处分者。

4. 按时向校团委报送有关评比材料。需报送团的先进集体和先进个人评比的电子版名单（非表格形式），并报送《山东科技大学团内先进集体评比汇总表》和《山东科技大学团内先进个人评比汇总表》。

附件：1. 山东科技大学先进团支部评比条件

2. 山东科技大学共青团先进个人评比条件

附件 1

山东科技大学先进团支部评比条件

类别	项目	序号	主要内容	得分
一、达标升级工作考核 80 分以上　是□　否□　（在方框内打钩）				
二、团支部全面工作（总分 100 分）	思想教育（25 分）	1	根据上级团组织的部署积极开展主题教育活动，参加学校统一举办的活动成绩突出，有特色活动或典型事迹（10 分）	
		2	定期举办团日活动（2 分），申请入党人数多（3 分，80％以下每降 10％减 1 分），推优工作正常规范（3 分）	
		3	积极开展中国特色社会主义理论的学习（3 分），组织团员青年提交思想小结（2 分）	
		4	有院级以上表彰的好人好事等先进学生典型（2 分）	
	科技活动（最高 30 分）	5	有学习或科技小组（3 分），有指导教师（2 分）和活动阵地（1 分）	
		6	积极举办学术报告或讲座，每年两次以上，每次 2 分（4 分）	
		7	在学校统一组织的科技活动中有成果（科研立项）、公开发表学术科技论文，每项（篇）2 分	
		8	在学校统一组织的学习、科技竞赛中获奖，分别按 3、2、1 得分	
		9	积极开展专利研究和申请，取得证书一项 4 分	
		10	在“挑战杯”等科技创新竞赛中获奖（全国奖分别为 10、8、6、4 分，省级减半，不重复加分，特等奖等同于一等奖）	
	社会实践及青年志愿者活动（20 分）	11	获奖情况（最高 16 分，获省级以上表彰每人次 3 分，校级减半，集体加倍）	
		12	在志愿者注册系统内注册（2 分），积极参加学校开展的社会实践和青年志愿者服务活动（2 分）	
	文体活动（15 分）	13	支部举办的各种文体活动每学期不少于 2 次（2 分）、人文讲座每学期不少于 1 次（2 分）	
		14	参加校内外各种文体比赛获奖（最高 11 分，省级以上奖励分别是 4、3、2、1，校级减半，集体加倍）	
	宣传工作（10 分）	15	投稿录用情况（《山东科大报》、《科大学子》、北极星网站等校内外媒体录用一篇 0.5 分）	
总　分				

附件 2

山东科技大学共青团先进个人评比条件

一、十大杰出青年(教工)条件

1. 年龄 18 至 39 周岁在我校工作的青年教职工。

2. 政治立场坚定，具有较高的政治理论素养，拥护党的基本路线方针政策，自觉抵制不正之风。

3. 具有较强的事业心和责任感，勤奋好学，任劳任怨，在本职工作中取得了突出成绩。

4. 关心学生的成长成才，积极参与学生的教育、管理或在学生科技创新、社会实践、校园文化等学生活动中参与指导并取得突出成绩。

二、优秀团员条件

1. 思想道德。坚持四项基本原则，关心时事政治，积极宣传和拥护党的路线、方针、政策；认真贯彻和执行中国共产主义青年团的章程；团员教育评议等级为优秀。

2. 专业学习。学习努力刻苦，热爱所学专业，认真完成各项学习任务(包括实习、实验、作业、设计等)和工作任务，一年内业务成绩在本班级排队中等以上，年度无考试不及格现象。

3. 遵纪守法。遵守国家的法令，严格执行学校的各项规章制度，严格遵守团的纪律，带头执行团的决议，具有较高的思想境界。

4. 组织观念。积极参加团的组织生活和学校组织的各种校园文化、科技、实践活动，模范履行团员义务，认真行使团员权利，在本支部争创先进集体活动中表现突出。

5. 按时交纳团费，认真执行团员证制度，主动做好团员证注册。

6. 在一年内做出如下实绩之一者，可向校团委申请，经研究后，可直接授予“优秀团员”称号：

(1) 受到校团委通报表扬，且事迹突出，经团委研究，可直接授予“优秀团员”称号。

(2) 在国家科技、文体等重大比赛中获得优秀成绩，为我校争得荣誉的团员。

三、优秀团干部条件

1. 认真学习和宣传党的路线、方针、政策，努力用中国特色社会主义理论武装头脑，在政治上、思想上、行动上同党中央保持高度一致。团员教育评议等级为优秀。

2. 善于把上级党组织和团组织的指示精神与本单位的实际相结合，敢于开拓，勇于创新，在团的思想建设和组织建设工作中做出突出成绩。团结同学，作风正派，热心为同学服务，处处以身作则，在同学中有较高威信。

3. 正确处理学习与工作的关系，学习刻苦，一年内综合测评成绩在本班级排队居中等以上水平，无考试不及格现象。

四、优秀团员标兵条件

1. 在校期间每年被评为“优秀团员”、“优秀团干部”或“优秀团支部书记”。

2. 对在危急关头救死扶伤、抢险救灾、见义勇为等事件中表现突出的共青团员，经研究，可授予“优秀团员标兵”称号。

五、优秀团支部书记条件

1. 被评为校红旗团支部、先进团支部的团支部书记。

2. 年度团员教育评议等级为优秀，学习成绩中等以上，年度无考试不及格现象。

关于向党组织推荐优秀团员作党的发展对象的实施办法

推荐优秀团员作为党的发展对象（简称“推优”），是发挥共青团作为党的助手和后备军作用，不断为党输送新鲜血液，培养优秀的社会主义事业建设者和接班人的重要措施。为进一步做好“推优”工作，根据我校实际情况，特制定本实施办法。

一、指导思想

“推优”工作，是党组织赋予共青团的一项光荣任务，是团章规定的基层团组织的任务之一，是加强党员队伍建设，充实党的新生力量的需要，是激发广大团员的政治热情，增强共青团组织的吸引力、凝聚力和战斗力的有力措施。开展“推优”工作要以马克思列宁主义、毛泽东思想、邓小平理论和“三个代表”重要思想为指导，深入贯彻落实科学发展观，在各级党组织的领导下，以基层团组织为基础，使“推优”逐步成为党组织发展青年党员的主要渠道，使团员成为党组织发展青年党员的主要来源。

二、推荐原则

（一）采取自下而上的推荐方法。

（二）坚持走民主渠道，按照民主集中制的原则进行推荐。

（三）在党组织的领导下，以基层团组织为基础，坚持标准，保证质量，有计划地进行。

三、推荐对象

（一）28 周岁以下青年入党，一般应从团员中发展。

（二）业务能力强、综合素质高、团结友善、明礼诚信，能起到先锋模范带头作用的优秀团员青年。

（三）凡我校团员申请加入中国共产党必须经过团组织推荐。

四、推荐的基本条件

（一）坚持四项基本原则，坚决拥护党的路线、方针和政策，把党和人民的利益放在首位，树立正确的人生观和价值观。

（二）认真学习马克思列宁主义、毛泽东思想、邓小平理论和“三个代表”重要思想，深入贯彻落实科学发展观；积极参加“双学”活动，认真学习党团基本知识；积极参加党校学习，成绩合格。

（三）模范遵守团的章程和团内纪律，遵守学校的各项规章制度。

（四）积极参加团组织开展的各项活动，并在活动中表现突出，起到模范带头作用，有较高的群众威信。

（五）学习态度端正，刻苦努力，成绩优良。

五、推荐程序

（一） 推荐入党积极分子：

1. 团支委会初步推选。根据推荐基本条件，团支委会在递交入党申请书的同学中，经充分酝酿，讨论提出入党积极分子的初步名单。

2. 团支部评议。召开团支部大会，支部书记介绍推荐人选的基本情况；推荐人选向支部大会作简要思想汇报；团员进行民主评议，无记名投票。

3. 考察推荐。团支委会汇总团员意见后，进一步讨论研究，确定入党积极分子名单并分别对其写出推荐意见报上级团组织。

4. 审核推荐。团组织经研究审核后，将推荐名单报入党积极分子所在党组织。

（二） 推荐党的发展对象：入党积极分子经过一年以上的培养教育后，经团组织推荐，党支部研究，可以列为发展对象。

1. 团支委会初步推选。团支委会在入党积极分子中，经充分酝酿，讨论提出发展对象的初步名单。

2. 团支部评议。召开团支部大会，支部书记介绍推荐对象的基本情况；推荐对象向支部大会作简要思想汇报；团员进行民主评议，无记名投票。

3. 考察推荐。团支委会汇总团员意见后，进一步讨论研究，确定发展对象推荐名单，并分别对其写出推荐意见报上级团组织。

4. 审核推荐。团组织经研究审核后，将推荐名单报发展对象所在党组织。

（三）在校、院各级学生群众组织工作的团员，分别经校、院团组织广泛征求团员青年意见，讨论确定为推荐对象后，直接向基层党组织推荐。

六、入党积极分子的培养教育

加强对优秀团员的培养、教育，建立一支高素质的入党积极分子队伍，是“推优”工作的重点，也是“推优”工作的目的之一。

（一）造册登记。对写入党申请书的同学造册登记，并对其思想进步和工作、学习中取得的成绩及时登记入档。

（二）组织开展“双学”活动。各级团组织要把递交入党申请书的同学编入“双学小组”，对他们进行党的基本知识、基本理论、基本路线和党的优良传统教育，帮助他们端正入党动机，提高思想政治素质。

（三）引导参加党团活动。团组织要积极引导入党积极分子参加有关的党团活动、实践活动等，让他们在活动中受教育、长才干。

（四）协助党组织落实培养教育措施。团组织要和党组织一起对积极分子开展深入细致的谈心活动，指派专人联系，经常了解他们的思想、学习、工作情况，进行帮助教育，并及时输送他们参加业余党校学习。

（五）入党积极分子每学期向党组织作一次书面思想汇报。团组织应会同党组织对积极分子每学期进行一次集中的考察，针对存在的问题，提出并落实相应的解决措施。

七、工作要求

（一）“推优”工作要在本单位党组织的统一领导下进行。各级团组织要积极争取党组织的支持和帮助，定期向党组织汇报，及时解决工作中遇到的问题，推动这项工作健康发展。

（二）各级团组织要把“推优”工作的立足点放在加强对团员的培养教育上，结合本单位实际情况，建立起对入党积极分子培养教育的机制，并结合党员活动搞好业余党、团校教育，指导、督促、帮助“双学小组”的各项活动得到落实，真正培养一支思想过硬的入党积极分子队伍。

（三）各团支部要围绕“推优”工作举办适合本支部特点的团日活动，使广大团员在现实生活中严格要求自己，不断创造条件，积极向党组织靠拢。

关于实施学生拔尖人才培养计划的意见

为深入学习贯彻科学发展观，加大对优秀学生干部的培养力度，培养和造就一批具有卓越领导才能的学生骨干队伍，经研究决定，依托山东科技大学团校，实施“学生拔尖人才培养计划”，促进优秀人才的脱颖而出和健康成长，使其在和谐校园建设和服务学生健康成长中更好地发挥模范带头作用。

一、培养目标

选拔在校生中的部分优秀学生干部，利用课余时间，进行规范化、全方位、高标准的强化培养。以完善学生干部的知识结构、拓展基本技能、发掘潜力为内容，着力提高学生干部的“领导力”，使其具有坚定的理想信念、良好的道德素质、宽广的世界眼光、卓越的领导才能、丰富的实践动手能力、过硬的身体心理素质。集中利用 2～3 年的时间，培养和造就 2 000 名左右的学生骨干队伍。

二、培养对象

在校生（包括研究生）中的优秀学生，基本条件为：

1. 学习综合成绩在班内前 1/2；
2. 担任主要学生干部半年以上；

3. 获得过校级及其以上荣誉称号；

4. 在校期间未受到任何处分。

三、培训内容

1. 思想政治理论。通过组织学习邓小平理论、“三个代表”重要思想、科学发展观、构建社会主义和谐社会等先进的思想政治理论，学习党的路线方针政策、学校党委的重要会议精神等，将学生干部的思想统一到学校党委的要求上来，更加坚定理想信念和大局意识，始终与党中央保持高度一致。

2. 国际形势和校情、校史。通过学习了解国内外形势和我国的外交策略、学校发展所取得的成就等，着力提高学生在应对重大事件时对国家政策的理解和贯彻能力，增强“科大发展，我在其中”的主人翁精神，树立以校为家、校兴我荣、我为学校发展做贡献的思想。

3. 领导方法等知识。通过学习常用应用文写作、学生干部的工作方法和艺术、美学欣赏、公共关系、对外宣传等知识，着力提高学生干部的领导力，在参与民主管理和服务工作中能够紧密结合学生的实际、不断创新工作载体，为学校的发展和学生的成长作出更大的贡献。

4. 素质拓展、实践锻炼。通过学习交流、团队训练以及组织开展丰富多彩的第二课堂活动，开阔思路，丰富经验，着力提高学生干部的实践动手能力。

四、培养方式

1. 集中学习培训。聘请校内外知名专家、教授、企业家、党政领导等，以报告会、专题讲座等形式，通过集中学习和个人自学，对学生干部进行系统的领导科学知识培训，全面提高学生干部的综合素质，增强服务意识、提高服务本领。每学期举办 1 ～ 2 期培训班，每期学员 260 名左右。

2. 岗位实践锻炼。通过为参加培训的学生提供学生干部工作岗位、组织学生到校内外企事业单位挂职锻炼等方式，给学生干部压担子，使其参与重大活动的组织工作，对其加强工作指导，着力提高学生干部的领导能力。

3. 跟踪强化培训。积极创造条件，为学生干部的成长提供更多的机会和环境。对参加过集中培训的学员，定期邀请他们参加学校组织的重大活动、重要会议、专题报告等，不断丰富他们的知识结构，加强思想教育，对符合条件的优秀学员及时推优入党。

其中“集中学习培训”由校团委集中组织落实；“岗位实践锻炼”和“跟踪强

化培训”由各级团组织、学生组织共同参与实施。

五、学员管理

1. 建立管理档案。建立“拔尖人才培养计划”人才库，建立学员个人档案，对学员的基本情况、学习情况及其他各方面表现记入学员档案，实行动态管理。

2. 严格考勤制度。学员要按时参加各项集体活动。如有特殊情况，必须事先由所在分团委出具证明，并向班主任当面书面请假，并报班长处备案。集中培训期间，缺席2次以上（含2次）者或无故缺勤1次以上（含1次）者，不颁发培训结业证书。

每次学习，学员至少要提前5分钟进入教室，不准迟到、早退、旷课。迟到、早退每两次按请假一次计。上课要认真听讲，做好笔记。

六、培训结业

1. 提交学习心得。学习期满，每名学员要提交一份学习心得体会，字数不少于1 500字。

2. 参与学习交流。每单位推荐一人参加学习心得、工作经验交流大会。

3. 颁发结业证书。组织任课教师对学习心得给予优秀、良好、合格、不合格评定。结合日常听课、参加活动情况对学员进行综合考核，对考核合格者团校统一颁发山东科技大学学生拔尖人才培养计划结业证书。“证书”可作为学生素质拓展、参与校内外争先创优、向用人单位举荐的重要证明，并逐步作为担任校内主要学生干部的必要条件。

优秀学生干部是学校校园文化建设、学风建设、人才培养的重要骨干力量。各级团、学组织要高度重视学生干部的培养工作，逐步建立起学校、学院两级培训机制；要配合学校认真抓好“拔尖人才培养计划”的实施，积极做好学员的选拔推荐、培养指导、人才举荐等工作，在学生中着力培养一支学生干部骨干力量；要进一步加大对优秀学生干部的宣传力度，发挥好典型的示范带动作用。

山东科技大学学生社团管理细则

为了进一步规范山东科技大学学生社团（以下简称学生社团）的管理，推动学生社团健康、有序的发展，繁荣校园文化，推进学生素质教育，根据国务院《社会团体登记管理条例》，教育部《普通高等学校学生管理规定》，共青团中央、教育部《关于加强和改进大学生社团工作的意见》和山东科技大学相关规章制度，特制定本细则。

第一章　总则

第一条　本细则所称学生社团是指由山东科技大学在校学生依据兴趣爱好自愿组成，为实现会员共同意愿，承认《山东科技大学大学生社团联合会章程》，并按照各自章程开展活动的非营利性、非社会性学生组织。

第二条　学生社团必须遵守宪法、法律、法规、国家政策和学校有关管理规定，符合社会主义精神文明建设的方向，以培养和提高大学生的综合素质为宗旨，以推动我校学生的全面发展为目标，独立自主地开展各种健康有益的理论学习、学术科技、文化娱乐、社会实践、志愿服务、体育竞技等活动，不得从事与宗旨相违背的活动。

第三条　受学校党委委托，山东科技大学团委是各类学生社团的登记和管理机关。各分团委（团总支）等我校所辖合法机构是相关学生社团的指导单位，山东科技大学大学生社团联合会（以下简称社团联）是学生社团的业务主管单位。

第四条　社团联理事会是社团联的最高权力机关，各社团必须严格执行其决议。理事长由社团联主席担任，理事由社团联副主席和各学院社团部部长或社团联主席担任，理事会成员必须按时参加理事会并对其负责。理事会常务委员会是社团联的日常工作执行机构，成员由理事会推选产生。

第二章　社团管理

第五条　社团管理包括社团成立登记、注册登记、变更登记、注销登记。学生社团成立、注册、变更和注销的有关事项，由社团联予以公告。

第一节　成立登记

第六条　成立学生社团，应由社团联审核同意，并报经校团委批准，依照本细则第十三条、第十四条、第十五条的规定进行登记注册。未经批准的学生社团为非法社团，社团联将予以全校通报并勒令解散；已造成不良影响或严重后果的，社团联将报请学校有关部门根据有关规定对主要责任人予以处理。

第七条　申请成立学生社团必须具备以下条件：

1. 符合本细则第二条规定；

2. 学校内无性质相同或相近的学生社团；

3. 由十名以上（含十名）的学生发起；

4. 有明确的指导单位和指导教师；

5. 有筹备组专门筹建并有明确的负责人；

6. 筹备组要完成起草社团章程等准备工作，所提供资料无弄虚作假成分；

7. 社团宗旨明确、积极向上，有以社团形式开展活动的必要。

第八条　学生社团指导单位必须是我校所辖合法机构；指导教师必须是我校的正式教职工。指导单位及指导教师应熟悉该社团的活动内容，并能胜任对其工作的指导、对社团会员的业务培训及对社团主要活动的可行性、安全性论证。

第九条　申请成立学生社团，应由筹备组负责人向社团联提出书面申请（一式三份）。申请材料应包括以下内容：

1. 学生社团成立申请表。

2. 社团章程。

3. 社团简介：包括社团名称（享有专用权），宗旨，主要任务，活动内容、范围、方式，经费来源或物质条件。

4. 社团的指导单位、指导教师、负责人、组织机构、发起成员等基本情况（指导单位应出具加盖公章的证明材料）。

5. 指导教师推荐信（应有指导教师亲笔签名或盖个人印章）。

6. 其他要说明的事项。

第十条　社团联应自收到成立学生社团的申请之日起 15 日内，向校团委提出初步审查意见，由校团委作出批准或不批准筹备的决定。批准成立的，将书面申请材料上交至社团联，并登记、编号、领取《山东科技大学学生社团登记注册证》（以下简称注册证），其他两份申请材料一份交予指导单位备案，一份学生社团自行保管。不批准成立的，由社团联向筹备组负责人说明理由。

第十一条　申请成立的社团，自批准成立之日起 15 日内，向社团联提交纳新申请，经社团联同意并开具纳新许可后，可开展吸纳会员活动，召开会员大会，通过章程，产生执行机构、负责人，补全注册证信息，并向社团联申请进行登记注册。

纳新申请材料应包含的内容根据本细则第三十四条规定筹备。

登记注册，社团负责人填写《学生社团注册证》，社团联加盖成立注册章，此证由社团自行保管。

第十二条 社团章程应该包括以下内容：

1. 名称、宗旨；
2. 活动场所、内容、范围、方式等；
3. 会员资格及其权利、义务；
4. 组织机构和权限；
5. 组织管理制度、执行机构的产生程序；
6. 负责人的条件及产生、罢免的程序；
7. 公共资产管理的使用原则；
8. 财务的管理及审批制度；
9. 章程制定修改程序；
10. 应当由章程规定的其他事项。

第二节 注册登记

第十三条 学生社团实行学期注册管理制度。各学生社团必须在每学期初两周内持《学生社团注册证》到社团联登记注册。

第十四条 学生社团注册时需要提交以下书面材料：

1. 上学期社团工作总结；
2. 本学期社团工作计划；
3. 社团物品清单；
4. 社团会员名单；
5. 社团财务收支情况；
6. 社团信息变更情况（变更事宜参照本细则第十七条的规定）。

第十五条 学生社团登记注册前，社团负责人须完成山东科技大学社团管理系统、学生社团微博等平台内相关信息的更新，注册登记时，由社团联审核确定。

第三节 变更登记

第十六条 学生社团的登记事项、备案事项需要变更时，应向社团联提出申请，经登记管理机关核准后给予变更登记。

第十七条 变更登记主要包括如下情形：

1. 章程变更；

2. 指导单位变更；

3. 指导教师变更；

4. 负责人变更；

5. 社团名称变更；

6. 其他需要变更的事项。

第十八条 变更登记的申请材料应该包括以下内容：

1.《山东科技大学学生社团信息变更申请表》；

2. 变更信息的具体内容。

第十九条 变更指导单位，须提交变更前、后指导单位的意见并加盖单位公章；变更指导教师，须提交变更后指导教师的简介：变更负责人，须提交变更后负责人的简介；社团章程、社团名称变更须提交指导教师意见、指导单位意见并加盖单位公章。

第二十条 社团联定期统一开展学生社团换届工作，各校区社团联合会和各学院社团部组织开展社团换届大会，经各指导单位审核同意后，将换届结果报社团联，由社团联进行公示。

第四节 注销登记

第二十一条 学生社团进行注销登记的方式有两种：自行注销和强制注销。

第二十二条 学生社团自行注销，须征得指导单位、指导教师以及学生社团三分之二以上会员同意。

第二十三条 学生社团决定进行自行注销时，社团负责人须向社团联提出书面申请，申请材料应包括以下内容：

1.《山东科技大学学生社团注销申请表》；

2. 社团情况发展报告；

3. 财务清算报告；

4. 注册证。

第二十四条 社团联自收到学生社团自行注销申请后5个工作日内，应向校团委提出初步审理意见，由校团委作出批准或不批准注销的决定，并由社团联向社团负责人给予答复。

第二十五条 强制注销的条件，按照本细则第六十四条第二款的规定处理。

第二十六条 对于强制注销的学生社团，社团联应告知社团所在指导单位；

社团所在单位社团部应当告知该社团在接到通知后7日内，向社团联提交本条例二十三条所规定的申请材料。

第二十七条 学生社团在注销登记后，由社团联组织清理工作。对其剩余资产，按学校有关规定和本条例第五十五条规定处理。

第三章 社团监督

第二十八条 社团监督包括社团日常事务监督、社团活动监督、社团资产经费监督、刊物宣传品监督。对于发现的问题，视情节严重程度，社团联将根据本细则第六十四条、第六十五条规定给予处理并公示。

第一节 社团日常事务监督

第二十九条 各理事应定期向社团联提供活动信息，发现问题及时提交理事会常务委员会解决。

第三十条 社团联设置会员投诉电话(团委办公室0532—86057915，社团联办公室0532—86057800)，处理会员的投诉，并不定时不定期地进行会员维权活动，及时解决会员问题。

第三十一条 凡有关学生社团的重大决定由社团联理事会讨论通过，并报校团委批准后执行；日常工作由理事会常务委员会研究决定执行。

第三十二条 每学年初，由社团联组织各社团进行统一纳新，各社团不得擅自纳新。若有其他原因而需纳新时，须向社团联提出书面申请，社团联批准并开具纳新许可后，社团可开展纳新工作。

第三十三条 学生社团可以申请纳新的情况主要有：

1. 统一纳新中，学生社团实纳人数与需纳人数差距悬殊，确实影响社团活动开展的；

2. 学生社团登记成立，错过统一纳新时间的；

3. 因不可抗拒原因或社团分立、合并后，会员流失严重并影响社团工作开展的；

4. 其他确实需申请纳新事项。

第三十四条 学生社团纳新申请材料应包括以下内容：

1. 学生社团纳新申请书(注明纳新时间、纳新地点、纳新原因，出具指导单位意见并加盖单位公章)；

2. 学生社团纳新会费申请书(出具指导单位意见并加盖单位公章)。

第三十五条 纳新时使用的收据、收取的会费数额按照本细则第五十一条第一款规定执行,纳新结束后将收据和纳新情况上报社团联,收据工本费由社团承担。

第三十六条 学生社团纳新对象为我校在校生,实行会员学年唯一制。为保障会员权益和社团质量,每名学生每学年只能加入一个学生社团组织,在社团统一纳新时确认。违规加入多个学生社团的,视情节除取消会员资格外还会给予个人和社团通报批评。

第三十七条 会员证是会员身份的凭证,由社团联统一印发并监督使用;任何学生社团或个人,不得私自印制或拒绝使用会员证,会员证工本费由学生社团承担。

第三十八条 每学年末,由社团联统一安排学生社团换届工作;各学院独立开展学生社团换届大会,社团联现场监督;选举产生的社团主要负责人经所在分团委及指导教师同意,经校团委备案后方可任职。

1. 学生社团主要负责人指社团会长(社长)、副会长(副社长)、财务管理人员等。

2. 学生社团主要负责人必须具备以下条件:

(1) 在我校正式注册的全日制学生;

(2) 坚持四项基本原则,拥护改革开放,遵守校规校纪,热心于社团工作,乐于为同学服务;

(3)尊敬师长,团结同学,成绩优良,德智体全面发展,在同学中有一定威信。

3. 有下列情况之一者,不得担任社团负责人:

(1) 有一门或一门以上主修课程不及格者;

(2) 在校期间受到学校处分者;

(3) 曾因违反有关规定被社团联合会理事会主席团撤职的社团负责人,自撤职之日起不满一年者;

(4) 曾因违反有关规定被宣布解散的社团的原负责人或主要成员,自社团解散之日起不满一年者;

(5) 已担当其他社团主要负责人者;

(6) 有其他不宜担任社团负责人事项者。

第三十九条 学生社团报社团联同意并经校团委批准后,可聘请政策水平高、学术造诣较深或在某些方面有特长、关心学生社团活动的校内外专家、学者、教师、企业家担任社团的顾问或名誉会长(社长)。

第四十条 学生社团不得刻制任何公章,经社团联审批备案后可自备各种形式的艺术图章或其他标志,以便开展工作。

第二节 社团活动监督

第四十一条 社团活动必须奉行公开原则,出具广告、公告等必须署名"山东科技大学 ××× 学生协会/俱乐部/社团"字样。任何学生社团不得擅用指导单位或其他组织的名义开展活动。

第四十二条 各类学生社团必须在本社团会员内部开展活动,或在校内外开展公益、宣传等活动,一切工作应以保障会员权益、提升会员素养为出发点;未经相关部门审批同意,不得面向社团范围之外、全校及校外开展各项活动。

第四十三条 学生社团实行活动审批制度,举办各项活动时,须提前一周向社团联提交《山东科技大学学生社团活动申请表》(一式三份)并附带详细活动方案,说明经费预算及经费来源,经社团联审查、报校团委批准后方可举行。

对于外出等存在安全隐患的活动,社团负责人须提前填写《山东科技大学学生大型集体活动申请表》、书写安全预案,并附有安全责任保证书,保证书上须有指导单位意见并加盖单位公章,并报主管校领导批准后方可进行。

第四十四条 大型活动应包括以下情况:

1. 两个或两个以上社团联合举办活动;
2. 与校外单位、团体联合举办活动;
3. 有外籍人士参加或有涉外内容的活动;
4. 从校外邀请的讲座、报告等活动;
5. 室外群众性集会、沙龙及研讨会等活动;
6. 涉及宗教、民族问题的活动;
7. 其他有关学校秩序的重大活动。

第四十五条 学生社团活动实行许可制度。社团联将对所有学生社团活动采取活动许可制度,统一标识。许可证在活动申报批准后领取,必须在活动现场显著位置悬挂张贴。活动期间,社团联安排人员对活动进行现场监督、引导,确保活动的顺利开展,并结合会员维权,完成《山东科技大学学生社团考核表》。

考核的结果记入学生社团年终考核工作和社团评优工作。

第四十六条 活动结束后三天内,社团负责人须向社团联提交《山东科技大学社团活动总结表》并交回活动许可证。

第四十七条 学生社团活动开展时，指导教师须到活动现场进行指导。为保证社团活动质量，各学生社团每月举办活动数量原则上不得超过2次。

第三节 社团资产、经费监督

第四十八条 社团资产和经费来源必须合法，任何单位和个人不得挪用、侵占或私分。

第四十九条 学生社团的活动经费原则上自行筹集。经费来源包括：会员会费、社会捐赠、企业赞助、服务报酬、其他合法收入等，但任何社团不得开展经营性活动，不得开展各种纯商业宣传行为。社团会费定期公开，各学生社团需将会费使用情况按月报送社团联，社团联于每月10日公布全校学生社团会费使用情况，接受广大会员监督。

第五十条 学生社团不得通过与他人或单位签订劳务合同、物品资产交易等手段获取费用。

第五十一条 会费收取：

1. 学生社团收取会费，必须在收费前向社团联递交详细的书面申请，并附加对各项标准的详细说明，收费标准必须合理，经批准后方可进行。

2. 收取会费，必须使用加盖社团联公章的收据本，方为有效。

3. 收取的会费数额必须在收取后一周内报社团联备案，由社团联予以公布；

4. 各社团不得有隐瞒会员、会费等行为。

5. 未经批准收费，一律视为违纪违规行为，由社团联予以没收，并视情节报学校有关部门对责任人进行纪律处分。

第五十二条 社团活动经费要专款专用：

1. 各学生社团必须有专人负责财务管理，建立财务账本，实行账款分离，并自觉接受本社团成员及有关部门的监督。

2. 报销要使用有效票据，不得使用白条。所有报销票据要有经办人、负责人及财务管理人员签名，并经指导单位负责人审核签字，报销后要保留一年以上。

3. 社团每学期末要向社团联提交财务总结，由社团联组织进行财务审计，并予以公告。

4. 学生社团负责人和财务管理人员不能一人兼任。

5. 对经费使用混乱、手续不严格或账目不符的，由社团联视情况报请学校有关部门对负责人进行纪律处分。

第五十三条 外出拉赞助应凭活动计划，征得校团委或指导单位同意并开具社团联统一的《学生社团活动赞助介绍信》。对赞助方的情况，该社团须在活动前三天向社团联上交书面介绍，并附赞助协议复印件。

第五十四条 学生社团接受的捐赠、赞助必须根据与捐赠人、赞助人约定的期限、方式和用途合法使用。活动结束后，剩余部分并入该社团会费。社团应主动向社团联报告接受、使用捐赠赞助的有关情况，并接受社团联的审核。

第五十五条 学生社团因各种原因被取缔，其剩余会费全部退还会员，非会员会费款由社团联用于社团建设。

第四节 刊物宣传品监督

第五十六条 各学生社团如需发行刊物，必须先向社团联提出申请，并经校团委和党委宣传部批准后，方可内部发行，不允许出售。

第五十七条 刊物内容须报社团联审查，经校团委和党委宣传部审核批准后方可印制出版，出版后只能在校内散发张贴，禁止向社会散发张贴。

第五十八条 在校内张贴刊物、海报、通知或悬挂横幅等应在学校指定或许可的地点。

第四章 社团奖惩

第五十九条 每年度末，社团联组织开展学生社团年终考核工作，考核结果为合格的，可参加社团评优活动。考核不合格的，限期整改(整改期限一个月)，整改不合格的，勒令解散并予以注销。

第六十条 每学年初，根据《关于实施“111”争优创建工程加强学生社团建设的意见》文件精神，社团联组织开展“十佳社团”争创活动，确定出本年度“十佳社团”争创社团名单。

“十佳社团”从本年度“十佳社团”争创社团名单中产生。

第六十一条 评比应遵循公开、公平、公正的原则，参评的内容为社团建设、社团管理、社团活动和社团奖惩。

第六十二条 每学年初，社团联组织开展社团评优活动，评选出“十佳社团”10个、“明星社团”20个、“优秀社团”30个。对社团指导教师、表现突出的社团负责人予以表彰。

第六十三条 学生社团在日常工作、社团活动等过程中，其行为违反国家法律法规、学校有关规定和本条例的，社团联将视情节轻重给予通报批评（责令改正）和勒令解散并予以注销登记两项处罚。

第六十四条 学生社团有下列情形之一的，由社团联视情节轻重给予相应处分并予以公示：

1. 通报批评（责令改正）：

（1）无特殊情况，活动未提前一周审批或活动结束后三天内未上交《山东科技大学学生社团活动总结表》的；

（2）不接受社团联监督指导工作，不服从社团联安排的；

（3）未按时参加社团联组织的会议的；

（4）未经批准擅自举办社团活动的；

（5）出具广告、公告等未署名“山东科技大学 ××× 学生社团”字样的；

（6）未经批准私自设计社团图标、徽章等的；

（7）未经审批，超出章程规定的宗旨和范围进行活动的；

（8）对社团联要求的在工作范围内的信息数据隐瞒不报或谎报的；

（9）违反本管理细则相关要求的。

2. 勒令解散并予以注销登记：

（1）触犯中华人民共和国法律法规的；

（2）严重违反山东科技大学校规校纪的；

（3）未经批准私自成立的；

（4）利用社团名义从事非法活动或以营利为目的的活动的；

（5）在社团管理系统、社联微博中发表不正当言论、公布虚假信息且造成恶劣影响的；

（6）未经允许私自制作、发放刊物，未在学校指定地点发放刊物、张贴海报从事一切宣传等活动的；

（7）背离社团活动宗旨，影响恶劣的；

（8）学生社团学期内开展基础性工作或活动不足 3 个的；

（9）社团注册成立一个月后，会员人数不足 10 人的；

（10）挪用、侵占、私分学生社团资产或者所接受的捐赠、资助的；

（11）违反学校有关规定收取费用、筹集资金或者接受、使用捐赠资助的；

（12）盗用指导单位或其他组织名义开展活动，引起严重后果的；

（13）隐瞒会员会费，财务出现较大差错和混乱的；

（14）活动中出现重大安全事故的；

（15）连续三年未评选上十佳社团、明星社团、优秀社团中任何一种的；

（16）学期内受到两次通报批评处分的。

第六十五条 学生社团严重违反规定，对该社团负责人及其他有责任的成员，由社团联视情节轻重给予批评教育；情节严重的，报请学校有关部门予以纪律处分。

第五章 附则

第六十六条 本细则自二〇一四年二月起实施。《山东科技大学学生社团管理条例（试行）》同时废止。

第六十七条 本细则最终解释权属共青团山东科技大学委员会和山东科技大学大学生社团联合会。

关于实施“111”争优创建工程加强学生社团建设的意见

为进一步加强学生社团建设，使其在校园文化建设和促进学生成长成才方面发挥更大的作用，经研究决定，实施学生社团“111”争优创建工程。

一、充分认识加强学生社团建设的重要性

加强学生社团建设，是新形势下有效凝聚学生、开展思想政治教育的重要组织动员方式。学生社团是大学生参与集体活动的重要阵地，通过加强学生社团建设，组织开展健康有益的社团活动，能够增强思想政治教育的感染力，对于加强和改进大学生思想政治教育有着积极的意义。

加强学生社团建设，是全面活跃校园文化氛围，提升校园文化品位的重要途径。我校学生社团类型多样，社团活动丰富多彩。社团活动的有效开展，能够极大地丰富大学生课余生活，全面活跃校园文化，不断提升校园文化品位。

加强学生社团建设，是促进学生全面成长、引导学生健康成才的有效手段。丰富多彩的社团活动以及社团的组织管理工作，为大学生提供了锻炼提高自己的广阔舞台。大学生通过组织和参与健康有益的社团活动，能够促进自身综合素质的提高，全面健康成长成才。

二、"111"争优创建工程的含义

学生社团"111"争优创建工程，是指通过争创活动，培育10个在校内外有较大影响的学生社团("十佳社团")，100个优秀社团("百优社团")，培养1 000名优秀社团干部和社团活动标兵。

实施学生社团"111"争优创建工程的总体要求是：以邓小平理论和"三个代表"重要思想为指导，全面贯彻落实科学发展观，紧紧围绕学校中心工作和大学生成长成才，坚持"在繁荣中引导，在发展中提高"的基本原则，以强化社团"丰富活跃校园生活、宣传弘扬先进文化、激发学生兴趣爱好、培养提高综合素质"的四大功能为根本目的，推动学生社团在加强和改进大学生思想政治教育、活跃校园文化、构建和谐校园等方面发挥更大的作用。

实施学生社团"111"争优创建工程的主要任务是：以繁荣发展为基础，以引导管理为手段，积极支持学生社团活动，大力促进学生社团发展，逐步形成"以理论、科技型社团为主导，公益、兴趣型社团百花齐放"、重点社团有特色、社团活动吸引力强、学生参与面广、开展活动品位层次较高的社团文化格局。

三、"111"争优创建工程的推进步骤

1. 广泛动员

校大学生社团联合会及各指导单位分别召开动员会议，使全校学生社团和社团成员全面准确地把握争创活动的意义及推进步骤，调动他们参与争创活动的积极性。

2. 组织申报

校区团委、分团委负责组织社团申报，并对其资格进行审查后，将申报表报送校团委。

各单位要认真审查申报社团是否符合条件。资格审查的内容主要包括：社团注册是否及时、社团建设和管理是否规范、争创方案是否有创新且合理可行等；社团负责人学习成绩是否优良、工作态度是否积极、工作成绩是否突出等。不符合《山东科技大学学生社团管理细则(试行)》的社团和个人不得申报。

3. 审核确定

校团委、社团联合会集中对申报的社团进行审核，确定争创名单。

4. 争优创建

争创社团按照争创方案有计划地开展活动，抓好创建工作。社团所在单位

团组织要加大对争创社团的支持力度，加强指导，努力形成鲜明的特色。

争创阶段要及时上报各种资料。资料上报方式：所有资料由校区团委、分团委负责收集、整理和审核，加盖公章后于规定时间内（工作计划于每学期开学后一周内、工作总结于学期末最后一个月的月初、大型活动的材料于活动结束后一周内）交至校团委。上报的资料包括：社团须按校社团联合会的工作部署上交学期工作计划、学期工作总结，并及时上报大型活动的完整材料（包括活动申报表、实施方案、活动总结、3～5 张活动照片等）和社团负责人变动情况、经费使用登记情况等。

5. 结果评定

根据社团报送材料及日常考察资料，结合社团先进集体、先进个人评比办法，评选出年度争创结果。

四、工作要求

1. 完善制度，规范管理，促使学生社团进一步有序化、规范化发展

（1）进一步完善学生社团相关管理制度。严把新成立社团的审批关，严格社团活动的审批制度和社团注册制度；督促学生社团严格遵守《山东科技大学学生社团管理细则（试行）》，并制定内部工作制度，对学生社团及其成员的行为加以规范，保证学生社团健康、持续、稳定发展；要根据我校实际情况集中力量建设一批特色鲜明、管理规范、在校园有广泛和积极影响的社团，逐步形成社团积极向上、争创品牌的发展氛围。

（2）加强社团骨干队伍建设。严格社团负责人选拔制度，建立岗位竞争机制，选拔有一定特长和组织管理能力、具有良好的政治和心理素质的积极分子担任社团负责人。同时，各基层团委要有计划地对学生社团负责人进行培训，提高他们的综合素质。学生社团负责人和骨干人员纳入到学生干部体系，在推优评奖和综合测评等方面予以充分考虑。

（3）加强对学生社团工作的研究和交流。定期召开学生社团负责人及社团内部的交流和研讨会，及时发现工作中存在的问题，总结学生社团建设的经验，研究切实可行的措施和办法；加强与其他高校同类社团的经验交流，实现优势互补，促进校内外社团间的相互学习、共同提高。

（4）不断推动工作创新。密切关注和研究学生社团发展中的新情况和新问题，以求真务实、与时俱进的精神改进和创新学生社团工作；积极探索网上社团活动、校际社团活动、学生社团刊物与宣传活动的管理方式和办法，认真研究学

生社团与学生会及其他学生组织的关系处理、学生社团活动个性化和社会化程度增强等问题；通过创新工作内容和形式，适应学生需求，增强学生社团和社团活动的吸引力和凝聚力，努力形成新形势下通过学生社团开展思想政治教育的新手段、新方法。

2. 分类引导，争创特色，努力使学生社团不断向高品位、高层次发展

（1）积极引导、重点支持理论研究型社团。要在社团的指导教师、活动内容和形式上狠下工夫，注重理论研究与学生思想实际的结合，以更好地指导社团成员的学习和生活，努力引导他们成为“学习的典范、工作的模范”。

（2）大力倡导、积极扶植各类学术科技型社团。要在学生创新意识和创新能力的培养上找准切入点，以激发学生专业兴趣和学习动力为立足点，浓厚校园学术氛围。

（3）积极倡导社会公益型社团。要以培养学生社会公德和社会责任感为主要目的，不断在服务的内容和形式上提升层次，使这些社团成为学校对外窗口的品牌。

（4）正确引导兴趣爱好型社团。要加强监督，强化管理，以发挥学生的兴趣特长为基础，以陶冶情操、促进交流为目的，积极开展主题鲜明、内容丰富、格调高雅的社团活动，让同学们在活动中切磋技艺、寻找差距、交流经验、共同提高，实现学生第二课堂活动的多样化。

3. 积极争取各方支持，努力为社团繁荣和发展创造良好的环境

（1）依托学校现有专业，充分发挥高学术水平教师的优势，聘任有专长和责任心强的教师指导学生社团，并创造条件，激发社团指导教师的积极性、主动性、创造性。

（2）对学生社团建设和活动的开展提供必要的经费支持，在活动场地、活动条件等方面给予支持和保障，支持学生社团活动正常开展；积极支持和引导学生社团走出校园，充分利用社团自身的优势，通过吸纳社会赞助等方式多方面争取活动资金。

参考文献

[1] 团史纵览——中国共青团网 http://www. gqt. org. cn
[2] 团的历次代表大会——中国共青团网 http://www. gqt. org. cn
[3] 历次党代会——新华网 http://news. xinhuanet. com
[4] 李玉琦．中国共青团史稿 [M]. 北京：中国青年出版社，2012
[5] 中国共产党第十八次全国代表大会——中国共产党新闻网 http://cpc. people. com. cn
[6] 在同各界优秀青年代表座谈时的讲话——新华网 http://news. xinhuanet. com
[7] 共青团第十七次全国代表大会闭幕——新华网 http://news. xinhuanet. com
[8] 习近平同团中央新一届领导班子成员集体谈话 刘云山出席——新华网 http://news. xinhuanet. com
[9] 林海波，张华．基层共青团工作简明教程 [M]. 北京：中国青年出版社，2011